金融风险管理实务案例

谢 非 赵宸元◎主编

CASES OF FINANCIAL RISK
MANAGEMENT PRACTICE

经济管理出版社
ECONOMY & MANAGEMENT PUBLISHING HOUSE

图书在版编目（CIP）数据

金融风险管理实务案例/谢非，赵宸元主编 . —北京：经济管理出版社，2019.2
（2025.7重印）
ISBN 978 - 7 - 5096 - 6386 - 8

Ⅰ. ①金…　Ⅱ. ①谢… ②赵…　Ⅲ. ①金融风险—风险管理—案例　Ⅳ. ①F830. 9

中国版本图书馆 CIP 数据核字（2019）第 024262 号

组稿编辑：胡　茜
责任编辑：许　艳　赵亚荣
责任印制：黄章平
责任校对：董杉珊

出版发行：经济管理出版社
　　　　　（北京市海淀区北蜂窝 8 号中雅大厦 A 座 11 层　100038）
网　　　址：www. E - mp. com. cn
电　　　话：（010）51915602
印　　　刷：北京厚诚则铭印刷科技有限公司
经　　　销：新华书店
开　　　本：720mm×1000mm/16
印　　　张：15. 75
字　　　数：283 千字
版　　　次：2019 年 2 月第 1 版　　2025 年 7 月第 3 次印刷
书　　　号：ISBN 978 - 7 - 5096 - 6386 - 8
定　　　价：49. 00 元

前　言

2007 年美国次贷危机爆发，随即由冰岛、希腊债务危机引发的欧元危机又爆发。从债务危机到金融危机，再到经济危机，这一连串的危机可以说是自 20 世纪 30 年代美国大萧条以来影响范围最广、对经济发展影响最深刻的一场危机，也是 21 世纪以来世界经济发展面临的最严峻的挑战。这场危机的根源无疑是金融风险管理的缺失，因此世界各国对金融风险的监管也提升到了前所未有的高度。这场危机虽然没有直接对我国的金融体系造成冲击，但是在全球化的今天，没有一个经济体是孤立发展的，我们更应该吸取前车之鉴，重新审视金融风险管理。

风险无处不在、无时不有。风险事故造成的巨大损失不仅危害公民的生命财产安全，也威胁着国家安全；对风险进行科学的管理已经成为社会各界的共识和普遍要求。当前，我国金融发展已经推进到了一个相当重要的阶段，新的机遇和挑战不断涌现。中共十九大报告中明确指出："健全金融监管体系，守住不发生系统性金融风险的底线。"这预示着在今后相当长的一段时间内，金融风险管理将成为国家金融发展工作的重要方面。

作为高等院校经济金融类专业的通识性课程，金融风险管理已经成为金融学、保险学、经济统计学等专业的一门重要课程。预防和减少金融风险事故的发生不仅需要掌握金融风险管理的理论，更需要对金融风险管理的实务有所了解。

基于这样的目的，本书一共编写和收录了 46 个金融风险管理案例，其中除了一些经典案例以外，大部分是近年来所发生的影响较大的案例，对阅读者来说也更能产生共鸣。案例的内容基本涵盖了金融风险管理的各个方面，适合与金融风险管理的课程教材搭配使用，可以作为实际教学中相关理论实际应用的辅助教材。本书中的所有图片均来自百度图片。

本书获得了重庆理工大学金融风险管理课程建设的立项支持，从构思到案例的筛选，再到正式出版，历时两年。本书的初稿在重庆理工大学的研究生教学中得到使用并获得了好评。对于在本书编写过程中给予无私帮助的各位同仁，在此一并感谢！

目　录

案例一　欧债危机

一、欧债危机的演变历程

欧债危机的爆发主要经历了三个阶段：

（一）第一阶段

第一阶段为希腊债务危机。2009 年 10 月初，新一届希腊政府宣布 2009 年政府财政赤字和公共债务占国内生产总值的比例预计分别达到 12.7% 和 113%，远超欧盟《稳定与增长公约》所规定的 3% 和 60% 的上限，希腊债务危机由此拉开序幕。在随后的几个月里，全球三大评级公司标普、穆迪和惠誉分别下调希腊的主权债务评级，2010 年 5 月底，惠誉宣布将西班牙的主权评级从 "AAA" 级下调至 "AA +" 级，至此，希腊债务危机扩大为欧洲债务危机。希腊债务危机的爆发削弱了欧元的竞争力，欧元自 2009 年 12 月开始一路下滑，欧元兑美元（EURUSD）从 2009 年底的 1.50 跌至 1.20 下方。2010 年 5 月 10 日，欧盟 27 国财长被迫决定设立总额为 7500 亿欧元的救助机制，帮助可能陷入债务危机的欧元区成员国，防止危机继续蔓延。这套庞大的救助机制由三部分资金组成：欧元区国家根据相互之间的协议提供 4400 亿欧元，为期三年；以欧盟《里斯本条约》相关条款为基础，由欧盟委员会从金融市场上筹集 600 亿欧元；由国际货币基金组织（IMF）提供 2500 亿欧元。欧盟的重拳出击令市场信心得到了一定的修复，市场对欧债危机的担忧有所缓解，欧元暂获喘息。

（二）第二阶段

第二阶段为爱尔兰债务危机。2010 年 9 月底，爱尔兰政府宣布，预计 2010

年财政赤字会骤升至国内生产总值的32%，到2012年爱尔兰的公共债务与国内生产总值之比预计将达到113%，是欧盟规定标准的两倍。2010年11月2日，爱尔兰5年期债券信用违约掉期（CDS）费率创下新高，表明爱尔兰的主权债务违约风险加大，由此宣告爱尔兰债务危机爆发。2011年11月11日，爱尔兰10年期国债收益率逼近9%，这意味着爱尔兰政府从金融市场筹集的借贷成本已经高得难以承受。爱尔兰债务危机全面爆发，并迅速扩大影响范围。爱尔兰政府从最初否认申请援助到无奈承认，意味着爱尔兰债务危机进一步升级。

欧盟27国财长讨论后决定正式批准对爱尔兰850亿欧元的援助方案，不过爱尔兰得到援助需接受苛刻的财政条件，即大力整顿国内财政状况，大幅度削减政府财政预算，以达到欧盟规定的水平。爱尔兰成为继希腊之后第二个申请救助的欧元区成员国，欧洲债务危机暂告一段落。

（三）第三阶段

在爱尔兰债务危机尚未解决之时，市场的焦点又转向了葡萄牙及西班牙。金融危机后葡萄牙经济严重下滑，2009财政年度赤字占国内生产总值的9.4%，大大超出欧盟的规定，这一比例是继希腊、爱尔兰和西班牙之后的第四高。而西班牙的首要问题是总额高达1万亿欧元的公共债务规模，同时西班牙也是欧洲住房市场问题最严重的国家之一，存在房产泡沫以及建筑市场过热问题，大量房屋空置，建筑行业岌岌可危。更为重要的是，西班牙是欧元区的第四大经济体，危机一旦在西班牙蔓延，后果将不堪设想。

身为欧元区第三大经济体的意大利也受到了波及，其10年期国债与德国国债之间的收益率利差已升至欧元流通以来的新高。欧债危机的余震还波及了比利时，其10年期国债收益率呈现连续上扬的态势。

二、统一的货币政策与分散的财政政策的
矛盾是主权债务危机的主要原因

货币政策和财政政策是国家宏观经济调控的重要手段，两者需要相互协调、相互配合。欧元区使用统一的货币政策和相对分散的财政政策，导致货币政策工具与财政政策目标出现了不一致。尽管欧元区国家为此做出了很大的努力，但仍

然无法改变欧元区经济不平衡的局面。

依据最优货币区理论，共同货币区成员国让渡了其货币主权，在不依赖汇率变动的情况下，为共同面对外部冲击，必须要建立充分的内部调整机制，最终实现内部和外部的平衡。欧元区在生产要素的流动性和经济的高度开放性方面达不到最优货币区的要求，而且也没有共同财政的协调制度。

按照有效市场的配置原则，货币政策应当侧重外部均衡，财政政策则应侧重内部均衡，通过货币政策与财政政策的相互协调，达到内外均衡。欧洲中央银行为欧元区制定统一的货币政策，在具体的实施过程中，并没有充分考虑欧元区各成员国的实际情况，从而导致财政政策的调整总是难以实现。

考虑到统一的货币政策与分散的财政政策之间不可调和的矛盾，各成员国加入欧元区必须满足《稳定与增长公约》的基本要求：一是预算赤字占 GDP 的比重不得超过 3%；二是政府公共债务占 GDP 的比重不能超过 60%；三是中期财政预算应达到平衡。然而这些规则也大大制约了欧元区的经济增长，在欧元区16 个国家中，符合这一要求的国家只有芬兰和卢森堡。在经济繁荣时期，欧元区各国政府将财政预算赤字维持在规定的范围内是很容易的，但在经济衰退时却很难控制。欧元区国家丧失了应对危机最有效的货币政策，无法通过外汇等手段进行干预，只能采取扩大内需、刺激国内消费、吸引投资或者降低税收、增加财政预算赤字等措施。在世界经济整体衰退的情况下，欧元区国家也只能继续采取过度扩张的财政政策，从而使财政状况进一步恶化。

三、启示

（一）要高度重视政府债务问题

希腊历届政府出于选举的考虑，通过美国高盛公司做假账来隐瞒公共债务和财政赤字，并且依靠做假账混进欧元区，而每一届政府也没有在债务问题上采取有效的解决措施，以至于真实数据曝光后引发市场动荡，债务危机也在所难免。因此，对债务问题各国要高度重视，必须未雨绸缪。对中国来说，地方政府的债务问题十分严重，虽然目前的情况并不会引发违约风险，但也应该及早采取应对措施，逐步解决地方政府的债务问题。

（二）要保持货币的独立性

在欧洲内部，各国选择的是固定汇率制度和相互之间资本的高度自由流通，把货币政策权力交给了欧洲中央银行，而整体对外时，汇率体系又是自由浮动的。这当然有利于欧元区各国的自由贸易活动，并且当通货膨胀或者紧缩时可以降低各国的压力，但是一旦金融危机爆发，欧元区货币政策的统一性和各个成员国财政政策差异性的矛盾就充分体现了出来。因此，坚持本国货币的独立性，将本国问题放在指定货币政策的中心环节就显得非常重要。

（三）保持福利政策与经济增长协调发展

一国经济增长的同时，社会保障等福利支出也会相应增加。从世界范围来看，社会保障水平只能上涨不能削减，否则很容易引起社会的动荡。欧洲一些国家依靠降低社会福利水平来缩减国家开支，最终都导致了社会的动荡不安，如希腊两大工会发动大罢工反对紧缩措施、10 万德国建筑工人进军波恩抗议政府大幅度削减福利、法国航空公司雇员为就业保障举行罢工等。因此，社会保障要循序渐进，与本国的经济增长相协调。

（四）大力发展经济

要减小欧债危机所带来的影响，各国需要大力发展经济，增加财政收入。例如，肯尼亚花卉市场在欧债危机后成功转型；西班牙对资源进行重新分配，将经济重点从房地产转到其他产业；等等。

参考文献

王震. 欧债危机案例分析——财政政策与货币政策协调 [J]. 环球市场，2017（10）：35.

案例二　日本经济泡沫

一、回顾

从"二战"后到 1985 年，日本实施"贸易立国"的发展战略，依靠美国提供的技术、管理和市场，保持了经济的高速发展，并在 1987 年超越苏联成为世界第二大经济大国。但是 20 世纪 80 年代的美国，经济却持续低迷。美国认为日本长期搭美国的便车致富，于是在 1985 年发动了以"广场协议"为代表的"货币战争"。美国联合英、法、德三国，直接干预日元汇率，迫使日元大幅升值，随后大量"热钱"流入日本，资产价格飞涨。日本政府为了挽回出口市场的损失，意图刺激内需，从而使用了过度扩张的货币政策，短短一年连续五次降息，将央行贴现率从 5% 降到 2.5%。长期的超低利率政策和大量发行的货币导致流动性过剩，股票和房地产市场泡沫迅速膨胀。到了 1989 年，经济泡沫已经非常巨大，日本政府为了阻止泡沫继续膨胀，打出了两套组合拳：第一拳提升再贴现率，紧缩货币；第二拳直接管制房地产交易，控制土地融资。但是这两拳力度过猛，直接造成了股市暴跌、房价崩盘、泡沫破裂。此后的 10 年，日本经济陷入长期停滞和低迷的状态，被称为日本"失去的十年"。

二、日本经济泡沫的影响

（一）经济停滞不前

"二战"后日本 GDP 增长率平均保持在 15% 左右，到 20 世纪 80 年代泡沫期则稳定在 7% 左右，泡沫破裂后，增长率从 1990 年的 7.5% 下降到 1995 年的 1.4%，甚至出现了好几个年度的负增长。GDP 总量在 1997 年达到 515 万亿日元的峰值，然后开始裹足不前。日元汇率从 1985 年 "广场协议" 签订到 1989 年泡沫破裂前升值约 1 倍，到 2011 年升值达到 3 倍。

（二）资产泡沫严重

日本股市从 1982 年的 6000 点，一直上涨到 1989 年的 38900 点，涨幅达 550%；泡沫破裂后，连跌 4 年，跌幅达到 60%。房地产价格指数从 "二战" 后到 1989 年上涨了约 150 倍，在泡沫顶峰时期，仅东京 23 个区的总地价就已经超过了美国全国的地价，可谓盛极一时。但日本的土地价格也在 1991 年左右开始下跌，2001 年全国平均地产价格指数跌幅达到 47%。

（三）严重影响实体经济

日本泡沫经济导致企业负债恶性膨胀，1991 年前后，负债额在 1000 万亿日元以上的倒闭企业每年都有 1 万家左右。1990～1996 年，日本破产企业年均高达 14000 家左右。企业倒闭使商业银行也陷入困境，不良债权急剧增加，大批金融机构破产，1995 年 8 月日本银行业未清偿贷款总额已超过日本 GDP 总额，而未清偿贷款的 1/4 为不良资产。

（四）泡沫破灭对国民个人产生严重的影响

企业破产带来大规模的裁员行为，而资产价格暴跌也使国民个人的资产价值大幅缩小，损失惨重，名义工资增长率在 1994 年甚至为零。1992～1999 年，日本的消费物价指数均为负增长，年均下降幅度接近 1%。通货紧缩使企业销售收入减少、债务负担加重，居民的消费心理恶化，公共债务危机加重。

三、日本经济泡沫形成和破裂的原因

日本经济泡沫的产生和破灭并不是偶然事件，而是日本经济长期存在的隐患在不恰当的政策以及国际环境刺激下的一场大爆发。

（一）经济发展动力缺乏持续性

日本经济的高速发展掩盖了其经济体制中的一些固有问题。一方面是创新不足。"二战"后日本经济的崛起主要归功于技术引进，技术引进使日本的科技实力在短时间内就赶上甚至超过了欧美先进国家，但也造成创新能力不足、重应用轻基础研究，因此在20世纪80年代末，日本的信息技术等主导产业增长乏力，资金从实体经济流向金融投机中。另一方面是产业结构调整不力。20世纪80年代，日本政府制定了《第四次全国综合开发计划》和《休养地法》，逐渐将经济重心由制造业向非制造业转移，促进以服务业为重点的第三产业的发展，促使大量闲置资金投入房地产行业和相关行业。这种选择造成了房地产和股票价格暴涨，在泡沫破灭后，国民资产大幅缩水，企业经营困难或破产，银行不良贷款大增，通货紧缩严重。

（二）政策手段过于激烈导致泡沫破裂、经济硬着陆

日本政府不恰当的货币政策和财政政策是导致日本泡沫经济破灭的直接因素。"广场协议"之后，日元出现大幅升值，日本当局担心货币升值会带来通货紧缩问题，在1986～1988年实行了过度扩张的财政政策和货币政策，连续两次降低中央银行贴现率，使之达到日本历史最低。1987年日本又实施了减税、追加公共事业投资、补充财政开支的过度扩张政策。过度扩张的政策使日本的货币供应量持续上升，造成国内过剩的资金剧增，资产价格暴涨。而在1989～1990年，日本银行又五次上调中央银行贴现率，使之达到6%，这种紧急收缩信贷的做法使股价和地价大幅度下跌，由此造成了资产泡沫的破裂。

（三）大国间经济博弈导致日本政府面临巨大的国际压力

"广场协议"后，为了防止美元贬值，美国要求日本降低利率，日本政府迫于美国的压力，在一年内连续五次大幅下调央行贴现率。到1987年底，世界经济出现较快增长，美、德等国都在提高利率时，日本仍继续实行扩张的货币政策，维持2.5%的超低利率直至1989年。正是这一拖延，造成了日本资产价格的大幅上涨。这个重大失误的背后是日本当时身处的国际环境面临非常重大的战略转变和政策调整。首先，美国步步紧逼，其认为日本提高利率会引发全球性的经济衰退；其次，日本作为世界最大的资本供给国，如果提高利率，资金不能往海外回流，会引发世界金融动荡，并波及日本经济；最后，日本初登国际政治舞

台，希望通过积极参与国际经济协调来提升国际地位。在这种情况下，日本政府考虑到作为一个"政治大国"所应承担的国际责任，做出了以上错误的决策。

四、对中国的启示

当今快速发展的中国，与当初的日本相比有诸多相似的地方，更应该以史为鉴，做出正确的政策选择。

（1）要尊重经济发展的规律，重视经济发展的质量，适应中高速增长的"新常态"。日本的经验告诉我们，如果脱离实体经济，一味追求数字增长，最终只会得不偿失。

（2）政策的失误会对国民经济产生致命的影响。首先，货币政策和财政政策的制定和实施需要稳健与灵活并重，过度扩张与突然收缩都有可能对国民经济产生破坏性影响，必须根据经济形势变化及时调整。其次，货币政策应该是独立的，不能过多受到行政的干预和国际压力。最后，要稳步进行金融改革，加强银行资产管理和完善公司治理结构，以抵御各种经济危机。

（3）要认清竞争合作的国际关系，营造良好的国际经济政策协调局面。中国的飞速发展必然成为世界关注的焦点，政治、经济、军事等领域都是危机四伏，要想在复杂的斗争环境中独善其身，无论是政治路线，还是经济发展，都要以竞争合作的思维走独立自主的道路，把握好本国宏观政策的平衡感和分寸感。

参考文献

日本泡沫经济成因分析及对中国经济的启示［EB/OL］．百度文库，https：//wenku．baidu．com/view/ef10cc0919e8b8f67d1cb97c．html．

案例三　1998 年俄罗斯金融危机

一、1998 年俄罗斯金融危机简述

1997 年 10 月到 1998 年 8 月，俄罗斯经历了由三次金融大风波构成的金融危机（Financial Crisis）。这次危机的特点是，金融大波动的间隔越来越短，规模越来越大，程度越来越深，最终导致两届政府垮台，甚至波及全球，产生全球效应。这是很值得深思的一个问题。

1998 年俄罗斯的金融危机共由三波危机构成：

第一波危机是在亚洲金融风暴影响下大量外资撤离俄罗斯市场。俄罗斯于 1996 年起对外资开放，因其股价上升，潜力大、回报率高，所以国际投资者都普遍看好俄罗斯的金融市场，纷纷投资其股市和债市。当时俄罗斯股票面值定得很低，平均只有 50 美分到 4～5 美元，股票回报率平均高达 1 倍以上；国债的回报率也在 20% 以上，而且 80% 是 3～4 个月的短期国债，兑现较快。1997 年成为俄罗斯经济转轨以来吸入外资最多的一年。然而受亚洲金融风暴的影响，1997 年 10 月 28 日至 11 月 10 日，俄罗斯股票市场大跌 30%，殃及债券和外汇市场，俄罗斯央行救市后仍有 100 多亿美元外流。

第二波危机发生于 1998 年 5～6 月。当时俄罗斯内债和外债余额高达 2000 亿美元，当年政府预算中债务还本付息额已占到财政支出的 58%。同时国会又修法改变了外资持有俄罗斯公司股份的比例，加剧了国际资本外流。俄罗斯国债收益率狂飙至 80%，卢布大幅贬值，金融资产无人问津。

第三波危机源于俄罗斯政府试图稳定金融市场的干预措施：将卢布对美元汇率的浮动上限由 1∶6.295 扩大到 1∶9.5（即主动贬值 50%）；到期外债延期 90 天偿还；短期国债展期为 3 年期国债。投资者信心因此彻底丧失，股市、债市、汇

市统统暴跌，引发银行挤兑和居民抢购，1998 年 GDP 下降了 2.5%，工业生产下降了 3%，粮食产量下降了 2400 万吨。

二、危机的影响

危机爆发之后，俄罗斯主要通过三种途径来解决政府债务问题：一是以货抵债，以商品偿还所欠外债；二是以股抵债，将本国外债转换为私有企业股权；三是外债资本化。俄罗斯主权债务危机的解决是比较成功的，除了凭借强大的政治军事实力作为谈判的筹码外，俄罗斯丰富的石油天然气资源和国际大宗商品价格上涨为俄罗斯偿还外债提供了必要的条件。

但是 1998 年俄罗斯的债务危机还是造成了严重的影响。俄罗斯经济受到严重冲击，当年 GDP 下降了 2.5%，工业生产下降了 3%，物价上涨，人民生活水平下降。俄罗斯外汇储备损失惨重，卢布大幅度贬值并导致俄罗斯外债偿付压力更大。国债利率疯狂上升，俄罗斯政府的借贷成本也水涨船高。同时，俄罗斯金融系统陷入崩溃，大量银行倒闭，流动性紧缺。危机对俄罗斯国家金融、财政和经济的破坏作用很难短期内恢复。

同时，俄罗斯主权债务危机也连带伤害了其他国家。卢布贬值和危机恶化导致美国股市和债市下跌；俄罗斯最大的债权国德国，商业银行产生大量坏账；在同为独联体国家的乌克兰和白俄罗斯，其本币分别贬值 35% 和 70%；危机造成的恐慌情绪也使其他国家和地区爆发金融危机的风险与日俱增。

三、危机的原因

俄罗斯金融危机爆发的根本原因是其本身经济脆弱，而三次危机的具体诱因则略有不同。第一次大波动的导火索是外来的，主要是由东亚金融危机引起的；第二次、第三次危机则主要是俄罗斯政府的政策失误，引起外界对其不信任所致，同时国际金融炒家染指俄罗斯金融市场也是产生全球效应的一个重要原因。

招商证券在研究报告《政府债务问题专题研究之三：1998 年俄罗斯债务危机的前因后果及其启示》中归纳了以下几大经济根源：

（1）俄罗斯债务问题源于其所继承的大规模苏联外债，且偿债能力随着"休克疗法"的进程而不断恶化。叶利钦政府选择美国经济学家萨克斯提出的"休克疗法"，意图一步到位完成从苏联计划经济向市场经济的转型。"休克疗法"导致俄罗斯出现恶性通胀，物价失去控制，卢布不断贬值，投资大幅度下降，居民实际收入减少，消费市场萎缩，最终造成经济的长期衰退。因此，有学者将俄罗斯的"休克疗法"（Shocktherapy）戏称为只有休克没有治疗。俄罗斯的债务问题建立在实体经济长期衰退之上是俄罗斯主权债务危机有别于其他国家类似危机的主要特点。

（2）俄罗斯主权债务危机在一定意义上也可以被认为是财政危机发展到一定阶段的产物。由于经济衰退，企业利润下滑，俄罗斯财政收入年年下降，因而政府赤字，尤其是地方政府赤字在这一阶段不断增加。20 世纪 90 年代俄罗斯各级财政事权财权的划分混乱且不合理，俄罗斯各级政府在财政收支问题上的博弈加速了俄罗斯债务问题的恶化。

（3）畸形的经济结构是主权债务危机爆发的深层次经济因素。俄罗斯的经济结构不合理主要体现在三个方面：一是产业结构畸形。俄罗斯的主导产业仍然是资本密集型的基础工业，现代产业极为落后，轻工业几乎消失，只能依靠能源产业等重工业作为国民经济的主要增长点。二是国民经济对外贸的依存度过高。据统计，危机爆发前俄罗斯对外贸易总额约占 GDP 的 35%，外汇收入的 70% 来自石油和天然气的出口，国际能源价格的波动对俄罗斯的偿债能力有决定性的影响。三是俄罗斯引进外资的结构不合理。截至危机爆发，俄罗斯共引进外资 218 亿美元，但外商直接投资只占 37%，大量外资进入证券市场，再加上资本项目的盲目开放和卢布自由兑换，来去自由的国际金融资本已构成金融危机爆发的必要条件。

（4）1997 年俄罗斯动荡的政局推动主权债务危机的爆发和蔓延。1997 年，叶利钦出于政治考虑，解除了切尔诺梅尔金的总理职务并解散政府，提名资历尚浅的基里延科担任俄罗斯总理，由此拉开了总统、政府和杜马之间激烈的政治斗争。而基里延科本人缺乏财团和政党支持，使政府缺乏明确的政策规划，危机应对措施也偏离了市场的普遍预期，种种因素打击了投资者的信心，大量资金从俄罗斯撤离。

（5）俄罗斯主权债务危机是亚洲金融风暴在全球蔓延的重要一环。俄罗斯从 1996 年开始向国际资本开放本国的资本市场，大量外资涌入俄罗斯的股市、债市，促成了俄罗斯资本市场的繁荣。但是国际资本基本都流向了俄罗斯的短期国债，只要有任何风吹草动就会迅速撤离。随着亚洲金融风暴的不断蔓延，国际资本流动的突然转向拉开了俄罗斯主权债务的序幕，在这一点上，俄罗斯危机与 20 世纪 80 年代的拉美危机如出一辙。

四、启示

俄罗斯金融危机对其政治、经济和社会各方面都造成了巨大的负面影响，使俄罗斯脆弱的经济再度跌入衰退的深渊。但在某种意义上，对我国新时期的经济建设和进一步健全和完善金融市场具有重要的历史借鉴价值。

（1）经济要发展，政治稳定是根本前提。从辩证法的角度理解，经济的平稳发展为政治稳定提供了基础，但同时政治稳定又反作用于经济的发展，为经济平稳提供了必不可少的社会环境。

（2）金融市场不能盲目开放，必须与经济和社会的发展开放程度相适应。一个国家如果能够根据本国的经济发展水平科学合理地把握本国金融市场的开放程度，那么就可以引导国际资本有序地进入本国，并在经济发展中起到积极重要的作用；反之，如果盲目地开放金融市场，则会造成大量国际投机资本涌入，进而埋下金融危机和金融震荡的风险。

（3）金融市场的健康发展应该建立在长期战略发展的基础上，要避免以投机性炒作为主的短期效应。俄罗斯此次危机始于盲目的金融市场开放，导致流入的国际资本主要通过炒买炒卖短期国债来赚取高额的投机利润，而不是进行长期投资。这就警醒我们在金融发展过程中，必须根据国民经济的发展情况，在国内政治长期稳定的前提下进行强有力的综合治理。

参考文献

[1] 1998 年俄罗斯金融危机 [EB/OL]. 百度百科.

[2] 李丹. 梦回 1998：那一年俄罗斯怎样崩溃 [N]. 华尔街见闻，2014 - 12 - 16.

[3] 政府债务问题专题研究之三：1998 年俄罗斯债务危机的前因后果及其

启示 [R]. 招商证券, 2011 - 09 - 09.

　　[4] 王一夫. 俄罗斯金融危机的原因及启示 [J]. 理论与改革, 1999 (1)：118 - 119.

案例四 越南金融危机

一、案情经过

股市暴跌：2007年10月3日到2008年6月4日，在短短的8个月时间里，胡志明指数从1106点下跌到了396点。

汇市走低：2008年危机爆发前，交易员预计在接下来的12个月内，越南盾兑美元将贬值超过1/3。

楼市跳水：2008年，胡志明市某些地区的房价已经较前一年下跌了约50%。

另外，高达25.2%的通货膨胀、持续扩大的贸易逆差和财政赤字以及过多的外债规模，这个国家的货币体系暴露在巨大的风险之中。

二、原因

总体来说，通货膨胀失控是越南金融危机爆发的主要原因。从2008年开始，越南经济急转直下，多项经济指标亮起红灯，股市崩盘。2008年5月的CPI指数高达25.2，第一季度贸易逆差是上年同期的4倍，财政状况不断恶化，汇率急剧贬值，已经显露出金融危机的端倪。我们认为通胀失控是导致越南金融危机爆发的最重要原因，而通胀失控产生的原因在于通胀预期的高涨、宽松的货币供给和内需的强劲增长。越南通胀对经济影响的传递顺序是通胀上升—政策紧缩—需求下降—经济增速放缓。当经济增长放缓伴随货币紧缩，就会把负面影响传递至金融市场和房地产市场，进而影响到银行体系的资产负债表，投资者会开始怀疑整个经济的稳定性。

具体来说,越南金融危机爆发的原因如下:

(一) 货币政策实施不当

越南在应对高通胀时,货币政策的实施不当是引发金融危机的直接原因。一方面,越南期望通过快速的本币升值来冲抵高通胀的压力,但是事实证明这一决策是错误的,因为在国际热钱已大举进入并获得本币升值的巨大利益的前提下,本币加速升值必然会促使国际资本套利投机,最终导致本币贬值。另一方面,在危机之初,银行系统采取了大幅度的紧缩性货币政策,导致本土金融系统资金链极度紧张并加速了对本国货币的预期性恐慌。

(二) 过多过快地吸引外国直接投资

多年以来,越南采取比较宽松的金融政策,对国有企业的大量贷款形成了部分坏账,金融体系本身也并不健全,同时缺乏抵御金融风险的实力。越南本身也制定了比较激进的吸引外资的政策,外资的大量进入虽然可以直接拉动 GDP 增长,但是一旦外资大规模外撤,就不可避免地会发生货币和经济层面的巨大波动。

(三) 货币流动性泛滥,资本投资过度

越南政府前期的过度贷款和过度投资,导致国内长期处于流动性过度的状态,加上国际大宗商品价格快速上涨,两种效应叠加在一起,输入性通胀压力剧增。同时,银行业的快速扩张也是流动性泛滥的另一个重要原因。为了防止越南盾对美元的贬值,越南央行在公开市场上大量买入美元、卖出越南盾,这又进一步加剧了越南国内的流动性问题。

(四) 过早的开放资本项目

越南自 2006 年加入世贸组织后,就开始开放资本项目下的外商直接投资。外资的大量涌入直接推高了越南国内的资产价格,形成了资产泡沫。而当美联储释放加息信号时,国际资本开始回流。国际游资不断卖出越南资产,导致越南股市和房市暴跌,资产价格泡沫从而破裂。

（五）基础经济结构失衡

越南原本是以农业为主的国家，经济规模总量较小，工业和服务业基础薄弱，但近年来一直推行较为激进的经济改革，大力引入外资进行基础设施建设，同时还引进了大量的工业项目。然而这些工业项目的国内配套能力又比较弱，实体经济基础薄弱，经济结构存在失衡的问题，大量的进口造成了连年巨大的外贸逆差。

三、启示

（一）适时采取稳健的货币政策

当前，从我国整体宏观经济运行来考虑，应采取稳健的货币政策，积极应对金融市场潜在的各种风险与危机。对于国内企业资金短缺的问题，可通过发行定向债券和特别国债等扶持关系国计民生的重点产业。人民币汇率改革要坚持"主动性、可控性和渐进性"的原则，减缓升值速度，并将汇率控制在合理的范围内。同时，对热钱要采取措施进行严格监控，及时发现金融市场的异常波动和潜在风险。

（二）继续坚持资本项目的稳步适度开放

继续坚持资本项目开放的慎重性和适时性。采取分阶段、有步骤的方式，有选择地逐步开放我国资本项目，并采取各种措施对国际热钱进行监控，有效防范热钱投机对我国金融稳定的冲击。

（三）加大对经济结构的调整力度

当前，我国正面临着世界经济失衡和国内经济失衡的双重挑战，人民币汇率压力来自国际收支双顺差。因此，要进一步采取完善外汇管理、调整外贸政策、强化节能降耗、促进扩大消费等综合措施来调整结构。

（四）完善金融波动与危机的预警机制及应急管理体系

在逐步融入国际经济体系的过程中，我国与国际金融体系的联系更加密切，国际金融领域的任何风吹草动都可能对我国金融市场造成影响，甚至导致巨大变动。因此，要不断完善金融体系，增强金融风险的应对能力，有必要建立健全我国金融波动与危机的预警机制及应急管理体系。

（五）建立透明、诚信的信息发布机制

金融市场稳定，除了要有良好的监管、健全的市场基础设施、成熟的金融技术外，还要有相对稳定的市场预期，并且不破坏微观主体的信心。因此，我国金融监管部门应建立透明、诚信的金融信息发布机制，通过采取各种有效的措施，及时向民众释放市场良性发展的积极信号，消除民众的不良心理预期，使人们了解市场潜在的风险，理性地应对各类金融事件和金融风险。

参考文献

卢亚娟. 金融风险管理案例集 ［C］. 南京审计学院，2009.

案例五　冰岛的"国家危机"

一、案情经过

冰岛,欧洲西北部岛国,近北极圈,介于大西洋和北冰洋的格陵兰海之间。总面积 10.3 万平方千米,人口约 32 万,是欧洲人口密度最小的国家。渔业、水利和地热资源丰富,其他自然资源匮乏,除渔业和畜牧业外几乎所有食品都依赖进口。其各项经济指数和幸福指数都位居世界前列,数次被评为"世界最幸福的国家""最宜居国家"。2008 年,由于受到世界金融危机的影响,冰岛一度面临着"国家破产"的危险。

19 世纪末,冰岛占比最大的渔业由于过度捕捞遭遇毁灭性的打击,斥巨资建设的铝业尚且处于发展过程中,不容乐观的经济情况促使金融业和房地产业成为国家发展的新兴支柱产业。2005 年,冰岛人均 GDP 达到 54975 美元,位居世界第三。2006 年 GDP 增长 2.6%,达到 181 亿美元,人均 GDP 高达 60370 美元。但由于人口密度小,政府给予的社会福利程度大、范围大——医疗费用几乎全包,义务教育普及到了大学,未成年者有基础"零花钱",失业福利金能保证生活所用甚至与上班工资相差不大。在这种情况下,冰岛此时已面临财务杠杆过度的危机——冰岛三大银行在 2005 年共发行了 150 亿欧元的债券,超过了其 GDP,甚至总债务对 GDP 的比率上升到了 350% 这一可怕的高度,于是其他国家纷纷撤离在冰岛的投资。冰岛的市值排名前三位的银行被迫全部由政府接管,冰岛的货币克朗在 2009 年贬值超过一半,很多冰岛人甚至产生了移民的想法。

冰岛的"国家危机"总结起来如下:

(1) 2008 年 10 月 9 日,冰岛市值排名前三位的银行已经全部被政府接管。数据显示,这三家银行的债务总额为 610 亿美元,大约相当于冰岛 GDP 的 12 倍。

（2）冰岛出现了严重的金融动荡，冰岛克朗在 2009 年 1 月贬值超过一半。

（3）冰岛政府向国际货币基金组织（IMF）、俄罗斯等申请援助，以应对金融危机。

二、危机的原因

（一）直接原因：2008 年席卷全球的金融危机

金融危机在某种程度上就是偿还债务能力的危机，冰岛的“国家危机”在于其资本不足以偿还债务。一开始是流动性危机，中央银行帮助解决流动性的问题，但中央银行的责任没有得到很好地履行。冰岛这样一个小国家有自己的货币，流动性的问题是致命的。

（二）根本原因：政府没有进行有效的金融监管，反而鼓励银行的投机性行为

冰岛和欧洲的其他国家一样，对自己的金融体系进行了私有化并放松了管制。私有化带来了投资的繁荣，之后资产价格上升，进而导致资产价值的泡沫。国际贷款人愿意把资金无限制地贷到冰岛，而且房价在上涨，股票市场也在上涨。银行体系出现问题是因为冰岛从一个简单的存款目的地变成了一个全球的国际金融中介机构，银行体系没有得到很好的监管，银行监管机构也就是中央银行，没有能力完全了解银行所面临的风险。雷曼兄弟破产之后，银行没有任何生存的机会，投资者的信心也丧失了。

三、启示

（一）发展金融业必须有坚实的实体经济做后盾

冰岛政府把筹码过多地押在了虚拟经济上，使风险被扩大到无法控制的地

步。简言之，冰岛选择的经济发展模式，就是利用高利率和低管制的开放金融环境吸引海外资本，然后将其投入高收益的金融项目，进而在全球资本流动增值链中获利。这种依托国际信贷市场的杠杆式发展，收益虽高但是风险也大。全球化带来了全球资本的流动，一个国家可以在全球资本市场搏杀，参与金融利益的分成，并攀上全球金融生态链的高端，但前提是这个国家有足够强大的实体经济做支撑。从经济规模上看，冰岛似乎并不具备这种实力，冰岛把发展经济的筹码过多地押在了虚拟经济上，自然忽视了实体经济的发展。

（二）国家不能放松对金融行业的监管

冰岛之所以出现危机，是因为金融业扩张过度，银行和大商家纷纷涉足高风险投资。但政府对此不仅坐视不管，反而鼓励他们大举放贷，国民又习惯常年依靠借贷消费，由泡沫形成的经济繁荣毕竟是脆弱的。这种严重失衡的状况，冰岛政府和中央银行不仅视若无睹，反而鼓励银行发放更多的贷款和承担更高的风险，而金融评级机构早在两年前便开始关注冰岛银行业的情况，但冰岛当局毫无作为。结果就是，冰岛最大的三家银行在不到一个半月的时间里全部出了问题，最后不得不由政府出面接收。

参考文献

卢亚娟. 金融风险管理案例集 [C]. 南京审计学院，2009.

案例六　雷曼兄弟破产

一、案情

2008 年 9 月 15 日，美国第四大投资银行雷曼兄弟按照《美国破产法》的相关规定提交了破产申请，成为了美国有史以来倒闭的最大的金融公司。拥有 158 年历史的雷曼兄弟是华尔街第四大投资银行。2007 年，雷曼兄弟在世界 500 强企业中排名第 132 位，2007 年年报显示其净利润高达 42 亿美元，总资产近 7000 亿美元。从 2008 年 9 月 9 日开始，雷曼兄弟股票一周内股价暴跌 77%，公司市值从 112 亿美元大幅缩水至 25 亿美元。2008 年第一季度，雷曼兄弟卖掉了 1/5 的杠杆贷款，同时又用公司的资产作抵押，大量借贷现金为客户交易其他固定收益产品。2008 年第二季度变卖了 1470 亿美元的资产，并连续多次进行大规模裁员来压缩开支。然而雷曼兄弟的自救并没有把自己带出困境。华尔街的"信心危机"，金融投机者操纵市场，一些有收购意向的公司则因政府拒绝担保没有出手，导致雷曼兄弟最终没能逃离破产的厄运。

二、原因

（一）次贷危机的影响

次贷问题及其所引发的支付危机，最根本的原因是美国房价下跌引起的次级贷款对象的偿付能力下降。因此，其背后深层次的问题在于美国房市的调整。美联储在 IT 泡沫破灭之后大幅度降息，实行宽松的货币政策。全球经济的强劲增长和追逐高回报，促使金融创新不断涌现，出现了很多金融工具，增加了全球投资者对风险的偏好程度。2000 年以后，实际利率降低，全球流动性过剩，借贷很容易获得，这些都促使美国和全球出现了房市的繁荣。而房地产市场的价格上涨，导致美国消费者财富增加，提高了消费力，美国经济持续快速增长，又进一步促进了美国房价的上涨。2000～2006 年美国房价指数上涨了 130%，是历次上升周期中涨幅最大的。在房价大涨和低利率的环境下，借贷双方风险意识日趋薄弱，次级贷款在美国快速增长。同时，浮动利率房贷占比和各种优惠贷款比例不断提高，各种高风险放贷工具增速迅猛。

但从 2004 年中开始，美国连续加息 17 次，2006 年起房地产价格止升回落，一年内全国平均房价下跌 3.5%，是自 20 世纪 30 年代大萧条以来首次下跌，尤其是部分地区的房价下降超过了 20%。全球失衡到达了无法维系的程度是本轮房价下跌及经济步入下行周期的深层次原因。全球经常账户余额的绝对值占 GDP 的百分比自 2001 年持续增长，而美国居民储蓄率却持续下降。当美国居民债台高筑以致难以支撑房市泡沫的时候，房市调整就在所难免。这亦导致次级和优级浮动利率按揭贷款的拖欠率明显上升，无力还贷的人越来越多。一旦这些按揭贷款被清收，最终将造成信贷损失。

与过去所有房地产市场波动的主要影响不同的是，此次次贷危机造成整个证券市场，尤其是衍生产品的重新定价。而衍生产品估值往往是由一些非常复杂的数学或者是数据性公式和模型做出来的，对风险偏好十分敏感，需要不断进行调整，这样就给整个次级债市场带来很大的不确定性。投资者难以对产品价值及风险直接进行评估，从而十分依赖评级机构对其进行风险评估。然而，评级机构面对越来越复杂的金融产品，并未采取足够的审慎态度。同时，定价的不确定性造成风险溢价的急剧上升，并蔓延到货币和商业票据市场，使整个商业票据市场的流动性迅速减弱。由于金融市场中充斥着资产抵押证券，美联储的大幅注资依然难以彻底消除流动性抽紧的状况。到商业票据购买方不能继续提供资金的时候，流动性危机就形成了。更糟糕的是，由于这些次级债经常会通过债务抵押债券的方式被用于产生新的债券，尤其是与优先级债券相混合产生 CDO。当以次级房贷为基础的次级债证券的市场价值急剧下降，市场对以抵押物为支持的整个证券市场价值产生怀疑，优先级债券的市场价值也会大幅下跌。次级债证券市场的全球化导致整个次级债危机变成一个全球性的问题。

这一轮由次级贷款问题演变成的信贷危机中，众多金融机构因资本金被侵蚀而面临清盘的窘境，其中包括金融市场中雄极一时的"巨无霸"们。贝尔斯登、"两房"、雷曼兄弟、美林、AIG 皆面临财务危机或被政府接管，甚至以被收购或破产收场，而它们曾分别是美国前五大投行中的三家、全球最大的保险公司和大型政府资助机构。在支付危机爆发后，除了美林的股价还占 52 周最高股价的 1/5 外，其余各家机构股价均较 52 周最高值下降了 98% 或以上。六家金融机构的总资产超过 4.8 万亿美元。贝尔斯登、雷曼兄弟和美林在次贷危机中分别减值 32 亿美元、138 亿美元和 522 亿美元，总计近 700 亿美元，而全球金融市场减值更高达 5573 亿美元。由于减值造成资本金不足，全球各主要银行和券商都寻求新的投资者来注入新的资本，试图以此渡过难关。

（二）雷曼兄弟自身的原因

1. 进入不熟悉的业务且发展太快，业务过于集中

作为一家顶级的投资银行，雷曼兄弟在很长一段时间内注重于传统的投资银行业务（证券发行承销、兼并收购顾问等）。进入 20 世纪 90 年代后，随着固定收益产品、金融衍生品的流行和交易的飞速发展，雷曼兄弟也大力拓展了这些领域的业务，并取得了巨大的成功，被称为华尔街上的"债券之王"。

在 2000 年后，房地产和信贷这些非传统的业务蓬勃发展，雷曼兄弟和华尔街上的其他银行一样，开始涉足此类业务。这本无可厚非，但雷曼兄弟的扩张速度太快（美林、贝尔斯登、摩根士丹利等也存在相同的问题）。那几年，雷曼兄弟一直是住宅抵押债券和商业地产债券的顶级承销商和账簿管理人。即使是在房地产市场下滑的 2007 年，雷曼兄弟的商业地产债券业务仍然增长了约 13%，因此，雷曼兄弟面临的系统性风险非常大。在市场情况好的年份，市场流动性泛滥，投资者被乐观情绪所蒙蔽，巨大的系统性风险给雷曼兄弟带来了巨大的收益；可是当市场崩溃的时候，如此大的系统性风险必然带来巨大的负面影响。

另外，雷曼兄弟"债券之王"的称号固然是对它的褒奖，但同时也暗示了它的业务过于集中在固定收益部分。虽然雷曼兄弟在其他业务领域（兼并收购、股票交易）有所进步，但缺乏其他竞争对手所具有的业务多元化。相比之下，同样处于困境的美林证券可以在短期内迅速将它所投资的彭博和黑岩公司的股权脱手而换得急需的现金，但雷曼兄弟就没有这样的应急手段。在这一点上，雷曼兄弟和此前被收购的贝尔斯登颇为类似。

2. 自身资本太少，杠杆率太高

以雷曼兄弟为代表的投资银行与综合性银行（如花旗、摩根大通、美国银行等）不同，它们的自有资本太少、资本充足率太低。为了筹集资金来扩大业务，它们只好依赖债券市场和银行间拆借市场；在债券市场发债来满足中长期资金需求，在银行间拆借市场通过抵押回购等方法来满足短期资金需求（隔夜、7 天、1 个月等）。然后将这些资金用于业务和投资，赚取收益并扣除要偿付的融资代价后，就是公司运营的回报。也就是说，公司用很少的自有资本和大量借贷的方法来维持运营的资金需求，这就是杠杆效应的基本原理。借贷越多，自有资本越少，杠杆率（总资产除以自有资本）就越大。杠杆效应的特点就是，在赚钱的时候，收益是随杠杆率放大的；但当亏损的时候，损失也是按杠杆率放大的。杠杆效应是一柄"双刃剑"。近年来由于业务的扩大发展，华尔街上的各投行已将杠杆率提高到了危险的程度。

三、启示

雷曼兄弟作为一个拥有 158 年历史的企业，其破产对于企业的风险管理有很多启示：

（1）危机意识。正如比尔·盖茨所说的，"微软离破产永远只有 18 个月"。海尔董事长张瑞敏提出了"永远战战兢兢，永远如履薄冰"，这说明企业越大，企业家越要有危机意识，生存了 158 年的企业也会轰然破产，因此企业家绝对不能掉以轻心。

（2）提升企业的内部管理和抗风险能力。雷曼兄弟作为一个生存了 158 年的企业，有理由相信其内部管理已经达到了相当规范的程度，但其仍在困境中破产，说明企业的抗风险能力是一个综合的因素，所以在做企业的过程中，不仅要加强企业的内部管理，同时也要提高企业在困境中生存的能力，企业家要随时准备好面对引起企业倒闭的困境。

（3）正确的战略规划。雷曼兄弟的破产主要是因为其持有大量次贷债券，而持有次贷债券是雷曼兄弟的战略决策，如果单就破产而言，我们可以认为是雷曼兄弟的战略规划出现了问题。所以企业战略规划是非常重要的，战略规划的任何疏漏都会将企业带入无法预料的困境。世界每天都有企业破产，雷曼兄弟只是众多破产企业中的一个，作为一个企业家，必须时刻警惕企业在发展过程中的种种危机，预测危机处理不好所引起的严重后果，从而谨慎地经营自己的企业。

参考文献

谢非．风险管理原理与方法［M］．重庆：重庆大学出版社，2013．

案例七　美国安然公司破产案例

一、安然公司简介

安然公司成立于 1985 年，是由美国休斯敦天然气公司和北方内陆天然气（InterNorth）公司合并而成的，公司总部设在美国得克萨斯州的休斯敦，首任董事长兼首席执行官为肯尼斯·雷，他既是安然公司的主要创立者，也是安然公司创造神话并在后来出现危机的关键人物。安然公司在肯尼斯·雷的领导下，经历了四步跨越，从名不见经传的一家普通天然气经销商，逐步发展成为世界上最大的天然气采购商和出售商、世界最大的电力交易商、世界领先的能源批发做市商、世界最大的电子商务交易平台。

从 1985 年至 2000 年的短短 15 年中，安然公司创造了一个接一个的神话，每一次行动都被媒体津津乐道，每一个战略都成为商学院 MBA 教学的经典案例。它的发展犹如"坐上了火箭"，才用了十几年的时间，就与通用、埃克森、美孚、壳牌等百年老店平起平坐，成为一代商业巨擘。从 1990 年至 2000 年的 10 年间，安然公司的销售收入从 59 亿美元上升到 1008 亿美元，净利润从 2.02 亿美元上升到 9.79 亿美元，其股票成为众多证券评级机构的推荐对象和众多投资者的追捧对象，2000 年 8 月，安然股票价格攀升至历史最高水平，每股高达90.56 美元。与此同时，媒体对安然公司也宠爱有加，2000 年，安然公司在美国《财富》杂志的"美国 500 强"评比中位列第 7，在"世界 500 强"中位列第16，并在《财富》杂志的调查中连续 6 年荣获"最具创新精神的公司"称号。

二、安然危机

2001 年初，一家有着良好声誉的投资机构老板吉姆·切欧斯对安然的盈利模式公开表示了怀疑，他指出，虽然安然的业务看起来很辉煌，但实际赚不到什么钱。这引发了人们的怀疑，开始追究安然的盈利情况和现金流向。

2001 年 11 月 16 日，安然发表第三季度的财报，宣布公司亏损高达 6.18 亿美元，即每股亏损 1.11 美元，同时首次透露因首席财务官安德鲁·法斯托与合伙公司的合作不当，公司股东资产缩水 12 亿美元。从安然公司走向毁灭的整个事件看，这次财务报表是整个事件的"导火索"。

2001 年 10 月 22 日，美国证券交易委员会盯上安然，并要求其自动提交某些交易的细节内容，并于 10 月 31 日对安然及其合伙公司进行正式调查，安然事件爆发。

2001 年 11 月 8 日，安然被迫承认做了假账，自 1997 年以来虚报盈利 6 亿美元。2001 年 11 月 28 日，标准普尔将安然债务评级调低至"垃圾债券"级。2001 年 11 月 30 日，安然股价跌至 0.26 美元，市值从巅峰时的 800 亿美元跌至 2 亿美元。2001 年 12 月 2 日，安然正式申请破产保护。破产清单中所列资产高达 498 亿美元。

2002 年 1 月 15 日，纽约证券交易所正式宣布，由于安然公司股票交易价格在过去 30 个交易日中持续低于 1 美元，根据有关规定，决定将安然公司股票从道琼斯工业平均指数成份股中除名，并停止安然股票的相关交易。至此，安然这个曾经辉煌一时的能源"巨人"已完全崩塌。

三、安然事件发生的缘由

（一）安然危机的开端——内部交易

安然公司利用大量内部消息进行内部证券交易，其从 20 世纪 80 年代就开始触及内部交易，公司高层对此知晓却视而不见，在法律与利润面前选择了利润，也使安然公司从此走上了不归路。

（二）危机加深——成立离岸公司

20世纪90年代有一大笔国际热钱涌入美国，为美国股市带来了阳光，美国许多企业也因此获利。美国经济进入了一个长期高增长的阶段，美国大公司以为前景向好，头脑发热、盲目扩张，但随着网络经济的泡沫破灭，美国经济进入了低迷状态，为了维持股价，防止资金流出，许多公司开始弄虚作假，而安然公司也是其中之一。安然公司成立了多家离岸公司，用离岸公司来避税，掩盖自身的亏损，并利用自己的金融衍生工具对其能源期权和期货进行交易，使其获得了超高利润，高超的技巧使其报表中披露的净利润不断增加，也提高了安然的股价，安然虽然在2001年就出现了亏损，但是仍旧能吸引股民的投资。安然的股价屡创新高，公司的高管开始利用内部消息大把炒作自己的股票，金额达数千万美元。公司CFO一手创立离岸公司虚增利润，一手操纵股价进行内部交易，使自己和朋友们的上亿美元股本稳赚不赔，而安然公司和其他不知情的股票投资者却要为此付出代价。

关联交易也是安然掩盖其亏损行为的重要手段，安然创建的子公司和合伙公司超过3000个，建立了复杂而又烦琐的公司体系，目的是通过关联交易创造利润，自上而下地传递风险，自下而上地传递报酬。

（三）安然致命的一击是将未来不确定的收益计入本期收益中

在签订的合约中，安然忽视风险，只将对自己有益的部分计入财务报表。安然公司在20世纪80年代通过资产证券化进行融资时，以资产和收益作为抵押发行债券，但是签订了两个担保条件：第一，安然的股价不能低于某个价位，否则安然必须购回这些债券；第二，安然的信用评级必须满足要求，如果安然的股票被评为垃圾股，安然必须以原价购回这些债券。这两个条件也成为后来安然无力回天的重要原因，安然在被调查后股价狂跌，被评为垃圾股，要用34亿美元来购回债券，这无疑是致命的打击，安然也不得不宣布破产。

四、安然事件的影响

　　安然的破产已震动了美国和英国政坛，据悉，自1990年以来安然向两国政要献金超过600万美元。与此同时，以前与安然有染的机构也被殃及，为安然服务的著名五大国际会计师事务所之一——安达信被诉妨碍司法公正，并因此倒闭，更由此引出另一电信巨头世通（Worldcom，美国世界通信公司）公司的丑闻，随后世通公司宣告破产，取代安然成为历史上最大的倒闭案。花旗集团、摩根大通、美国银行等也因涉嫌财务欺诈，向安然破产的受害者分别支付了20亿美元、22亿美元和6900万美元的赔偿金。

五、事件分析

（一）安然事件凸显了美国会计、审计制度的严重漏洞

　　安然的四大手法如下：其一，暗箱作业，将债务、坏账转移到分支公司；其二，安然利用财经审计的巨大漏洞，进行秘密交易以及"圈内人交易"；其三，借取消商业限制之机，利用政治力量，"重写美国政府的能源政策条文"，使能

源政策向自己倾斜,获得大量利益;其四,不断制造商业景气的报道,误导股民及公众视听。在安然宣布破产前几个月,安然的对外文宣仍然是莺歌燕舞,一片繁荣。

(二) 从安然自身来看,战略管理的失败决定了企业失败的命运

首先,盲目冒进,战略失误。当年的安然公司几乎可以呼风唤雨,这让管理者们沉浸在过度自信之中,从而胆敢无视决策的风险。安然的决策者不甘心局限于传统的石油天然气行业,于是急功近利挺进到知识经济网络科技的最前沿,最终导致公司失控。

其次,低估了市场风险。市场每时每刻都在变化着,这就要求企业适应市场需求,最好是适当超前地抢占市场。而安然更是以"规避金融风险"著称——这是它的主要创新业务。也许正是这种规避风险的"专家企业"才可能犯这样的错误,骄傲自大,轻视举债风险,特别是企业外部宏观经济环境变迁带来的风险,它对美国社会经济大气候的恶化显然没有做出正确估计和充分准备。在美国经济一帆风顺的时候,安然是华尔街股市的宠儿,即便有不正常的举债,也不会受到人们的怀疑,而随着美国总体经济趋于衰退,市场需求降低时,债权人的金融风险就凸显了,许多以前不被重视的风险开始放大,安然也就难以维持原有的财务状况,更无法"创新"更高明的衍生工具取信于人。安然公布的 490 亿美元资产和 312 亿美元负债,直接导致融资给"安然"做期货交易的银行面临大量坏账,进而出现财务危机,于是谁也挽救不了安然。

六、安然事件的思考

安然事件引起了一系列的后续思考。

首先,是对美国经济全球效益的反思——美国跨国经济效益与影响不仅促进和推动了世界经济增长和国际金融的活力,而且也刺激和拓展了美国自身经济的持续繁荣和景气。反过来,2000 年下半年开始的美国经济急剧减速也使世界经济受到明显的冲击,经济增长预期逐渐向下调整,这又连带美国经济开始调整,外围国际环境的恶化使美国经济处于更为艰难的阶段。

其次,对于如何防范其他上市公司发生类似的弊案,美国《商业周刊》提

出了八大措施：①重新审视、恢复必要商业限制的强硬措施；②重新强化政治捐款改革；③焕发业者的商业与职业道德；④再度审查政府的能源政策；⑤禁止审计公司同时担任商业顾问；⑥对审计者进行制度性的轮换；⑦改革审计委员会；⑧重新修改政府对企业的会计账务规定。

最后，离岸市场是用于跨国投资交易的便利工具，不应该成为某些公司和企业为私人牟利的场所，不能让其借助离岸市场的优势，为所欲为。习近平总书记曾说过，"把权力装进制度的笼子里"，这句话在此仍然适用，即要建立完善的商业体制，明确商业限制，对于违法行为采取必要的强硬措施，我们必须承认，安然采取了精妙的措施来掩盖自己的错误，安然的金融衍生品对于能源的交易来说的确是一大创新，但是新事物的出现并不总是伴随着美好，对于新事物，人们要提高敏感度，增强风险防范意识，因为市场也是会失灵的。同时，这对监察部门也提出了更加严格的要求，其必须加大监察力度，让知法犯法者闻风丧胆，不敢做违反法律的事情。

参考文献

[1] 安然有限公司 [EB/OL]. 百度百科, https：//baike. baidu. com/item/安然有限公司/9999758？fr = aladdin.

[2] 陈志武，方流芳，张维迎，陈雨露，王国刚，曾明."安然事件"诱因及对我们的启示 [N]. 中国证券报，2002 - 02 - 07.

案例八　柯达公司案例分析

一、事件背景

　　柯达公司是世界上最大的影像产品及相关服务的生产商和供应商，总部位于美国纽约州罗切斯特市，是一家在纽约证券交易所挂牌的上市公司，业务遍布150多个国家和地区，全球员工约8万人。多年来，柯达公司在影像拍摄、分享、输出和显示领域一直处于世界领先地位，一百多年来帮助无数人留住美好回忆、交流重要信息以及享受娱乐时光。在其最辉煌的时候，中国市场只有一种胶卷，就是柯达。但是随着数码技术的崛起，柯达公司却仍长期依赖原有的胶片产业，对于数字科技给予传统影像部门的冲击反应迟钝，导致柯达公司于2012年1月19日申请破产保护，从一家世界最大的胶卷生产商，变成了一家市值不到10亿美元的商业图文影像处理公司。

二、事件分析

　　柯达公司走向破产，是由多方面因素造成的。
　　第一，柯达公司缺乏一定的创新意识，在新产品研发方面没有及时顺应时代的发展。随着科技的发展，数码产品发展迅速，但柯达公司并未及时转变研发方向，仍将大量的资金投入旧产业——胶卷的生产。对于现有技术带来的现实利润和新技术带来的未来利润之间的过渡和切换时机把握不当，造成柯达大量资金用于传统胶片工厂生产线和冲印店设备，这种低水平的简单重复投资，挤占了柯达对数字技术和市场的投资，增大了其退出和更新成本。

第二，柯达公司的管理层多来自传统专业，在当时任职的 49 名高层管理人员中只有 3 位出身于电子专业，作风偏保守，相对其他类似公司而言目光短浅，满足于传统胶片产品的市场份额和垄断地位，缺乏对市场的前瞻性分析，没有抓好创新型产品的市场化，让创新型产品尽快成为现金流的来源，也没有及时调整公司经营战略重心和部门结构，决策犹豫不决，错失良机。与此同时，主营产品的转型要求企业在盈利模式、内部运营、外部物流、销售渠道、客户服务等供应链的每个环节随之转变，这种转变同样也需要管理层的有力决策，而面对这种转变，柯达公司的管理层却并未引领公司走上变革。

第三，短视的战略联盟。从市场竞争角度看，柯达经营战略中技术竞争与合作的关系，被短期市场行为所左右，竞争者与合作者的战略定位和战略角色模糊。技术市场竞争激烈，电子技术领先周期缩短，进入细分市场领域的增加，会带来国际级竞争对手的增加，柯达在数字相机、可拍照手机、数字冲印、数字打印机领域中遭遇如富士、索尼、惠普、佳能、爱普生等大公司的激烈竞争。

第四，柯达公司在面对宏观环境的影响时也没有通过及时调整方向、适应宏观环境的发展来寻找新的出路，而是故步自封，在原有的已经偏离大趋势的道路上渐行渐远。虽说宏观因素的影响对所有行业都是公平的，但面对宏观因素的影响，有的公司却可以快速适应并转变方向，而柯达公司则缺乏这种调整能力。世界上第一台数字照相机本是由柯达公司生产出来的，但面对科技快速发展应用的大趋势时，柯达公司却为保住自己在胶片产业中的龙头老大地位而继续在该产业投入大量的资金，人为地搁置了数字照相专利技术，从而导致其他企业后来居上，对世界发展大趋势的不了解以及不灵活顺应宏观环境也是柯达公司没落的原因之一。

三、启示

率先发明出数码相机的柯达确被这个数码时代所抛弃，柯达公司的破产也带给了我们许多启示。

第一，创新是企业发展中必不可少的因素，在企业的经营管理中绝不能只固守原有的产品而缺乏新的创造。墨守成规，固守旧的经营方式、经营理念，只会让企业停滞不前、走向衰落。同样地，有了创新、有了专利也要坚持开发，不进则退、慢进亦退，既然已经有了新的适应潮流的创造，就应该继续坚持，维持自己开创者的地位，去开拓新的领域，以成为新领域的领跑者。

第二，经营者在企业的经营中，应时刻保持竞争意识，目光长远，不安于现状，不断进取，及时调整经营理念和经营方向。领导层需对市场趋势具备敏锐的嗅觉，并作出前瞻性的判断，时刻保持竞争意识，寻找新的商业契机，使公司多元化发展，绝不能只局限于眼前的产业，也绝不能只满足于现状。

第三，要顺应时代的发展，重视大趋势的影响，从消费者的角度出发，注重产品的消费者体验。在这个发展迅速的时代，今天畅销的产品可能到了明天就无人问津，不能满足消费者需求的产品也同样会变得越来越没有市场。因此，企业要把握好经济的发展趋势，从消费者的角度出发，研发出更符合消费者需求的产品，不断改进、不断调整，才能不被日新月异的市场淘汰。

参考文献

[1] 陈司星. 柯达破产：自满的代价 [J]. 国企，2013 (3)：116-123.

[2] 匿名. 柯达：数字时代的没落者 [J]. 商周刊，2012 (3)：68-71.

[3] 戴维·亨利，鲁洁. 柯达公司的危机 [J]. 国外社会科学文摘，2006 (2)：44-45.

案例九　没落的贵族——摩托罗拉

一、昔日的辉煌

曾几何时，摩托罗拉就是无线通信的代名词，同时也代表着一个时代最先进的技术和最优质的品质。人们曾经无数次听到那句熟悉的"Hello Moto"，现在已经很少出现了。

摩托罗拉成立于 1928 年，原名为高尔文制造公司（Galvin Manufacturing Corporation），以创始人保罗·高尔文的名字命名。随后，高尔文制造公司在 1930 年推出了一款车载收音机设备，并将其命名为"MOTOROLA"，由于产品极受欢迎，高尔文制造公司索性更名为摩托罗拉公司。

摩托罗拉是世界上最早研发无线电通信的厂商，在"二战"期间，摩托罗拉研发出了便携式无线电收发机 SCR - 300 和手提对讲机 SCR - 536，并交付给美

军使用，以保障战斗中的通信联络。SCR-536重约5磅，可手持通话，不再需要背负，通信距离最高可达4.8千米。在"二战"期间，约有13万台SCR-536先后投入使用。诺曼底登陆战时，先头部队携带了大量SCR-536步话机，以保障进攻时的通信联络。摩托罗拉的品牌也随之传播到全世界。"稳定耐用，通信性能优越"是摩托罗拉留给世人最重要的品牌印象。

"二战"以后，摩托罗拉逐渐垄断了无线通信市场，在智能机时代来临之前，摩托罗拉一直是通信市场的霸主，通信方面的无数个第一都由它创造。1969年7月，人类从月球传回的那句著名的"这是我的一小步，却是人类的一大步"就是由摩托罗拉的无线应答器传送回的。

1973年，摩托罗拉发明了世界上第一台手机DynaTAC，这台"通话的砖头"重约2磅，需要充电10小时，仅可以通话半小时，而售价却高达3995美元。一个新的时代诞生了，人们终于可以随时随地打电话了。摩托罗拉发明了民用蜂窝式移动电话，作为移动通信的领导者，自然地垄断了这一代移动通信市场。这是一个基于模拟信号的时代，天线技术和模拟信号处理技术的水平决定了产品的好坏，而产品的外观式样就不那么被重视。

二、数字信号时代的沉沦

就在摩托罗拉享受着模拟信号时代霸主地位而停滞不前的时候，诺基亚掌握了当时最新的GSM通信技术，赶上了数字时代的大潮，推出了许多优秀的产品，成为了新时代的佼佼者。虽然后来摩托罗拉凭借技术的优势赶了上来，但在数字时代，各家的技术差距并不大，诺基亚以其操作界面简单、设计精美等优点，逐步占领了市场。摩托罗拉的优势不再明显。本来摩托罗拉是最有资格引领移动通信大潮的，但很遗憾，它只踏上了一个浪尖就被木工厂出身的诺基亚超过了。

而最为可惜的是摩托罗拉牵头的铱星计划，这可能是世界科技史上最了不起，也是最失败的项目之一了。铱星计划总投资60亿美元，摩托罗拉公司自己拿出了10亿美元，想要夺得世界移动通信市场的主动权，并实现在世界上任何地方都可以使用无线手机通信，打造一个新一代卫星移动通信星座系统。整个铱星计划从确立、运筹到实施都是非常成功的，尤其在技术上，有许多重大的技术发明。但是，从商业的角度讲，这是一场彻底失败的投资。这个项目投资太高，每年的维护费用也高达几亿美元，为了支付高额的费用，铱星公司只能提高手机的定价和通话的费用，从而使用户群大大减小，更难维系高额的支出。在投入商业运行后仅一年，铱星公司就宣布破产。而摩托罗拉在这场举世瞩目的宏伟计划中损失惨重，逐渐衰退。

尽管如此，摩托罗拉也陆陆续续推出了很多令人注目的经典手机产品，比如2004 年的 RAZR V3，薄如刀片的设计、精湛的工艺一下子就吸引了人们的目光。凭借这款手机，摩托罗拉也重新焕发了生机。2005 年全年利润翻了一倍，手机出货量增长了40％。但在成功之后，摩托罗拉没有继续研发新产品，而是选择"吃老本"，在 V3 的基础上进行各种各样的修改，陆陆续续推出了 V3i、V8、V9等产品，这也是摩托罗拉在功能机时代最后的辉煌。

随后，在 V8、V9 无法吸引更多客户的时候，摩托罗拉只能宣布转型，推出了 Android 系统的手机。在安卓早期，摩托罗拉凭借出色的硬件研发能力，也取得过很好的成绩，前后推出过几款当时最畅销的产品，如最著名的三防手机——Defy－ME525，蝉联了 2011 年手机市场数月的销售冠军。尽管如此，摩托罗拉的大公司病依旧没有改变。在看到一些产品成功的时候，摩托罗拉并没有选择继续研发新产品，而是不断地完善旧产品。

在安卓机都在"堆配置"的年代，摩托罗拉一直采用低配置，结果销售状况不佳，再加上苹果手机的颠覆，摩托罗拉"掉队"了。2011 年，摩托罗拉被分拆为摩托罗拉移动和摩托罗拉解决方案之后，谷歌公司以 125 亿美元的价格收购了其中的摩托罗拉移动。在谷歌的管理下摩托罗拉并没有复苏的迹象，2014年，摩托罗拉再次易主，谷歌公司以 29 亿美元的价格将"空壳"一般的摩托罗拉卖给联想。联想在收购摩托罗拉之后，进行了大刀阔斧的改革，但依然收效甚微。

三、摩托罗拉没落的原因

摩托罗拉作为最早发明手机的公司，是世界无线（移动）通信的先驱者和领导者，曾经在产品研发方面无人能敌。遗憾的是，它只引领了移动通信的第一波浪潮，就被对手赶上并超过。曾经的辉煌对比如今的没落，令人惋惜。摩托罗拉没落的原因主要有以下几点：

（一）大公司病

摩托罗拉作为曾经的世界百强企业，拥有数以万计的员工，长期以来形成了高工资、高福利的"大锅饭"局面，过于宽松自在的工作环境，使无数的部门各自为政，难以调动知识性员工的积极性；而且它从创立到现在已经近百年，很多制度可能已经僵化，公司没有活力，缺乏创新力，在竞争激烈的智能手机行业难以突围。

（二）选择失误

在 20 世纪 90 年代，摩托罗拉不仅发展移动通信市场，而且在数字信号处理和计算机处理器等领域都有世界上最好的技术，同时，它的产品也具有极好的声誉。然而，成也萧何败也萧何，虽然摩托罗拉拥有世界领先的技术优势，在模拟通信市场更是占有至关重要的地位，但是其只注重技术，却一直忽略外观和方便性。在数字通信时代，摩托罗拉也不能及时地创新市场，不愿放弃模拟通信时代，以至于被其他品牌赶超，铱星计划更加速了摩托罗拉的衰落。

（三）执行力不足

摩托罗拉在很早以前就试图打造一个通用的操作系统，作为今后手机开发的统一平台，这个想法很好，然而却选错了平台，选中了 Java。2004 年，该平台原型被开发出来，公司发现其速度太慢，很难在几年内实现实时通信，因此不得不放弃。此后，摩托罗拉又试图开发基于 Linux 的通用平台，但因公司内部管理问题，进展不顺利。而此时，被 Google 收购的一个小团队在 Linux 手机平台上取得了巨大的突破，成为今天 Android 平台的原型。摩托罗拉由于执行力不行，最终失去了统一手机操作系统平台的最佳机会。

（四）不重视中国市场

苹果手机之所以能够强劲增长，很大一部分是中国市场带来的。而摩托罗拉在中国大陆没有代工厂，还不断对中国区的销售部门进行裁员，也很少和中国电信运营商取得良好的合作关系。反观苹果和曾经辉煌的三星，都是积极地"拥抱"中国三大运营商，每年通过三大运营商的手机出货量都超过 1 亿部。

（五）新品发布太慢，缺乏危机意识

智能手机的硬件配置在很短的时间就能翻一番。一年前的旗舰机，到了第二年可能就只能算作很普通的配置了。摩托罗拉重技术而忽略了市场，从而效率低下，无法在快速的市场变化中把握"航向"，不能持续研发新产品，而一直重复"吃老本"，最终逐渐失去市场，导致了被收购的命运。

参考文献

［1］"没落的贵族"——摩托罗拉公司的前世今生［N］. 手机中国，2017 - 07 - 11.

［2］张晓峰 . 摩托罗拉：从辉煌到没落的都市遗老［J］. 现代营销，2008（6）：68 - 72.

案例十　荷兰郁金香泡沫事件

一、事件的经过

　　1636 年荷兰的郁金香投机是有据可查的人类历史上最早的泡沫经济案例。每年春季，人们都可以在花园中见到美丽娇艳的郁金香。可是却很少有人想到在三百多年前，郁金香居然给欧洲经济带来了一场轩然大波。

　　郁金香原产于小亚细亚，于 1593 年传入荷兰。17 世纪前半叶，由于郁金香被引种到欧洲的时间很短，数量非常有限，因此价格极其昂贵。在崇尚浮华和奢侈的法国，很多达官显贵家里都摆有郁金香，将其作为观赏品和奢侈品向外人炫耀。1608 年，就有法国人用价值 3 万法郎的珠宝去换取一只郁金香球茎。当时，荷兰是世界上屈指可数的强国，以其独特的气候和土壤条件，荷兰很快就成了郁金香的主要栽培国之一。

　　1630 年前后，荷兰人培育出了一些新奇的郁金香品种，其颜色和花形都深受人们的欢迎。典雅高贵的郁金香新品种很快就风靡了欧洲上层社会。在礼服上佩戴一枝郁金香成为最时髦的做法。贵夫人在晚礼服上佩戴郁金香珍品，这不仅能够显示其地位，而且是一种身份的象征。王室贵族以及达官富豪们趋之若鹜，争相购买最稀有的郁金香品种。特别是在法国，盛行的奢侈之风把郁金香的价格逐渐抬高起来。在 1635 年秋季，名贵的郁金香品种的价格节节上升。一种叫 Childer 的郁金香品种单株卖到了 1615 弗罗林（florins，荷兰货币单位）。如果你想搞清楚这样一笔钱在 17 世纪早期荷兰的经济中是什么价值，你只需要知道，购买 4 头公牛（与一辆拖车等值）只要花 480 弗罗林，而 1000 磅（约 454 公斤）奶酪也只需 120 弗罗林。可是，郁金香的价格还在继续上涨，第二年，一株稀有品种的郁金香（当时的荷兰全境只有两株）以 4600 弗罗林的价格售出，除此以外，购买者还需要额外支付一辆崭新的马车、两匹灰马和一套完整的马具。

1634年以后，郁金香的市场需求量逐渐上升。1636年10月之后，不仅珍贵品种的价格被抬高，几乎所有的郁金香价格都飞涨不已。从1637年1月2日至2月5日，在短短的一个多月时间内，郁金香的价格被抬高了十几倍甚至几十倍，郁金香花达到了空前绝后的辉煌。

但是，所有的金融泡沫正如它们在现实世界中的名称所喻示的一样脆弱，郁金香泡沫只维持了一个冬天，当人们意识到这种投机并不创造财富而只是转移财富时，总有人会清醒过来，这个时候，郁金香泡沫就该破灭了。在某个时刻，当某个无名小卒卖出郁金香，或者更有勇气些，卖空郁金香时，其他人就会跟从，很快，卖出的狂热将与此前购买的狂热不相上下。于是，郁金香的价格崩溃了。1739年的数据显示，有些郁金香品种的价格狂跌至最高价位的0.005%，成千上万的人在这个万劫不复的大崩溃中倾家荡产、血本无归，同时也使荷兰帝国开始走向衰落。

二、事件的原因

在西方流行的花卉品种很多，如玫瑰、菊花等，为什么唯独郁金香会引起这样大的金融风暴呢？很多商品都会出现市场供不应求的现象，但为什么就郁金香交易市场会出现泡沫经济呢？这必然有一定的条件。

（1）在短期内，即使郁金香的价格上升，生产者也没有办法迅速增加供给。供给数量不能及时增加以满足需求，这就为投机活动提供了空间——有实力的投机者可以通过大量囤积商品或者垄断供应渠道来减少供应、哄抬价格，从而赚取利润。这是投机泡沫形成的第一个条件。

（2）货币的增加速度大大快于实体经济的增长速度。人们除了消费和投资实业以外，还有大量的"闲钱"来从事投机活动。用现在流行的话说就是"流动性过剩"。这是投机泡沫形成的第二个条件。

（3）金融市场的形成，为投机活动提供了资金支持和低成本的交易平台。这是投机形成的第三个条件。再加上人们丧失了理性，使人们的非理性行为在金融市场中不断传导。正如一位经济学家所说的那样，"谁都相信，郁金香热将永远持续下去，世界各地的有钱人都会向荷兰发出订单，无论什么样的价格都会有人付账。在受到如此恩惠的荷兰，贫困将会一去不复返。无论是贵族、市民、农民，还是工匠、船夫、随从、伙计，甚至是扫烟囱的工人和旧衣服店里的老妇，都加入了郁金香的投机。无论处在哪个阶层，人们都将财产变换成现金，投资于这种花卉"。

三、事件的启示

郁金香泡沫事件的发生不仅仅是一场简单的金融事件，更给金融市场的发展带来了启示：

（1）分清价值和价格。华尔街有句话，"价格是你支付的，价值是你得到的"。所以你看到的需要你掏腰包的标价，都是价格。当价格严重偏离价值的时候，就需要更加谨慎地决策。

（2）切忌丧失理性，盲目从众。牢记"鞋童定律"（19世纪20年代，美国股市一片繁荣，整个国家都处于牛市氛围中。有一天，约瑟夫·肯尼迪请一位鞋童帮他擦鞋。这位鞋童一边擦鞋，一边告诉约瑟夫，他也买进了一些股票，有一个"发财"的美国梦想。老肯尼迪心想，如果连擦鞋的鞋童都知道进入股市买股票，那还有谁没进入股市呢？既然大家都已经跳进了股市，那市场就只能是下跌。于是，约瑟夫·肯尼迪把他的资金从股市中撤出，从而躲过了1929年的世纪股灾），当人人都高谈阔论投资某项事物的时候，正是沽货离场之日；而当人人都对市场没有信心的时候，恰恰是入场布局之时。

（3）国家应该参与市场机制，积极与市场一起健全市场机制，打击哄抬物价的行为，加强对关乎国计民生的物品的价格控制，根据市场与实际需求进行生产建议。

（4）在中国的现行经济中，股市和房地产的现状与郁金香泡沫事件的发生条件存在诸多相似之处，相关行业人员与国家应该谨慎。正如所有投机狂潮中发生的情况一样，当价格最终升至令人不安的水平时，便会有人采取谨慎策略，开始清仓，不久其他投资者也会尾随清仓。如同雪球下山一般，刹那间就会让整个市场笼罩在惶恐之中。

参考文献

谢非 . 风险管理原理与方法 ［M］. 重庆：重庆大学出版社，2013.

案例十一　次贷危机中的花旗银行

一、次贷危机与花旗银行

（一）花旗银行简介

在花旗的历史上，有三个重要的名字：花旗银行（Citibank）、花旗公司（Citicorp）和花旗集团（Citigroup），这三个名字代表着花旗三个不同的历史时期。花旗银行的历史可以追溯到 1812 年，当时它是一家服务于纽约商人的金融机构。

花旗银行的总部设在华尔街，19 世纪末已在美国的其他州和海外开设分行。同时花旗银行也是第一个成立国际部的美国银行，并于 1904 年第一个推出旅行者支票。1902 年起，花旗银行开始向海外拓展，先后在新加坡、英国、中国内地、中国香港、日本、菲律宾和印度开设分行（这时花旗在美国不可跨州开展业务，却跨国开设分行）。

花旗银行是 1955 年由纽约花旗银行与纽约第一国民银行合并而成的，合并后改名为纽约第一花旗银行，1962 年改为第一花旗银行，1976 年 3 月 1 日改为现名。

纽约花旗银行的前身是纽约城市银行（City bank of New York），1812 年由斯提耳曼家族创立，经营与拉丁美洲贸易有关的金融业务。1865 年该行取得美国政府第 29 号特许状，国民银行执照，改为花旗银行。该名称当时没有流传开来，同时有混用现象。但美国花旗银行、纽约城市银行、纽约第一城市银行、美国花旗公司、国际银行、万国宝通银行都属于花旗银行。19 世纪末 20 世纪初，斯提耳曼家族和洛克菲勒家族牢牢控制了该行，将它作为美孚石油系统的金融调度中心。1929～1933 年的世界经济危机以后，纽约花旗银行脱离了洛克菲勒财团，自成系统。当时，由于业务每况愈下，其曾一度依附于摩根公司。到了 20 世纪 40 年代，纽约花旗银行趁第二次世界大战之机，大力恢复和扩充业务。"二战"后，纽约花旗银行业务不断扩展。20 世纪 50 年代，美国爆发了大规模的企业兼并浪潮，纽约花旗银行在竞争中壮大起来，于 1955 年兼并了摩根财团的第二大银行——纽约第一国民银行，随后更名为第一花旗银行，此后该行资产急剧扩大，实力增强，地位迅速上升，成为当时美国第三大银行，资产规模仅次于美国银行和大通曼哈顿银行。

（二）次贷危机及其对花旗银行的影响

2008 年席卷全球的金融危机主要由美国次贷危机引起，而次级抵押贷款是指一些贷款机构向信用程度较差和收入不高的借款人提供的贷款。所谓美国次级按揭市场，主要是金融机构为信用分数低于 620 分、收入证明缺失、负债较重的人提供楼宇按揭，根据美国按揭银行家协会的估计，2006 年获得次级按揭的美国人，有 30% 可能无法及时偿还贷款。

在美国次贷危机爆发后，一些提供次级按揭的公司及对冲基金相继倒闭或暂停赎回。追溯次贷危机根源，可以说是美联储的低利率和美国人民对房屋的需求过大，美国为刺激经济推出了居者有其屋计划。为推行此计划，政府将美国次级贷款市场的七成份额交给房利美和房地美公司，将贷款打包成证券，承诺投资者能够获得本金和利率。随着这两家公司丑闻的爆出，整个次贷市场开始争抢这两家公司所购贷款。当时房地产业蒸蒸日上，背后流出的巨大利益和政府作为靠山，引发各大银行及其他投资者都先后争夺这块蛋糕。而华尔街自然不会放过这次机会，随后推出了资产担保证券、抵押担保证券、债权抵押证券（CDO）等高回报金融衍生品。

2006 年后，这些金融产品通过杠杆操作，投资额越来越大，回报也越来越多。2006 年，美国共发行了 4890 亿美元的 CDO，花旗承销了其中 340 亿美元的 CDO，是仅次于美林证券的第二大 CDO 承销商。随后，花旗银行不满足于担任资金的中转者，开始实行包销制，自己持有产品。

2006 年底，住房市场急剧降温，房价逐渐下跌，这一现象使众多金融机构损失惨重，花旗银行成为继美林之后损失最为惨重的一个。根据花旗集团 2006 年 10 月中旬公布的第三季度财报，因受次级贷款问题影响，集团当季减记资产及次贷损失总额为 65 亿美元，这使集团盈利同比大跌 57%。随后，花旗集团再次宣布第四季度亏损 98.3 亿美元，合每股亏损 1.99 美元，而上年同期净收益 51.3 亿美元，合每股收益 1.03 美元。直至 2008 年颓势依旧未改，花旗集团开始出售部分业务，甚至卖出东京花旗大楼，并开始裁员达到 2.4 万人。

二、次贷危机中花旗银行面临的风险

（一）信用风险

次贷即一些贷款机构向信用程度较差和收入不高的借款人提供的贷款，也就是高风险贷款。花旗银行评判按揭贷款风险的指标主要有两个：一个是贷款人的信用分（FICO），根据这一指标可以将贷款划分为优质贷款、Alt - A 贷款和次级贷款；另一个是按揭比（LTV，即按揭贷款与抵押房产的价值之比）。由表 11 - 1 可以看到，花旗银行的按揭贷款规模较均衡，优质贷款占比为 78%，次级贷款占比为 11%，但是按照花旗银行的信贷政策，FICO < 620 的客户是不能办理次级贷款的，而且由于在一定程度上 Alt - A 贷款的违约风险也较大，同样也不能忽视。花旗银行铤而走险执意去瓜分次级市场这一块利益蛋糕时，信用风险带来的危机其实也推动了花旗银行在 2008 年金融危机中的惨败。

表 11 - 1 2007 年花旗银行次贷规模

按揭贷款	优质贷款 FICO≥660	Alt - A 贷款 620≤FICO≤660	次级贷款 FICO < 620
LTV≤80	1197	103	91
80 < LTV < 90	140	37	61
LTV≥90	344	97	75
合计	1681	237	227
占比（%）	78	11	11

（二）业务风险

花旗集团在涉足金融衍生品设计与营销领域后，并不满足仅从证券营销中获取利润。花旗集团积极参与资产证券化，其投资业务的表外化成为花旗银行经营的显著特征，也是拖垮银行的黑洞。另外，花旗集团作为美国第二大CDO，在次贷危机中损失惨重，损失达到 26 亿美元，占当年第四季度损失的14% 左右。

三、花旗银行的危机管理及相关体系

（一）危机管理措施

次贷危机以后，花旗集团的 CEO 查尔斯·普林斯递交辞呈。2003 年普林斯继任 CEO 后，开始致力于内部增长与海外扩张并进的策略。然而，过高的扩张成本使花旗过分暴露于风险之中。在普林斯递交辞呈的前两日，花旗股价为37.73 美元，比普林斯接受花旗集团时下跌了约 20% 。

次贷危机给花旗集团带来的损失惨重，花旗决定裁员 17000 ~ 24000 人，裁员前花旗集团的员工人数约为 30 万，而此次裁员人数占员工总人数的 6% ~ 8% 。花旗集团也将准备变卖部分业务和资产来缓解资金压力，通过各种途径筹资 145亿美元，包括通过接受新加坡政府投资基金、科威特投资局与沙特等主权基金的注资等方式增加其流通资金。

除此之外，花旗银行积极参与美国政府的各项救市计划。例如，2008 年 2 月12 日，美国银行、花旗银行、摩根大通等跨国商业银行参与了美国政府宣布的一项新的房屋贷款计划——"生命线计划"，该计划占美国房贷市场份额的50%，目的是帮助拖欠房贷的贷款人。

次贷危机后的花旗银行损失惨重，但仍然努力通过一系列的措施来挽救花旗集团在人们心中的形象，最终在此次金融危机中存活下来。

（二）风险管理体系

花旗银行推行首席风险官的管理模式，即分别在总行层面设置风险管理官及在独立的风险管理部门和各业务单元设置风险管理主管。各部门和各业务单元的风险管理主管对首席风险官负责并汇报工作，以确保风险管理的独立性。花旗银行风险管理组织架构如图 11 - 1 所示。

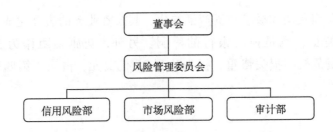

图 11-1 花旗银行风险管理组织架构

1. 信用风险管理流程

（1）确立授信政策和审批业务的具体政策和程序。

（2）监测业务风险管理的效能，持续评估组合信用风险。

（3）确保适当水平的贷款损失准备。

（4）审批新的产品和风险，对于产品和业务的核准政策根据内部盈利能力和信用风险组合的表现进行调整。

2. 市场风险

（1）不断调整贷款和储蓄的价格。

（2）在交易中寻求合作伙伴。

（3）通过表外的衍生品对冲利率风险。

3. 操作风险流程

（1）各行业首先识别各自的风险源。

（2）独立监管部门进行风险监管。

（3）独立的审计和风险回顾部门（ARR）不断进行风险回顾。

4. 跨境风险管理流程

（1）评估在特定国家的经营，强调对潜在的引致国家风险事件的应对。

（2）定期回顾在每个国家的风险敞口，提出行动建议。

四、花旗集团的危机警示

花旗银行是花旗集团属下的一家零售银行，其前身是 1812 年 6 月 16 日成立的"纽约城市银行"。1998 年 10 月花旗银行的母公司及控股公司"花旗公司"

与"旅行家集团"合并组成花旗集团，此后花旗银行继续保持为花旗集团"红雨伞"旗下的强势品牌。由上文可知，花旗集团的风险管理体系较为完善，但为何会陷入此次重大危机？在 21 世纪初期，各大金融机构抢占市场份额，花旗银行在转型后积极参与资产证券化，在其内部风险管理机制尚未完善的情况下，为获取市场巨大利益，积极发展证券化市场投资业务。"在华尔街有条不成文规定，即应该将这些东西卖给客户，绝不自己持有"。来自华尔街的安迪（Andy Kessler）说。而花旗集团恰恰逆向其行，不仅将产品卖给客户，而且自己持有，在次贷危机爆发时，花旗银行难逃灾难则成为必然结果。同时，花旗银行在管理上也出现了致命缺陷，双主管制度使其内部权力斗争加剧，业务部门自由经营，过度追求短期化利益。

综上所述，业务扩张速度过快，风险指数增加，而相关的风险管理模式没有更新和扩大，这使花旗集团被住房市场炙热化带来的利益所蒙蔽，忽略了其背后的巨大危机，在金融海啸袭来时遭受了巨大损失。

参考文献

［1］危机中的花旗银行风险管理案例解析［EB/OL］. 百度文库，https：//wenku. baidu. com/view/afaa2309227916888486d781. html.

［2］次贷危机中的汇丰银行及花旗银行［EB/OL］. http：//www. docin. com/p – 1767380170. html.

案例十二　法国兴业银行巨亏事件

一、案例介绍

法国兴业银行（Societe Generale）（简称法兴银行）成立于 1864 年的拿破仑时代，是法国第二大银行集团，在欧元区排名第四，是法国金融业的重要支柱。法国兴业银行开展的业务范围包括传统的银行业务以及投资银行的衍生品交易业务，曾连续多年获得风险防范最佳奖的殊荣，也是全球公认的金融风险防范的典范。然而，正是这样一个风险防范极具盛誉的老牌金融玩家，却也犯了一系列的错误，最终导致了一场悲剧的上演。

事件的主角是热罗姆·盖维耶尔。2000 年，年仅 31 岁的盖维耶尔加入兴业银行工作，最初的五年他在银行的后台管理部门工作，这使他十分熟练地掌握了兴业银行风险控制的程序和步骤。2005 年，他转入前台交易员岗位，随即开始了他"魔鬼交易员"的生涯。

盖维耶尔刚进入前台部门不久就进行了小额的越权操作，他凭借在后台部门积累的丰富经验和高超的计算机技术，破解了同事的登录密码。他精心设计虚构交易，从而获得了使用巨额资金的权限。由于操作手段隐蔽，两年中其违规操作居然一直没有被银行发现。2007 年初，他开始在欧洲期货市场从事大额的金融期货交易，在市场上进行大笔的做空买卖，所幸市场的表现与他的预期基本一致。事后盖维耶尔承认，在亏损发生之前他的账户交易利润余额已经达到了 14 亿欧元，但为了防止大规模的盈利暴露自己的投机性交易行为，他仅向银行报告了 5500 万欧元的盈利。

　　侥幸的盈利纵容了盖维耶尔的投机行为，从 2008 年开始，他在欧洲市场投入了 500 亿欧元的巨资，开始进行大额的做多交易，他豪赌时常会出现上涨，在未授权的情况下大量购买欧洲股指期货。他设计了一个虚假的投资组合账户作为对冲账户，虚构了这个账户上面所有的交易数据。这样即使法兴银行查出了他的越权行为，他也可以凭借这个虚假对冲账户解释所有的风险已经被对冲。可悲的是，这次市场的走向与盖维耶尔的预期大相径庭，致使他所持有的交易头寸出现了巨额亏损。但是发生亏损后，他不但没有按照银行规定的应对策略及时平仓止损，反而试图掩盖自己的违规操作痕迹，不断以虚假的买卖为即将到期的衍生品合约转仓。截至 2008 年 1 月 18 日，盖维耶尔的账户损失已接近 20 亿欧元。

　　2008 年 1 月 18 日，法兴银行终于觉察到了这些不正常的大宗期货交易，随即董事会成立专门团队调查此事。最终，调查团队弄清了整个事件的概况，并确认了所有的交易头寸。法兴银行在接下来的 3 天内紧急清理了所有的衍生品交易头寸，以极低的价格展开了大规模的平仓操作，2008 年 1 月 24 日轧平所有仓位后亏损额度为 49 亿欧元，约合 71.6 亿美元。

二、案件的影响

（一）法兴银行损失惨重

　　法国兴业银行于 2008 年 1 月 25 日发表声明，就此前曝出的巨额银行欺诈案向股东道歉。该银行一名期货交易员未经授权利用银行资金进行非法交易，给法国兴业银行造成至少49亿欧元的重大损失。

法国媒体2008年1月25日还报道说，除已知晓的49亿欧元（约合71亿美元）损失外，这名叫热罗姆·盖维耶尔的期货交易员还在尝试更大规模的非法交易，金额在数十亿欧元。

突然摆在眼前的49亿欧元损失让以风险控制管理扬名的法兴银行上下以及业界震惊不已。这几乎"抹去"了该行在业绩稳定期的全年利润。违规丑闻披露后，法兴银行在巴黎证券交易所的股票24日被实施临时停牌，中午复牌后暴跌6%以上，最终在欧洲股市整体上扬的情况下收于75.81欧元，跌幅4.14%。

（二）法兴银行管理层的信用遭到根本破坏

2008年1月25日，法国兴业银行首席执行官丹尼尔·布东在法国各大报纸上买下整版广告，向股东和公众道歉。布东在道歉信中说："我理解你们的失望、你们的愤怒。现在这个情况是非常令人不能接受的。"但这并没有挽回法兴银行在市场上失去的信用，尽管法国兴业银行通过紧急融资计划的实施和在政府及国际金融机构的帮助下度过了这次危机，但是法兴银行的声誉受到了严重的影响，惠誉将其信用评级从AA调低到AA-，这成为世界金融有史以来单笔涉案金额最大的一起欺诈案。

（三）法兴银行被收购风险增大

据报道，欧洲银行业人士分析，法国兴业银行被其他大型国际金融机构收购的风险加大。金融界人士称，法兴银行的管理层信用遭到了根本性破坏，为弥补交易员的欺诈行为导致的重大损失，该行被迫紧急增发55亿欧元股份，同时还需冲减20.5亿欧元次级抵押贷款相关资产。竞争对手对法国兴业银行觊觎已久，虽然市场动荡可能让收购方心存顾虑，但其可能会将此次巨额欺诈事件视为发起进攻的难得机会。

1995年，英国巴林银行因为一名交易员的类似违规操作毁于一旦，最终遭到收购。鉴于损失金额达到英国巴林银行当时损失额的4倍多，法兴银行已逐渐被业界传为可能成为被收购或者兼并的目标。

三、案件暴露出的问题

（一）交易员对市场判断有误

在法国兴业银行亏损事件中，交易员热罗姆·盖维耶尔在未经授权的情况下，运用股指期货对欧洲股市未来进行下注，对市场的判断失误是亏损事件发生的直接原因。

作为一名前台交易员，盖维耶尔的主要职责就是通过发现衍生品买卖之间的细微差价，实现套利或对冲的目的。就衍生工具而言，正常的对冲或套利操作本身的市场风险是极小的，然而交易员盖维耶尔在买入合约的同时，并没有做好相应的对冲，而是虚设交易账户，做成对冲交易的假象，由此演化成了投机交易，在投机交易之前又没有按照科学的风险计量程序对欧洲股指期货市场未来的走向进行合理的预测，仅凭自己的主观臆断，想当然认为豪赌市场会出现上涨。他在未被授权的情形下，创建了 500 亿欧元的欧洲股指期货的多头仓位，利用职务之便和高超的电脑技术手段篡改公司财务账目，虚设账户，越权交易大额的股指期货，甚至在知道预测发生错误时，他也没有根据银行风险监控目标的要求及时轧平所有的交易头寸，反而继续试图转嫁交易，隐瞒自己的越权操作，以致最终不仅自身触犯法律，受到制裁，还使银行不得不蒙受巨额损失。

（二）内部风险控制存在漏洞

事件发生后，前巴林银行倒闭案的始作俑者尼克·里森就此案说："银行体系根本就没有吸取教训，现在的银行风险管理制度同 1995 年巴林银行倒闭时没什么两样。"法兴银行内部的风险控制漏洞才是事件发生的根本原因。

首先，系统管理漏洞是事件发生的重要因素之一。法兴银行的衍生品交易要经过交易员所在的前台部门、后台清算部门和风险管理部门，三个部门要独立运作形成相互制约的监督机制才能实现衍生品的交易。这中间要满足两个条件：一是员工的职责要划分清晰，不存在一人多岗；二是银行的账户登录系统要定期更新。但法兴银行这两点都没有做好：一方面，从表面上看法兴银行不存在一人多岗，但盖维耶尔从后台到前台的工作经历使他了解每一个监控环节，这和一人多岗没有区别；另一方面，银行没有定期更换银行衍生品交易账户的登录密码。这两个条件都被攻克后，就好比知道保险柜密码的人要从保险柜里往外拿钱，要阻止是很难的，那么发生舞弊亏损案也就不足为奇了。

其次，内部风险管理意识的松懈也是亏损事件发生的一个重要原因。法兴银行内控环境恶劣，只重视利润而忽视风险，致使银行从最高管理层到基层人员的风险管理意识被投机的冲动所弱化。据报道，在事件的发生过程中，期货交易所曾不止一次地提醒法兴银行高层注意衍生品数量交易的异常，但都没有引起足够的重视。银行放松了对风险的警惕，从而造成了巨额亏损的发生。

（三）外部监管缺失

首先，从当时法国银行业监管机构的监管职能划分上来看，对银行业进行监管的机构是银行稽查委员会，但是其对衍生品的监管职责非常不明确，且监管力度也不到位。监管机构对衍生品每日的交易数量没有严格的限制，尤其是对像法兴银行这样的大银行集团的衍生金融产品交易的监管是远远不够的。其次，政府和中央银行以及各行业协会等之间没有建立信息互动机制，缺乏有效的沟通和交流，致使外部监管不够，容易出现监管盲区。最后，法国没有充分利用各种行业自律组织和社会监督的力量。这样一来一旦内控失效，外部监管也无法发挥其作用，那么法兴银行的损失也就无法避免了。

四、对我国的启示

（一）加强内部监管不容忽视

由于中国金融业的发展刚刚起步，金融市场还不发达，金融创新不多，风险相对而言不大，因而从客观角度上讲，我国还不存在能够造成类似法兴银行案件发生的条件，但是我们仍然不能轻视金融监管，怎样进一步加强银行业的内部监管仍是中国银行业需要长期关注的问题。在我国金融业呈现双向开放的市场环境里，如何在内部风险管控和外部市场监管方面通过制度设计将相关的风险降低到最低程度，是我们面临的严峻课题。

（二）加强金融业风险管理

中国金融行业应进一步加强内部审查程序，使内控部门能够及时并迅速地反馈内控检查中存在的漏洞，以应对可能突发的风险。特别是在市场繁荣之际，更应警惕因盈利而放松正常监管，尤其是要在整个市场系统性风险加大的情况下，提高风险防范意识。

（三）以正确客观的姿态看待金融衍生品，特别是股指期货

金融机构要对金融衍生产品的特殊风险作出系统的考虑和设置相应的风险防控措施，正确对待金融衍生品，特别是股指期货。此外，当前我国金融机构衍生产品业务发展迅速，但监管法规尚未跟进，还没有规范有关金融产品的权威性立法，监管规章则主要反映在《金融机构衍生产品交易业务管理暂行办法》中，因此必须加快立法进程，制定专门的针对金融衍生产品的具体监管规范，切实加强监管和风险防控，同时也要加强对投资者的教育。

参考文献

[1] 网易财经专题 [EB/OL]. http：//money. 163. com/special/00252CA9/faxing. html.

[2] 孙刚. 法国兴业银行亏损事件案例分析 [D]. 安徽财经大学硕士学位论文，2013.

[3] 法国兴业银行巨亏成因及启示分析 [EB/OL]. http：//blog. sina. com. cn/s/blog_ 662222040100lfqn. html.

案例十三　美国通用汽车公司破产

一、案情

金融危机之后，美国通用汽车公司迫于连续的亏损、市场需求的萎缩、债务负担沉重等多方压力，于2009年6月1日正式按照《美国破产法》第11章的有关规定向美国曼哈顿破产法院申请破产保护。CEO瓦格纳被换掉，公司的业务将会萎缩，其中一些品牌将会被出售（如悍马、霍顿、欧宝），而这些车的售后服务就只能由其他公司代理，以此来优化公司的资源，整合力量。GM破产保护阶段的业务照常进行，而且将会在两个月内成立一家新的GM，这家新公司将会继承旧GM的一些主要品牌（如凯迪拉克、别克、雪佛兰），其余的工厂则都会被卖掉，用以偿还一些债务，而且新的GM重新经营时将会把主要精力转到小排量汽车及环保型汽车上来。

二、破产原因

（一）福利成本

昂贵的养老金和医疗保健成本，高出对手70%的劳务成本以及庞大的退休员工数量这些包袱使通用公司不堪重负，财务丧失了灵活性。

（二）次贷危机的影响

次贷危机冲击了各大经营次级抵押贷款的金融公司、各大投行和"两房"、各大保险公司和银行之后，轮到的就是美国的实体经济。美国次贷危机给美国的汽车工业也带来了沉重的打击，汽车行业成为次贷风暴的重灾区。2008年以来，美国的汽车销量开始以两位数的幅度下降。2009年4月以来，通用汽车公司的市场规模急剧缩小了56%，从原本的130多亿美元降至不到60亿美元。同时，通用公司的股价已降至54年来的最低水平。突如其来的金融海啸，让其从资本市场获得投资以渡过难关的期望也成为泡影。

（三）战略失误

通用汽车公司自2005年以来一直处于亏损的状态，除了对其他汽车生产厂家的一系列并购和重组并不成功外，其在小型车的研发方面也落后于亚洲、欧洲同行。为了刺激汽车消费，美国三大汽车巨头均通过开设汽车金融公司来给购车者提供贷款支持。银行对汽车按揭放贷的门槛较高，但向汽车金融公司申请贷款却十分简单快捷。这种做法虽然满足了一部分原本没有购车能力的消费者的购车欲望，在短期内增加了汽车销量，但也产生了巨大的金融隐患，一旦购车者的收入状况出现问题，那么汽车消费贷款就可能变成呆账和坏账。金融危机爆发之后最终蔓延到了汽车金融领域，导致通用汽车出现巨额亏损。

（四）资产负债情况糟糕

通用公司在2009年2月提交给美国政府的复兴计划估计，为期两年的破产重组包括资产出售和资产负债表的清理，将消耗860亿美元的政府资金，以及另外 170 亿美元已陷入困境的银行和放款人的资金。放款人以及美国政府担心他们的借款会得不到偿还。因此，贷款安全是建立在抵押品安全的基础之上的，而通用汽车的抵押品基础正在削弱。

（五）油价上涨

新能源、新技术的开发费用庞大，但却没有形成产品竞争力。通用旗下各种品牌的汽车尽管车型常出常新，但多数是油耗高、动力强的传统美式车。通用汽车依赖运动型多用途车、卡车和其他高油耗车辆的时间太长，无视燃油经济型车辆走红的诸多信号。

三、启示

（一）要专业化发展，拒绝盲目扩张

通用重组有眼前的直接原因，但深层次的原因之一就是其业务摊子铺得太大。1990～2002 年，通用汽车在全球进行了多个项目的扩张，但吞并萨博、携手菲亚特所耗费的上百亿美元投资，并未让通用收回任何财务上的收益。鼎盛时期，通用旗下的品牌多达 12 个，但是几乎找不到哪一年通用旗下的所有品牌都是盈利的，所以通用的办法只能是"拆东墙，补西墙"。

（二）要注重汽车消费趋势和消费者需求的相关研究

美国一直是全球最大的汽车消费市场，消费者的消费能力、消费层次和消费品位是多元化的。在这样的市场环境下，尽管多年来通用热衷的都是全尺寸皮卡、全尺寸的 SUV 和大排量轿车之类的单车盈利较高的产品，但是销量也都还好，这一点严重麻痹了通用。当发现消费趋势已经从宽大、豪华和高油耗转为经济适用等特征的时候，通用已经来不及转型，只能将市场份额拱手让给竞争对手。

（三）要提早关注成本优势

与通用不一样，虽然中国汽车产业的劳动力成本与汽车发达国家相比并不

高，但是中国汽车厂家的管理成本、采购成本及效率不高所带来的成本却相当高。因此，当跨国公司可以因全球采购而降低采购成本，可以因高效的现代公司管理制度而降低管理成本的时候，中国汽车产业也要及早三思而动。况且从目前情况来看，中国汽车产业在劳动力成本上的优势也日渐消磨殆尽。中国早在2008年就已经丢掉了全球劳动力成本最低的优势，如今，印度、墨西哥、南亚和东南亚地区的劳动力成本都要比我们低。

参考文献

卢亚娟. 金融风险管理案例集 ［C］. 南京审计学院，2009.

案例十四　华盛顿互惠银行破产

一、华盛顿互惠银行的辉煌历史

华盛顿互惠银行成立于 1889 年，总部位于西雅图，奉行的是节俭低调的原则，定位于服务中低收入阶层，开展零售银行业务模式。

1993 年，华盛顿互惠银行拥有 228 家金融中心，之后这一数字增加到超过 2500 家。通过多次成功的并购，华盛顿互惠银行逐渐成为美国最大的储蓄银行，拥有 3070 亿美元资产和 1880 亿美元存款，根据综合实力排名，其位列全美银行业第六。它还是美国最大的抵押贷款银行，与富国银行同为最早开创抵押贷款的大银行。同时它也是一家区域性的金融服务公司，为消费者和中小企业客户提供多样化的产品和服务。

二、华盛顿互惠银行的破产

华盛顿互惠银行是长尾理论的践行者，并取得了巨大的成就。但正是因为定位于服务中低收入阶层，它一开始就与高风险群体产生了直接联系。为了迎合客户群体对房地产的偏好，它甚至把大量的存款倾注在房贷业务，从而降低了本身的流动性。

同许多破产的大投行一样，2008 年全球金融危机成为华盛顿互惠银行破产的诱因。美国联邦储备委员会连续 17 次加息，将联邦基金利率从 1% 提高到 5.25%，美国的房地产市场开始急剧降温，由房地产市场衍生出来的次级抵押贷款及次级债券开始先后出现问题。2008 年 9 月，"两房"公司（房利美和房地美）濒临破产，后由政府接管。9 月中旬，雷曼兄弟和美林证券先后倒下，金融危机全面爆发。

华盛顿互惠银行的业务结构导致它面临无法收回贷款的危机，巨额的负债和日益恶化的经营状况也让其他金融机构望而却步。2008 年 9 月初，惠誉、穆迪和标普三家信用评级机构先后下调了华盛顿互惠银行的信用等级，这成为压垮骆驼的最后一根稻草，随即引发了个人和机构在华盛顿互惠银行的挤兑，金额达 167 亿美元，最终导致华盛顿互惠银行进行破产清算，随后被摩根大通以 19 亿美元的超低价格收购。

三、破产原因分析

（一）次级贷款占比高，风险大

华盛顿互惠银行的业务定位于中低收入阶层，为了迎合客户而大力推行信用贷款业务，这就和高风险紧紧地联系到了一起。

华盛顿互惠银行在资产管理方面采用的是资金总库法，即商业银行将不同渠道形成的各种负债集中起来，然后再按资金需要的轻重缓急排列先后次序，把资金分配到各项资产上。然而资金水平的高低取决于货币政策、工商业活动和人口增长等市场因素，并且资金的分配只要能有助于银行经营目标的实现即可。这个方法的缺陷在于，集中单一的资产管理导致资金分配本身与负债来源之间的内在联系被忽视了，资金分配比较死板，不能随负债来源结构的变化而相应变化，过分强调流动性但又无具体的可操作标准。

同时，在债务管理方面，华盛顿互惠银行通过向客户提供优惠的房贷条件，并把债权证券化后在市场上流通来获得流动性。最终信用评级的下调直接导致其融资能力下降，流动性不足。

（二）华盛顿互惠银行信用评级被下调

商业银行的职能包括信用中介和信用创造，由此可见信用对于商业银行的重要性。2008 年 9 月，惠誉、穆迪和标普三大信用评级机构下调了华盛顿互惠银行的信用等级，这直接引发了挤兑行为。

（三）缺乏流动性

商业银行经营的三个原则是流动性、营利性和安全性。商业银行是高负债的金融企业，向资金盈余方吸收存款，向资金需求方发放贷款，通过利息差获得收益。因此，流动性的重要性不言而喻，一旦短期流动性不足，贷款无法收回，又得不到同业援助，那么结果就是引发客户的挤兑，进而因无法承兑而倒闭。

（四）监管不到位

商业银行的风险控制是风险管理的重要环节，是以商业银行的风险识别和预测为基础的。而银行监管是进行风险控制的有效手段，但是华盛顿互惠银行为迎合客户而将抵押贷款的门槛降得很低，这就充分说明它的监管不到位。

四、对我国金融业发展的启示

华盛顿互惠银行的破产对我国金融业发展的启示如下：

首先，虽然我国国有大型金融机构的改革取得了很大进展，但鉴于我国的特殊国情，我们也许无法解决政府对大型金融机构的隐性担保问题，但一定要继续加强国有金融机构运作的透明化程度，切实防范金融机构的过激行为，如过度放宽信贷标准等。

其次，金融衍生品是一把双刃剑，它能够发挥刺激市场活跃程度、转移风险的功能，但也会凭借杠杆效应掀起新的金融波澜。因此，金融衍生品一定要在监管能力的范围之内适时推出，切莫使其沦为投机客兴风作浪的工具。

最后，货币政策要灵活，要充分兼顾资产价格的波动。在宏观调控的过程中，央行往往为了稳定预期而表示坚决执行某项政策，但是货币政策的"偏执"不可避免地会导致股市和房市价格的剧烈波动。20世纪末的日本经济危机、2008年美国次贷危机、2015～2016年中国A股市场的波动等，都是货币政策的突然变动导致资产价格破裂的结果，因此货币政策应充分兼顾资产价格的波动。

五、如何预防商业银行破产

（一）做好商业银行资产负债业务管理

商业银行业务包括商业银行负债业务、商业银行资产业务、商业银行中间业务和商业银行国际业务。商业银行资产业务管理方法包括资金总库存法、资产分配法和线性规划法。商业银行债务综合管理方法包括缺口管理法、利差管理法和系统管理法。这些方法都有其各自的优缺点，在商业银行的日常经营中应因时制宜地选择。

（二）注重商业银行信用

商业银行的信用取决于它的经营状况和利润率。市场通过考察某家商业银行的规模、经营状况和利润率来评判其信用水平。要获得较高的市场信用评级，就必须有与之相匹配的市场规模、经营状况和利润率。

（三）保证足够的资本充足率

根据 2001 年的《巴塞尔协定》，国际性商业银行的资本充足率不得低于8%，在风险资产包含操作风险的情况下，必须提高最低资本。资本充足率是保障商业银行不陷入流动性短缺的屏障之一。资本充足率越高，商业银行的抗风险能力就越强，公众对银行的信心就越足。

（四）及时监督检查各项风险

商业银行的性质决定了其面临的风险较高，这些风险包括环境风险、管理风险、支付风险和宏观金融风险等。商业银行的风险管理体现在其资产负债的全面经营管理及各项具体业务之中，强调商业银行的风险预测和内部控制。银行和客户都是风险的承担者，风险与收益成正比，其他不确定因素则与银行的经营直接相关，因此风险度量、风险预测和风险控制至关重要。

参考文献

［1］李洁. 金融风暴凶猛，百年银行倒闭［N］. 新华每日电讯，2008 - 09 - 27.

［2］佚名. 试析华盛顿互惠银行倒闭案［EB/OL］. 百度文库，https：//wenku. baidu. com/view/3d00a09e376baf1ffd4fad76. html.

案例十五　日本八佰伴集团的破产

一、案例背景

闻名于日本乃至全世界的八佰伴集团是由农民出身的和田良平夫妻艰苦创业发展起来的企业，发展历程曲折艰辛。八佰伴集团于 1930 年创办于日本静冈县热海市，经过 60 多年的苦心经营，从一个家庭经营的卖水果蔬菜的小店，成长为大型超级市场连锁企业。

然而在 1997 年，日本八佰伴集团由于无力支付高达 1613 亿日元（约合103 亿元人民币）的巨额债务，不得不申请破产。不仅如此，在中国香港上市的"八佰伴国际控股""八佰伴香港"等几家公司也相继停牌，真可谓是雪上加霜。这家曾经盛极一时的国际知名跨国企业，由巅峰跌入低谷，无疑令人震惊。

八佰伴集团的破产，正值亚洲地区受金融风暴的冲击，经济向下调整之期，即便有外部不利因素导致八佰伴集团失败，然而更主要的原因却是管理层脱离了市场规律，从而将八佰伴集团推向了不归路。

八佰伴集团的失败引发了我们很多的思考，如何追求企业经营之道，使企业能够稳健的发展？企业是"大而强"还是"小而强"？企业是否任何时候都需要做大做强？八佰伴集团为何会从一个著名的企业最终沦落到破产，企业背后究竟有怎样的问题？

二、破产的原因分析

八佰伴集团破产的原因，归结起来有以下几点：

（一）盲目投资扩张

一段时间的成功，使八佰伴集团的决策者开始盲目乐观，并开始了不切实际的扩张，如建造亚洲最大的百货商店，在中国设立 1000 家连锁店等。实际上八佰伴集团当时并不具备这样的实力，只能大肆举债。

实际上自 1996 年 11 月以来，八佰伴集团的经营状况就开始恶化。此外，八佰伴集团把公司利润以及通过发行公司债券聚集的大量资金投入了海外市场，而这些资金的回收情况却不尽如人意。

八佰伴集团总经理和田光正也曾明确表示，公司破产的原因是先行投资过多。和田光正说："当时我认为投资计划是绝对没有错误的。从结果来看，我想是因为公司对日本和海外经济形势及对自己企业的能力过于乐观。"

（二）缺乏银行支持

八佰伴集团的融资主要是直接向金融市场发行没有银行担保的公司债券，直接在市场上吸收资金。这一举动，反映了日本企业从依赖银行贷款的间接资金来源，转变为依赖直接从市场吸收资金的直接资金来源的时代潮流，从而得罪了长期交往的主要银行。

趁着日本泡沫经济之机，八佰伴集团在债券市场上大量发行可转换公司债券，泡沫经济破灭之后，八佰伴集团的融资状况每况愈下。当八佰伴集团资金流通不畅，而发行的公司债券却到了必须偿还的时候，那些曾经扮演八佰伴集团主力银行角色的往来银行——日本东海银行、住友信托银行、日本长期信用银行却采取了袖手旁观的姿态，拒绝提供帮助。

脱离银行的支持是和田家族的失误，任何一家公司都有兴衰起落，当日本某银行警告和田会长要注意过多依靠市场的风险时，没有得到回应。总经理和田光正也承认，银行不支持也是造成公司破产的一个重要因素。董事长和田一夫曾向身边的亲信说过："公司是被银行挤垮的。"八佰伴集团破产的事实从一个侧面证明了过于追求浪漫的垄断经营者专横的经营方式的失败。

（三）没有明确的定位

八佰伴集团没有一个"把什么货卖给什么人"的明确的经营战略。八佰伴集团原本是一个地方性的超市集团，但在向海外进军的过程中，一会儿以日侨为对象，一会儿又转向当地人。八佰伴集团不断改变营销的对象，而且还不断改变经营的手法。虽然在海外经营初期得到了侨居海外的日本人的大力支持，有一个较好的开端，但由于在日本国内的积蓄不足，经营能力有限，被后发展起来的超市和百货商店抢走了客源。有人批评说，八佰伴集团在经营上没有考虑消费者。在超市行业，必须通过对细小事物的逐步积累，才能真正取得成果。

（四）人才培养落后

在国际化和多元化过程中，八佰伴集团仍然维持着家族企业的经营形态。在每一环节都必须以专业化的方式参与竞争的环境里，个人力量终究是有限的。和田一夫也觉察到了这个问题的严重性，他在20世纪80年代所著的《八佰伴的世界战略》一书中，对此就有专门的论述，并已就培养国际企业人才采取了一系列的措施。然而，人才的培育和成长不是一蹴而就的事，事业的发展却是一日千里，正如八佰伴集团内的一位老职员所说："和田一夫其实是一个很好的前锋，只是无人能替他把守住后方。"

三、启示

日本八佰伴集团带着1000余亿日元的巨额债务遗憾地退出了历史舞台。它所揭示的残酷现实对正在学习市场经济、实践市场竞争的国内企业无疑是一种宝贵的警策。

（一）企业必须时刻保持清醒的头脑

采取稳扎稳打的稳健战略，审时度势、量力而行，在经营好原有业务、巩固好原有市场的基础上，再谋求下一步的新发展。切不可急功近利，因小失大。

（二）人才是第一生产力

企业必须注重人力资本的培养和利用，充分发挥人才的主动性和创造力，恰当处理内部和外部环节，增强企业的竞争力。

（三）必须充分调查和了解目标市场

在进入国际市场的时候，一定要对目标市场进行深入的调查和了解，不同的目标市场和目标顾客在各个不同的地区和国家差异很大，因此必须要因地制宜，根据实际情况做出战略计划具有重要意义。断然不可凭主观判断，过分自信，盲目扩张。

参考文献

朱铁成. 八佰伴败在何处——日本八佰伴集团的失败案例分析 [J]. 商业流通，2009（4）.

案例十六 巴林银行的倒闭

一、事件经过

　　巴林银行（Barings Bank）是英国历史最悠久的银行之一，由弗朗西斯·巴林爵士于 1763 年在伦敦创建，它是世界首家"商业银行"，既为客户提供资金和有关建议，自身也像其他商人一样承担买卖股票、土地或咖啡的风险。由于经营灵活、富于创新，巴林银行很快就在国际金融领域获得了巨大的成功。其业务范围也相当广泛，无论是到刚果提炼铜矿，从澳大利亚贩运羊毛，还是开掘巴拿马运河，巴林银行都可以为之提供贷款。但巴林银行有别于普通的商业银行，它不开发普通客户存款业务，故其资金来源比较有限，只能靠自身的力量来谋求生存和发展。1803 年，刚刚诞生的美国从法国手中购买南部的路易斯安那州时，所有资金就出自巴林银行。尽管当时巴林银行有一个强劲的竞争对手——一家犹太人开办的罗斯切尔特银行，但巴林银行还是各国政府、各大公司和许多客户的首选银行。1886 年，巴林银行发行"吉尼士"证券，购买者手持申请表如潮水一样涌进银行，后来不得不动用警力来维持，很多人排几个小时队后买下少量股票，准备伺机抛出。等到第二天抛出时，股票价格已涨了一倍。20 世纪初，巴林银行荣幸地获得了一个特殊客户——英国皇室。此后 100 多年里，该银行在证券、基金、投资、商业银行业务等领域都取得了长足的发展，被称为"女王的银行"。由于巴林银行的卓越贡献，巴林家族先后获得了五个世袭的爵位，这可以算得上一个世界纪录，从而奠定了巴林银行显赫地位的基础。

　　就是这样一个历史悠久、声名显赫的银行，竟因年轻职员尼克·里森进行期货投机失败而陷入绝境。里森于 1989 年 7 月 10 日正式到巴林银行工作。进入巴林银行后，由于他富有耐心和毅力，善于逻辑推理，能很快地解决以前未能解决的许多问题，因此他被视为期货与期权结算方面的专家。1992 年，巴林总部决定派他到新加坡分行成立期货与期权交易部门，并出任总经理兼首席交易员，负责银行在新加坡的期货交易业务并实际从事期货交易。

无论做什么交易，错误都在所难免，在期货交易中更是如此。有人会将"买进"手势误认为"卖出"手势；有人会在错误的价位购进合同；有人可能不够谨慎；有人可能本该购买 6 月的期货却买进了 3 月的期货；等等。一旦失误，就会给银行造成损失，在出现这些错误之后，银行必须迅速妥善处理。如果错误无法挽回，唯一可行的办法就是将该项错误转入电脑中一个被称为"错误账户"的账户中，然后向银行总部报告。

里森于 1992 年在新加坡任期货交易员时，巴林银行原本有一个账号为"99905"的"错误账户"，专门处理交易过程中因疏忽所造成的错误。这原是金融体系运作过程中一个正常的"错误账户"。1992 年夏天，伦敦总部负责全面清算工作的哥顿·鲍塞要求里森另设立一个"错误账户"，用以记录较小的错误，并自行在新加坡处理，以省去伦敦的麻烦。受新加坡华人文化的影响，账号为"88888"的"错误账户"便诞生了。几周之后，伦敦总部配置了新的电脑，要求新加坡分行还是按老规矩行事，所有的错误记录仍由"99905"账户直接向伦敦报告。"88888"错误账户刚刚建立就被搁置不用了，但它却成为一个真正的"错误账户"存于电脑之中。"88888"这个被人忽略的账户，为里森提供了日后制造假账的机会，如果当时取消这一账户，则巴林银行的历史可能会重写了。

1992 年 7 月 17 日，里森手下一名加入巴林银行仅一星期的交易员金·王犯了一个错误：将客户的 20 手日经指数期货合约的买入委托误操作为卖出。这个错误在里森当天晚上进行清算工作时被发现。欲纠正此项错误，须买回 40 手合约，若以当日的收盘价计算，其损失为 2 万英镑，并应报告伦敦总公司。但在种种考虑下，里森决定利用错误账户"88888"承接 40 手日经指数期货空头合约，以掩盖这个失误。如此一来，一笔代理业务便衍生出了一笔自营业务，并形成了空头敞口头寸。数天之后，由于日经指数上升了 200 点，此空头部位的损失便由 2 万英镑增为 6 万英镑了。里森当时年薪还不到 5 万英镑，因而此时他更不敢将此失误向上呈报了。

此后，里森便一发不可收拾，频频利用"88888"账户吸收下属的交易错误。仅在不到半年的时间里，该账户就吸收了 30 次差错。为了应付每月底巴林银行总部的账户审查，里森就将自己的佣金收入转入账户以弥补亏损，因为数额不大，所以也就相安无事。为了赚回足够的钱来补偿所有损失，里森承担越来越大的风险，他被迫以自营收入来弥补亏损。幸运的是，到 1993 年 7 月，他居然将"88888"账户亏损的 600 万英镑转为略有盈余。如果里森就此打住，那么，巴林银行的历史也会改变。

除了为交易员遮掩错误，另一个严重的失误是为了争取日经市场上最大的客户波尼弗伊。在 1993 年下旬，接连几天，市场价格每天破纪录地飞涨 1000 多点，用于清算记录的电脑故障频繁，无数笔的交易入账工作都积压起来。因为系统无法正常工作，交易记录都靠人力进行清算。等到发现各种错误时，里森在一天之内的损失便已高达近 170 万美元。在无路可走的情况下，里森决定继续隐瞒这些失误。

1994 年，里森对损失的金额已经麻木了，"88888"账户的损失，由 2000 万英镑、3000 万英镑，增加到 7 月时的 5000 万英镑。事实上，里森当时所做的许多交易都是被市场走势牵着鼻子走的，并非出于他对市场的预期。他已成为被其风险部位操纵的傀儡。他当时能想的是哪一种方向的市场变动会使他反败为胜，能补足"88888"账户中的亏损，便试着影响市场往那个方向变动。为了应付查账，里森假造了花旗银行有 5000 万英镑存款。巴林银行总部曾派人花了 1 个月的时间调查里森的账目，但居然无人去核实花旗银行是否真的有这样一笔存款。

另外，在 1995 年 1 月 11 日，新加坡期货交易所的审计与税务部发函巴林银行，提出他们对维持"88888"账户所需资金问题的一些疑虑。而且此时里森已需每天要求伦敦汇入 1000 多万英镑，以支付其追加的保证金。令人难以置信的是，巴林银行在 1994 年底发现资产负债表显示 5000 万英镑的差额后，仍然没有警惕到其内部控管的松散及疏忽。

1995 年 1 月 18 日，日本神户大地震，其后数日东京日经指数大幅度下跌，里森一方面遭受更大的损失，另一方面购买更庞大数量的日经指数期货合约，希望日经指数会上涨到理想的价格范围。1 月 30 日，里森以每天 1000 万英镑的速度从伦敦获得资金，已买进了 3 万手日经指数期货，并卖空日本政府债券。2 月 10 日，里森以新加坡期货交易所交易史上创纪录的数量，握有 55000 手日经期货及 2 万手日本政府债券合约。交易数量越大，损失越大。所有这些交易均进入"88888"账户。由于里森兼任清查之职，对于账户上的交易可予以隐瞒，但追加保证金所需的资金却是无法隐藏的。里森以各种借口继续转账。这种松散的制度，实在令人难以置信。2 月中旬，巴林银行全部的股份资金只有 47000 万英镑。

1995 年 2 月 23 日，在巴林期货的最后一日，里森关于影响市场走向的努力彻底失败。日经股价收盘降至 17885 点，而里森的日经期货多头风险部位已达 6 万余手合约；在日本政府债券价格一路上扬之际，其日本政府债券空头风险部位亦已达 26000 手合约。在巴林银行的高级主管仍做着次日分红的美梦时，里森为巴林银行所带来的损失终于达到了 86000 万英镑的高点，造成了世界上最老牌的巴林银行终结的命运。

1995 年 2 月 26 日晚，英国中央银行实在拿不出其他拯救方案，只好宣布对巴林银行进行倒闭清算。3 月 6 日，荷兰国际集团（International Neder lander Group）与巴林银行达成协议，愿出资 7.65 亿英镑（12.6 亿美元）现金接管其全部资产及负债。3 月 5 日，荷兰国际集团宣布以 1 英镑的象征价格完全收购巴林银行。至此，令英国人骄傲两个世纪的银行易主，可谓百年基业毁于一旦。

二、原因分析

从事件的经过可以看出，该事件的直接原因就是新加坡巴林银行期货经理尼克·里森对错误账户的不恰当使用以及他对日本股市走向的错误判断。但仔细分析，会发现巴林银行事件的发展有着更深层次的原因。

（一）巴林银行内部管理制度和体系存在问题

首先，巴林银行缺乏科学合理的职能划分，高层严重失职。在大多数期货交易公司，不仅前台交易与后台清算职权是分开的，而且还有一个独立完整的部门对各项交易进行核对。但是巴林银行却让里森同时主管前台的交易和后台的交割清算，这种做法严重违背了管理和操作职能必须分立的基本规则。其次，巴林银行的人员岗位缺乏必要的流动。尼克·里森是在 1992 年到新加坡工作的，巴林总部一直认为他工作出色，如果不是东窗事发，可能里森还要在这个岗位上一直待下去。

新加坡在 1995 年 10 月 17 日公布的有关巴林银行破产的报告中有一段话："巴林集团如果在 1995 年 2 月之前能够及时采取行动，那么他们还有可能避免崩溃。截至 1995 年 1 月底，即使已发生重大损失，但这些损失毕竟也只是最终损失的 1/4。如果说巴林的管理阶层直到破产之前仍然对'88888'账户的事一无所知，我们只能说他们一直在逃避事实。"

（二）对金融衍生品的风险认识不够

从理论上来说，金融衍生品不会天然增加市场的风险，如果能够恰当运用，比如利用它套期保值，那么可以为投资者提供一个有效的降低风险的对冲方法。但同时它也有其致命的缺陷，即在特定的交易过程中，投资者的买卖纯粹以利益为目的，垫付少量的保证金炒买炒卖大额合约以获得丰厚的利润，往往会无视交易潜在的风险，如果控制不当，那么这种投机行为就会导致不可估量的损失。正是里森对金融衍生品的操作无度才毁灭了巴林银行。

三、启示

（一）必须加强对金融机构，特别是跨国金融机构的监管

巴林银行已经有 200 多年的经营历史，理应有一套完善的内部管理制度，但一名交易员能够违反制度，擅自越权操作，将相当于其母行资本几倍的资金作赌注，而且能够掩藏几周的时间不为监管部门所知晓，可见巴林银行内部的监管漏洞很多。

除了巴林银行内部存在的问题外，新加坡国际金融交易所、新加坡金融监管当局以及英国金融监管当局都负有不可推卸的责任。事件也反映了对从事跨国业务的金融机构施以更加严密监管的必要性。

（二）必须建立严密的衍生工具交易内部监管制度

从理论分析和实践经验来看，衍生工具一旦脱离了贸易保值的初衷而成为投机手段时，风险是极大的，尤其是当交易员孤注一掷时，可能会导致无法挽回的损失。银行管理层应当建立起严密的风险防范机制，经常审查资产负债表中的表内及表外业务，及早发现问题，堵塞漏洞。金融机构在制定有关从事衍生性金融商品交易的内控制度时，应该考虑自身从事该类交易的目的、对象、合约类别、交易数量等。较完善的内控制度应包含交易的目标价、交易流程、坐盘限额、权责划分、预立止蚀点、报告制度等。

（三）应加强金融机构的外部监管

新加坡曾被认为是金融监管很完善的国家，但是巴林银行事件的发生使人们对新加坡监管体系产生了疑问。现在新加坡期货交易所已将每份合约的保证金进行了大幅度提升，一些研究人员还提出了将交易合约数量与投资者的资金实力相挂钩，虽然这样可能使市场成交量受到影响，但市场的健康发展可能会吸引更多的投资者。

（四）必须加强对金融机构高级管理人员和重要岗位业务人员的资格审查和监督管理

巴林银行事件里，因为里森业务熟练，所以其被委以重任，但银行却疏于对他进行考核管理。甚至问题初露时，管理当局也未予以足够重视，使事态逐步扩大，最终导致银行倒闭。由此，我国的金融管理机构应该进一步加强对金融衍生工具的监管，特别是要重视对表外业务的管理，防止金融机构由于缺乏内部的风险管理机制而出现损失，进而影响金融体系的稳定性。

参考文献

［1］巴林银行倒闭案例分析［EB/OL］. 百度文库，https：//wenku. baidu. com/view/2eac0dc0c5da50e2534d7fdd. html.

［2］高建立，岳瑞科，马继伟. 从内部控制缺失看巴林银行倒闭的成因［J］. 商业研究，2003（23）：110－112.

案例十七　香港百富勤破产

一、公司概述

（一）发展与扩张

1988 年，梁伯韬与杜辉廉（梁伯韬在万国宝通银行工作时的上司）合资创办私人银行——百富勤投资有限公司。百富勤中文取意为"百富寓勤"，而英文（Peregrine）意为猎鹰。它的创立，也得到了当时不少华人富豪的支持。百富勤公司在成立初始主要从事一些商人业务和证券买卖。之后成立仅一年的百富勤用 3 亿港元的股本收购了市值逾 14 亿港元的广生行。集团成立不到两年，百富勤已经同时控制了广生行和泰盛集团两家上市公司。

经过 5 年的急速发展和扩张，1992 年百富勤总资产已达 62 亿港元，业务范围也扩大到欧美以及整个亚太地区。1992 ~ 1993 年，百富勤通过发股注资，大规模引入资金并将资金引至上海，带动了红筹热。在这一时期，百富勤开始大规模地扩张区域规模。其业务范围已经遍及印度尼西亚、菲律宾、韩国、澳大利亚等地。

快速的扩张给百富勤走向更为广阔的市场打下了坚实的基础，但是也埋下了一些不稳定的因素。

（二）转折与衰落

1994 年百富勤定息债券部门成立，定息债券及票据营业额发展速度惊人。由于"庄家"资金大多来自银行借款，同时债券及票据只能部分地做对冲保值，因此存在一定的潜在风险。1997 年 6 月，百富勤选择已经接受国际货币基金组织援助方案的印度尼西亚作为出售超过 20 亿港元资产以套现的对象。

1997 年，百富勤向印度尼西亚一家出租车公司提供 2.6 亿美元的无担保贷款。不久东南亚金融风暴来临，印度尼西亚盾迅速贬值，汇率从 1∶5000 狂跌至 1∶11000，股市疲软。发债计划落空，出租车公司无法偿付这笔巨额贷款，使百富勤资金周转陷入困境。而百富勤向一家美资银行申请的一笔 1998 年 1 月 9 日到期的 6000 万美元的短期贷款，因对方得知百富勤应收的 2.6 亿美元的巨额贷款不能收回后，表示拒绝安排过渡贷款。1997 年下半年，百富勤在印度尼西亚的借贷和投资总金额将近 6 亿美元，可由于汇率下跌，这些投资和贷款发生了重大损失，加上其他部门的亏损，总损失达 10 多亿港元，百富勤出现了严重的现金支付困难。

1997 年 11 月，百富勤宣布引进苏黎世中心集团作为策略性股东，苏黎世中心集团将投资 2 亿美元认购可赎回可换股优先股，并定于 1998 年 1 月 9 日批准此交易。可是由于亚洲经济面临崩溃，苏黎世中心集团于 1998 年 1 月 9 日宣布取消入股百富勤，从而导致百富勤财务状况进一步恶化。

1998 年 1 月，百富勤宣布清盘，香港特别行政区政府委任独立委员会对其清盘进行调查，最后由法国巴黎银行购入其业务，组成法国巴黎百富勤。而之前百富勤集团业务是有盈利的，可是就是因为缺少一笔十分短暂的应急贷款，这个曾经叱咤金融市场的猎鹰黯然折翼。

二、破产的直接原因

现金流量的不充足是导致公司破产的直接原因。因为在现金流动性不充足的情况下，企业是存在支付风险的，一旦出现紧急情况，资金链就会崩溃。但是当时百富勤并不注重对风险的管理，为了发展定息债券及票据业务承担了不小的偿还银行贷款的风险，库存债券不断累积。但百富勤期待依靠扩大业务规模来应对现有的支付困难。

1997年5月，百富勤向印度尼西亚出租车公司提供巨额无担保贷款来扩大其包销债券的业务，减少了企业的现金流，并再次大量发行定息债券，流动性风险进一步增加。而亚洲金融危机的出现使百富勤陷入信贷风险的危机之中，给了百富勤致命的一击。由于印度尼西亚等东南亚国家货币持续大幅度贬值，发行定息债券公司的偿还能力下降，百富勤无力以美元回购此类债券，面临资金严重短缺的困境，最终百富勤出现资债无法相抵的状况，只能宣布破产。

三、金融风险分析

（一）管理不善造成的信用风险

从债权人百富勤公司内部来看，公司的高层人员对监管不当、风险失控负有不可推卸的责任，正是由于管理层没有高度警惕，没有妥善部署金融危机的防范措施，导致公司在金融风暴中失去抵抗力，最终踏上清盘的不归路。公司内部会计程序、风险管理和内部审计方面的基础系统缺陷也导致其倒闭。

从债务人的角度来看，贬值货币所在国印度尼西亚的紧缩政策、经营部门的违约行为，使百富勤面临的信用风险大为增加。

从外部环境来分析，亚洲金融风暴所带来的外部冲击直接导致印度尼西亚公司无法发行债券，形成信用风险。

（二）由亚洲金融风暴引起的市场风险

从百富勤1996～1997年的相关大事件中不难看到，在东南亚国家货币大幅贬值的情况下，集团仍没有及时调整策略，在不利的情况下继续扩张，因而招致极大的汇率风险。百富勤于1997年向印度尼西亚出租车公司提供了2.6亿美元的无担保贷款，而印度尼西亚盾兑美元汇率在亚洲金融风暴中从1∶5000狂泻至1∶11000，使百富勤在收回外币时少收了本币，从而蒙受了经济损失。

百富勤对东南亚的投资决策方面的失误是因为对其未来投资收益的不确定，这种风险属于投资风险。

（三）其他接踵而至的风险

百富勤的最终衰败也存在一些声誉风险的因素。当初在陷入财务困境后，百富勤也使出了浑身的解术。公司曾出售21亿美元的资产，并广揽合作伙伴以解燃眉之急。瑞士苏黎世中心集团也曾拟为其提供15.5亿港元的资金成为其大股东。但亚洲金融风暴持续不止，印度尼西亚盾短期内大幅贬值，使百富勤在印度尼西亚的业务几乎全部被套住。苏黎世中心集团目睹百富勤财务更加恶化的现实，终于取消了入股百富勤的计划。因为大量负面评价，百富勤出现了客户流失、股东流失等情况，从而难以逃脱清盘破产的最终结局。

东南亚国家的金融危机向香港传递，使交易所在的整个系统受牵连而发生剧烈波动，所以百富勤的破产也受到了系统性风险的影响。

四、事件给我们的启示

（一）企业要保有风险意识

企业应建立并健全现金流风险预防机制，保持一定比例的流动性资产。与此同时，应该建立其他风险预防机制，在业务扩张和风险控制之间取得平衡。

（二）企业要强化公司治理与信用体系

造成风险管理缺位与虚位的信用失范，外部原因在于信用体系问题，而内部原因在于公司治理问题。因此，必须建立相互制衡的公司治理结构。而企业治理结构中对于经理阶层的制约和激励，也是保证整个企业平稳运行的基本条件。完善的公司治理与健全的信用体系可以确保有效的风险管理。

（三）企业要加强风险管理

企业要合理有效地进行风险评估、防范和控制。一旦已经定位了企业信息并执行了风险评估，下一步就是要落实控制（包括策略、技术和工具）来降低这种风险。

参考文献

［1］黄海．投资银行的风险管理和 VAR 技术的应用——关于香港百富勤破产成因的思考［J］．财经研究，1998（9）．

［2］香港百富勤破产案例［EB/OL］．百度文库，https：//wenku. baidu. com/view/461a55c85022aaea998f0fbb. html.

案例十八 美国底特律破产事件

一、事件回顾

作为美国重要的工业城市，底特律被称为"汽车城"，是福特、通用和克莱斯勒这全球三大汽车巨头的总部所在地。2013 年 12 月 4 日，美国联邦法院裁定同意底特律市破产，破产债务规模高达 185 亿美元，成为美国历史上最大的地方政府破产事件。一直到 2014 年 12 月 11 日，底特律才宣布完成债务重组并脱离破产状态。

底特律破产实际上是美国重工业城市经营和转型失败的典型案例。从 1701 年法国人最早来到底特律并开展商贸活动算起，其城市发展史超过 300 年，大致可以划分为四个阶段：一是 1815 年以前的城市形成期。这一阶段底特律作为法国殖民地，主要从事皮毛交易，1796 年加入美利坚合众国并在 1815 年通过城市规划，标志着正式建市。二是 1815 年至 20 世纪 20 年代的快速成长期。这一时期美国铁路业、造船业及航运业大发展，底特律凭借紧邻五大湖区的地理优势，依靠当地铁矿砂和炼钢厂的有利条件，逐步形成了庞大的汽车工业，城市规模快速扩张，每 10 年人口增长率都保持在 30% 以上。三是 20 世纪 30 年代到 50 年代的发展成熟期。20 世纪 30 年代，底特律市汽车产量占美国的 80% 和全世界的 70%；20 世纪 50 年代达到 185 万的人口峰值，人均收入位居美国第一，成为全球最大的汽车制造中心。四是 20 世纪 60 年代至今的衰落期，这一时期日本和欧洲汽车产业开始兴起并瓜分全球市场，底特律汽车产业开始衰落，导致了工作岗位骤减、人口流失、财政收支失衡等一系列问题。期间，底特律政府曾通过开设赌场、开展体育赛事和建造康博软件总部大楼以形成新的城市支柱产业，但未获成功。2008 年金融海啸加速了其衰落过程，成为压倒底特律的"最后一根稻草"。

2012 年 4 月，底特律市向密歇根州政府寻求财政援助。经审计，底特律财政赤字超过 2 亿美元，各项长短期债务总额初估超过 180 亿美元。2013 年 6 月，底特律市政府因无力偿债，停止支付部分到期债务。政府试图与债权人协商削减债务，未获成功。2013 年 7 月 18 日，底特律市政府不得不依照美国《破产法》第 9 章规定，向联邦破产法院申请破产保护。

按照底特律市政府提交的破产申请，对总量约 180 亿美元的债务，拟通过再融资等措施兑付市政债券，但需对养老金和退休福利等支出进行削减，破产计划遭到了养老基金的强烈反对，同时，这一破产申请也被美国巡回法院认定违宪。此后，经过美国破产法院、巡回法院、州地政府等相关部门的反复博弈，美国破产法院最终受理了底特律市政府的破产申请，经过约 4 个月的审理，于 2013 年 12 月 3 日裁定同意底特律市破产。

二、底特律破产的原因分析

（一）经济根源：底特律的产业结构单一

曾经的底特律开启了美国全民汽车的时代，成为全球最大的汽车制造中心。但是 1955 年后，美国在世界汽车市场中所占的份额逐渐下滑，其世界汽车霸主的地位不断受到来自欧洲和日本的挑战。20 世纪 60 年代后期，德国、日本等国汽车行业的兴起使美国汽车产业受到重挫。尤其是日本汽车以节能低耗的优势迅速赢得市场的青睐。20世纪70年代的石油危机更是对美国汽车业的重创，国际原油价格由每桶1.8美元飙升至每桶10美元以上，这使耗油量大的美式汽车相对成本剧增，进一步丧失国际市场和本土市场。

产业结构的单一，使城市的兴衰与作为支柱产业的汽车制造业息息相关，一荣俱荣，一损俱损。制造业的困境直接为底特律带来了一系列不可回避的恶果，制造业大幅萎缩，直接导致居民收入下降、失业问题严重以及房地产市场下滑。居民收入下降会导致政府征税的税基萎缩，而收入与产值是税收的基础。底特律居民收入总额与制造业生产总值因受汽车产业的不良影响而大幅下降，此时即便提高税率，政府税收收入也难有起色。因此制造业生产总值与居民收入下降使企业所得税与个人所得税大幅减少，从而降低底特律政府的税收收入，这是政府破产的重要原因。

（二）社会根源：人口大量外流

20世纪60年代后，汽车工业的衰退拉开了底特律人口流失的序幕。特别是1967年大规模城市骚乱所带来的不良影响，使人们感觉到"文明已经远离了这座工业城市"，这种想法加速了中产阶级的外迁，从而导致严重的人口流失，这使底特律的经济总量与财政收入伴随着财富与人才的外流而急剧下降。随着时间的推移，失去了经济资本与人力资本的底特律逐渐陷入萧条。

人口流失不仅仅反映在数量上，结构的变化也能透露出底特律严重的人口衰减现象。首先是劳动力锐减，劳动力是生产力的一个重要方面，一旦劳动力市场出现萎缩，城市便很难依靠生产拉动实现经济增长。由于骚乱后社会问题严重，底特律不仅劳动力大量流出，而且也无法效仿其他城市应用人口迁入来解决劳动力锐减问题，这直接导致了生产和税收萎缩。其次是中产阶级大量外流。由于种族问题突出，大量属于中产阶级的白人开始迁往郊区甚至其他城市，而主要由白人构成的高素质人才群体也连同资本与技术一起外流。这使底特律的城市状况进一步恶化。

（三）制度因素：财政体制

财政体制也是分析美国地方政府破产成因必须加以考虑的一个外部因素。美国属于典型的财政联邦制，联邦宪法明确规定了联邦、州和地方三级政府财政间的关系，确立了各级政府的支出责任，也赋予了各级政府的税收收入分享比例及享有的税种，同时明确赋予了地方政府的举债权，各级政府事权和财权较为明晰。1934 年 5 月，美国制定颁布了地方政府破产法，建立了类似于企业破产程序的地方政府破产制度，其核心原则是在确保公共服务的基础上对政府债务进行重组，即地方政府与所有债权人通过法定程序进行集体协商，达成新的债务清偿协议。一方面债权人通过减免债务、展期、再融资等手段对原有债务做出调整，另一方面地方政府承诺通过增加税收、减少公共支出、发行新债券、获得联邦和州特别财政支持等手段确保在一定时期内清偿债务。在这个法律框架下，联邦政府和州政府出于保护地方自治、防止财政风险扩散和防范道德风险等考虑，拒绝对地方政府进行财政救助。

三、启示

（一）要尊重产业发展和调整规律，促进经济结构的有效转型

新旧主导产业的更迭是经济结构转型的必然，固守旧有模式对经济发展而言是危险的。我国的产业空心化在 20 世纪 90 年代后已露端倪，近年来更加凸显。由于劳动力成本以及原材料和能源价格不断攀升，我国制造业的成本优势逐渐丧失，劳动密集型制造业向南美和东南亚等具有更加廉价的劳动力和生产原料的区域转移的趋势明显；同时，近年来人民币汇率在升值预期和外部压力的作用下快速上涨，使我国工业制成品在国际上的价格优势逐渐减弱，而国内需求尚不足以填补国际市场萎缩造成的缺口。在新兴产业未能及时取代萎缩产业的情况下，我国东南沿海制造业大省的产业空心化程度进一步加剧。底特律破产事件警示我国，只有积极引导具有真实需求的新兴产业的发展，特别是着力培育符合国家战略发展大方向的新兴产业，推动产业结构转型升级才能从源头上解决产业空心化问题。此外，还需避免城市产业发展模式过于单一化，降低城市经济对某一特定产业的依赖程度，引导城市发展多元化产业体系。

（二）要防止财政收入高度集中，以有效控制地方政府财政风险

某一特定领域贡献较大比例的财政收入是一些国家和城市的共性，如一个城市的优势产业或龙头企业贡献较大比重的税收收入。但若该领域发生系统性风

险，则财政收入将面临系统性冲击，从而导致财政状况恶化甚至财政危机爆发。我国部分城市土地收入占比较大，实际上也与底特律汽车产业税收占比大相类似。若房地产市场发生巨大动荡而财政支出又具有刚性，则基于土地收入的财政收支体系将难以为继。另外，如何在产业衰退周期弱化其原有固化的利益架构也是底特律破产危机对我国的启示。在我国传统产业快速发展期，形成了呈现刚性增长的多元化利益诉求，这就决定了在产业下行周期，无法通过产业退出来弱化利益诉求，这是我国产能过剩无法有效清理、衰退产业无法真正退出的主要原因。在传统制造业利润空间日渐衰微、养老金增长压力日益明显的情况下，我国对未来全局性的财政风险切勿掉以轻心。

（三）要高度重视显性的和隐性的地方政府债务风险

近年来，我国地方政府债务增长速度较快，尤其在国际金融危机之后表现得更加明显。根据国家审计署的数据，截至 2015 年底，地方政府债务余额为 16 万亿元，在全国 GDP 总额的占比达到 23.6%，远超美国地方政府 13%～16% 的负债率上限，也接近加拿大 25% 的上限，无疑是相当高了。地方政府债务构成了国民经济各级财政收入的沉重负担。我国部分地方政府实际已不具备融资条件，由于没有以地方政府本级税源和其现存债务及公共服务供给来明晰其融资能力和空间，且尚未建立从源头上约束地方政府过度和无序举债的制约机制，因此地方政府还能一再突破限制，通过担保影子、银行、融资平台等来获得缺乏偿债保障的新增债务。鉴于此，未来我国应规范管理地方政府债务、控制债务余额，不断完善地方政府债务风险监管机制，建立相应的偿债准备金制度和第三方监管办法，同时完善相关法律规定，构建科学合理的地方政府举债融资机制，制定严格规范的举债程序，控制地方政府举债规模。国家财政部门还应尽快建立地方政府债务总量控制和风险预警机制，完善地方政府债务管理制度，提高政府财政运行透明度，努力防范财政金融风险。

参考文献

刘翰波. 美国底特律破产事件的回顾和启示 [J]. 地方财政研究，2015 (9)：91－96.

案例十九　深发展15亿元贷款无法收回

一、案情经过

2006年3月28日，深圳发展银行（以下简称深发展）原党委书记、董事长周林被深圳市公安局刑事拘留，涉嫌违法放贷。同案被拘的另有三人，均来自深发展，他们分别是深发展原行长助理、审贷会主任张宇，深发展人力资源部总经理陈伟清，以及深发展总行公司业务部的林文聪。

这笔15亿元贷款为期三年，于2003年七八月间，分别由深发展天津、海口、北京三家分行完成出账，分别贷给首创网络有限公司（以下简称首创网络）和中财国企投资有限公司（以下简称中财国企）及下属五家企业，申报用途分别为建设全国性的连锁网吧以及"农村科技信息体系暨农村妇女信息服务体系"。

事实上，这笔资金很快即被挪用到北京市东直门交通枢纽项目中的东华国际广场商务区（下称东直门项目）上。事后证明，共有7亿~8亿元最终进入

了东直门项目，其余资金去向不明。深发展在案发后，已计提高达 4 亿元的拨备。

2004 年底，深发展外资股东"新桥"入股后，新管理层在检查资产质量的过程中，发现这几笔贷款有发放不合内部管理程序和借款人使用贷款违规的嫌疑，故于 2004 年 11 月向公安机关报案，并获立案。

二、案件原因

案件原因如下：

（1）深发展采取了转授信方式，将同笔贷款分拆贷给相关公司，意在回避政策限制。三九集团副总、深圳三九汽车发展有限公司负责人陈达成带来的东直门项目被周林介绍给深发展的相关人员，但数次会议的结果是，上述几人对该项目的判断一致，不具备操作的可能性。第一是不具备央行对房地产项目贷款的条件；第二是贷款主体不具备贷款资格；第三是项目投资金额巨大，而深发展的信贷政策受到限制；第四是用款人背景复杂，贷款发放后很难得到有效的控制；等等。

2003 年 5 月，行领导再次要求陈伟清必须对该项目进行操作。当时项目方提供了两个公司——中财国企和首创网络，要求对这两个公司授信。最终顺利通过了审批。

（2）提供担保的银基公司对这笔贷款提供的担保亦超出上限。对于该笔贷款，深发展不同层级人员曾多次出具风险提示意见，对借款人的承债能力、担保人的担保能力以及贷款项目本身均提出了质疑，但并没有起到任何作用。

（3）对"一把手"权力的监督缺失。银行业内外能顺畅勾结犯案，监督缺位是重要原因，其中对"一把手"权力的监管缺失尤其为甚。知情人称"15 亿元贷款的运作，几乎在所有程序上都涉嫌违规"。而这笔贷款最后竟然能够通过审查，顺利放贷，当中如果没有周林的一再坚持，要求相关操作人员将不符合条件的地方进行可行化操作，是不可能实施的。

三、启示

深发展 15 亿元贷款无法收回给我们的启示如下：

（1）现在银行的各种内控制度多如牛毛，"土制度"和"洋制度"样样俱全，已经建立了内外结合、纵横到底的监督机制，审计、稽核队伍和人员是历史上最多和最庞大的，内部有稽核部门的检查、监事会的检查，外部有银监会、人民银行、审计部门的检查等，可以说一年四季检查不断。但必须要反思的是，这些制度都得到有效的执行了吗？所以重中之重是要保证各项政策能够得到有效的执行。

（2）事后惩罚过轻，使银行内部人员作案和内外勾结作案成为一种成本很低而收益极高的行为。

（3）我们引进的不仅是外资，还应该有其先进的银行风险管理经验，以及其滴水不漏的银行人与物的金融监管体系。

参考文献

卢亚娟 . 金融风险管理案例集 ［C］. 南京审计学院，2009.

案例二十 "327"国债事件案例分析

一、事件背景

"327"是"92（3）国债06月交收"国债期货合约的代号，对应1992年发行1995年6月到期兑付的3年期国库券，该券发行总量是240亿元人民币，兑付办法是票面利率9.5%加保值贴息。所谓保值贴息，指的是通货膨胀带来人民币贬值，从而使国债持有者的实际财富减少。为了补偿国债持有人的这项损失，财政部会拿出一部分钱作为利息的增加。

国债期货本来是很好的金融交易衍生品，由于其具有成本低、流动性强、可信度高等特点，故被称作"金边债券"。但是，当时我国国债发行极难，个人投资者普遍把国债作为一种变相的长期储蓄存款，很少有进入市场交易的兴趣。通过多次国际考察，决策者感觉应当进行金融工具的创新。当发现期货可以提高流动性，也比较容易控制后，决策者决定引进国债期货交易。

借鉴美国的经验，1992年12月28日，上海证券交易所首次设计并试行推出了12个品种的期货合约。国债期货试行的两周内，交易清淡，仅成交19手。情况在1993年7月10日发生了历史性的变化，财政部在这一天颁布了《关于调整国库券发行条件的公告》，该公告称，在通货膨胀居高不下的背景下，政府决定将参照中央银行公布的保值贴补率给予一些国债品种保值补贴，国债收益率开始出现不确定性。由于期货价格主要取决于相应现货价格预期，因此，影响现货价格的因素也就成了期货市场的炒作题材。国债期货市场的炒作空间扩大了，大量的机构投资者由股市转入债市，在市场上多空双方对峙的焦点始终围绕着对"327"国债品种的价格预期。虽然在1992年，3年期国库券的基础价格已经确定为128.5元，但到期的预测价格还受到保值补贴率和是否加息的影响，市场对此看法不一，多空双方在 148 元附近大规模建仓，行情迅速飙升，国债期货市场异常火爆。

二、事件发展

1995 年，国家宏观调控提出三年内大幅降低通货膨胀率的措施，到 1994 年底和 1995 年初的时候，通胀率已经下调了 2.5% 左右，显然当时通货膨胀的局势已经得到了有效控制，而在中国通胀率一直居高不下的 1991 ~ 1994 年这三年里，保值贴息率一直在 7% ~ 8% 的水平上。根据这些数据，时任万国证券总经理、有中国证券教父之称的管金生预测，"327"国债的保值贴息率不可能上调，即使不下降，也应维持在 8% 的水平。按照这一计算，"327"国债将以 132 元的价格兑付。因此当市价在 147 ~ 148 元波动的时候，万国证券联合辽宁国发集团（以下简称辽国发）成为了市场空头主力。

与此同时，市场传言财政部将对"327"国债进行贴息，当时的中国经济开发有限公司（以下简称中经开）隶属于财政部（有理由认为，它当时已经知道财政部将上调保值贴息率）成为了多头主力。

1995 年 2 月 23 日，传言得到证实，财政部确实要对"327"国债进行贴息。其发布公告称，"327"国债将按 148.50 元兑付，空头判断彻底错误，此时的管金生已经在期货上重仓持有空单。当日，中经开率领多方借利好大肆买入，将价格推到了 151.98 元，随后辽国发在形势对空头极其不利的情况下由空翻多，将其 50 万手做空单迅速平仓，反手买入 50 万手做多，"327"国债在 1 分钟内涨了 2 元。联盟阵营的瓦解让空方始料不及，这对于万国证券意味着一个沉重打击，管金生面对巨额亏损，为了维护自身利益，在收盘前 8 分钟时，做出避免巨额亏损的疯狂举措：大举透支卖出国债期货，做空国债。下午 4 点 22 分，在手头并没有足够保证金的前提下，空方突然发难，先以 50 万手把价位从 151.30 元轰到 150 元，然后把价位打到 148 元，最后以 730 万手的巨大卖单把价位打到 147.40 元。而这笔 730 万手卖单面值 1460 亿元。当日开盘的多方全部爆仓，并且由于时间仓促，多方根本没有来得及有所反应，使这次激烈的多空绞杀终于以万国证券盈利而告终。而同时，以中经开为代表的多头，则出现了约 40 亿元的巨额亏损。

2月23日晚上十点，上交所在经过紧急会议后宣布：23日16时22分13秒之后的所有交易是异常的、无效的，经过此调整当日国债成交额为5400亿元，当日327品种的收盘价为违规前最后签订的一笔交易价格151.30元。上交所的这一决定，使万国证券的尾盘操作收获瞬间化为泡影。万国证券亏损56亿元人民币，濒临破产。

2月24日，上交所发出《关于加强国债期货交易监管工作的紧急通知》，就国债期货交易的监管问题作出六项规定。

5月17日，中国证监会鉴于中国当时不具备开展国债期货交易的基本条件，发出《关于暂停全国范围内国债期货交易试点的紧急通知》，开市仅两年零六个月的国债期货无奈地画上了句号。中国第一个金融期货品种宣告夭折。

9月20日，国家监察部、中国证监会等部门都公布了对"327"事件的调查结果和处理决定。决定认为，上海证交所对市场存在的过度投机带来的风险估计严重不足，交易规则不完善，风险控制滞后，监督管理不严，致使在短短几个月内屡次发生严重违规交易引起的国债期货风波，在国内外造成了极坏的影响。经过四个多月深入调查取证，监察部、中国证监会等部门根据有关法规，对有关责任人分别做出了开除公职、撤销行政领导等纪律处分和调离、免职等组织处分，涉嫌触犯刑律的移送司法机关处理，对违反规定的证券机构进行经济处罚。

三、案例解析

从上海证券交易所的角度分析，由于当时上海证券交易所对市场存在的过度投机带来的风险估计严重不足，交易规则不完善，没有按照期货运行规则进行设计，监督管理不严，没实行严格的保证金制度，致使万国证券在没有保证金的情况下，可以透支几十亿元资金进行交易，孤注一掷，做空国债，最终引起国债期货风波，造成了极坏的影响。

从万国证券的角度分析，万国证券公司作为一个大型的机构投资者，不但没有起到引领小的投资者遵守市场规章制度、维护市场良好交易秩序的作用，反而仰仗自己的政府背景和雄厚的资金，操控市场，无视期货市场的运行规则，在财政部已宣布上调保值补贴率的事实面前，明知误判方向却仍不知悔改斩仓，反而一错到底继续加仓，最后铤而走险，透支打压市场价格，严重违反市场交易规则，给公司带来了的巨大损失。

从外部条件来分析，当时国债发行困难，国债现货市场规模偏小，金融现货市场不够完善，市场的信息透明度不高，国债期货赖以存在的利率机制市场化也没有形成，很容易导致市场操纵和过度投机。而从国外引进的期货金融衍生品交易奉行拿来主义，没有健全和完善管理制度。在资金保障系统方面，首先，国债期货过低的保证金比例放大了资金使用效应，这成为国债期货投资者过度投机的诱因。其次，我国证券期货交易所均采用"逐日盯市"的清算制度来控制风险，此方法不能杜绝透支交易，致使空方主力违规抛出千万手合约的"疯狂"行为出现。在交易监督管理方面，上海证券交易所没有采取国际期货界通行制度——涨跌停板制度，没有持仓限量制度，对每笔下单缺少实时监控，放松了风险控制，终于导致了"327"风波的发生，并葬送了国债期货这个大品种。

四、反思

从该案例中应反思如下问题：

（1）应当在具备充足的市场条件后再引入金融期货品种。金融现货市场的完善和利率机制市场化的形成会大大降低市场操纵和投机行为，将期货作为规避利率风险的工具，而不是多空双方对赌的工具。

（2）健全交易所资金保障系统和交易监督管理系统，可防范"违规操作"带来的风险。在"327"国债期货风波发生之时，期货交易所国债期货的保证金普遍为合约市值的1%。这样偏低的保证金，无疑使市场投机气氛更为浓厚，扩大了金融风险。从"327"国债期货合约在1995年2月23日尾市出现大笔抛单的情况看，交易所显然对每笔下单缺少实时监控，导致上千万手空单在几分钟之内通过计算机撮合系统成交，扰乱了市场秩序。

（3）完善信息披露制度，防范政策风险。由于我国国债流动性差且品种结构不合理，每月公布一次的保值贴补率成为国债期货市场上最为重要的价格变动指标，从而使我国的国债期货由利率期货演变成一种不完全的通货膨胀期货，国债期货交易成了保值贴补率的"竞猜游戏"，保值贴补政策和国债贴息政策对债市气贯长虹的单边涨势起了决定作用，在多空对峙时，国债期货又受财政部公告的朦胧消息刺激而大幅飙升，使"政策风险"最终成为空方失败的致命因素。

于是，空方不惜蓄意违规，利用交易管理的漏洞演出了最后"疯狂的一幕"。

参考文献

［1］327 国债事件 ［EB/OL］. 百度百科，https：//baike. baidu. com/item/327 国债事件/4814853？ fr = aladdin.

［2］郭德明 . 327 国债期货事件对推出股指期货的启示 ［J］. 现代经济信息，2009 （16）：59 – 60.

［3］罗培新，卢文道 . 反思"327 国债"事件 ［N］. 南方周末，2006 – 03 – 30.

案例二十一 中航油事件

一、事件背景

在 1997 年亚洲金融危机之际，担任中国燃油市场巨头——中航油集团公司副总经理的陈久霖被派接手管理被称为国内航空界巨无霸的中国航油（新加坡）股份有限公司［以下简称中航油（新加坡公司）］，此公司于 1993 年成立，并于 2001 年在新加坡主板上市，中航油集团公司持有这家公司 60% 的股份。在陈久霖的管理下，作为中航油总公司唯一的海外"贸易臂"，中航油（新加坡公司）便开始捉住了国内航空公司的航油命脉，在中国进口航油市场上的占有率急剧飙升。

然而好景不长，2003 年新加坡公司在取得中国航油集团公司授权后，开始从事油品套期保值业务，但在此期间，陈久霖在未经总公司许可的情况下，擅自扩大业务范围，从事石油衍生品期权交易。其与多家银行在场外签订期货交易合约，卖出大量看涨期权。2004 年第一季度，油价的攀升导致公司潜在亏损 580 万美元，随后由于期望油价会跌，中航油（新加坡公司）决定延期交割合同，同时也增加了交易量。2004 年第二季度，油价持续上涨，公司账面亏损已达 3000 万美元。对此，中航油（新加坡公司）又决定延后至 2005 年和 2006 年再进行交割，交易量再一次增加：2004 年 10 月，油价上升到新高度，中航油（新加坡公司）此时的交易盘口达 5200 万桶石油，账面亏损继续大增。面对严重资金周转问题的中航油（新加坡公司），才首次向中航油集团呈交报告，说明交易和账面亏损情况，为了补缴交易商追加的保证金，中航油（新加坡公司）耗尽 2600 万美元的营运资本、1.2 亿美元银行贷款和 6800 万元应收账款。账面亏损高达 1.8 亿美元，另外还支付了 8000 万美元的额外保证金，直到 2015 年初，公司账面实际损失和潜在损失总计约 5.54 亿美元。随后中航油集团责令中航油（新加坡公司）立即停止投机性衍生交易，并锁定关闭全部期权盘位，根据资金状况和油价走势及时斩仓，尽可能减少公司损失，同时，集团公司紧急下发通知，要求中航油（新加坡公司）在处理危机的过程中对资金使用和重大事项进行严格审批。鉴于中航油（新加坡公司）几乎不可能在短期内利用现有资源偿还负债，中航油集团公司在 2004 年 11 月 28 日责令中航油（新加坡公司）向新加坡证券交易所办理股票停盘交易，同年 12 月 1 日向新加坡高等法院递交破产申请书，寻求限制保护令。按照新加坡证券交易所的要求，指定特别调查会计师对事件进行调查。中航油集团授权工作组与战略投资者和债权人谈判，争取尽快制定一个双方可接受的重组方案。最后，这家号称 7 年内资产增长上千倍的国企，2003 年盈利率超过 300％且获准海外上市被称为最具透明度企业的国企，轰然倒下。

二、中航油（新加坡公司）走向倒闭的原因分析

（一）内部监管形同虚设

从表面上看，中航油（新加坡公司）走向倒闭是由于在石油衍生品上操作的失误，实则不然。由整个事件可以看出，陈久霖同时身兼公司总裁和集团副总经理，导致中航油（新加坡公司）的治理结构混乱，根据中航油（新加坡公司）

内部条例规定，损失 20 万美元以上的交易要提交给公司的风险管理委员评估，损失累计超过 35 万美元的交易必须获得总裁的同意才能继续，任何会导致 50 万美元的交易将自动平仓，但陈久霖在履行代理人义务和委托人权利时存在角色重合，使他的个人权力凌驾于公司内部监督及制度之上，造成管理层无人监管的情况，因此本该避免的损失，却因陈久霖在首次尝到甜头之后，在巨额利益的驱动下越陷越深。

从整个事件过程来看，中航油（新加坡公司）基本上就属于陈久霖一个人的天下，公司内部相互质疑，按公司章程规定的决策执行程序决定公司重大经营事项这些台历完全失效，集团内部缺乏沟通机制，由集团公司派出的党委书记和财务经理都被陈久霖以种种理由隔离于公司业务之外或转派到下属公司，党委书记到任公司两年多，竟然对陈久霖从事场外期权投机交易毫不知情，因此集团领导无人知晓这件事情。董事会也没有定期或者不定期对企业内部控制运行取证调查，并进行组织内部控制的自我评估，所以没有及时发现内部控制的漏洞。内部审核和监控体系也形同虚设，在石油看涨的大势下，中航油（新加坡公司）这种连续数月逆势而行的行为没有受到任何监管和警示，负责内部审计的审计委员没有发现任何问题，显然内部审计没有发挥其应有的作用。

及时公布风险信息是企业内部有效的沟通机制，也是内部控制的关键。通过信息沟通，企业不仅可以了解业务的进展情况，而且能够掌握其中潜在的风险。由于管理层次的复杂性和信息传递的不对称，内部信息披露机制失效，信息透明度极低，使企业没有防止和控制风险的基本前提，集团公司很难了解分公司的总体情况，更加不利于强化对其实施有效措施，从而导致了巨大的财务风险。企业在接收市场信息方面存在不足，缺乏对外部市场信息，尤其是对期货市场风险信息重要指标——风险头寸和计量信息的了解。中航油（新加坡公司）就是随着油价不断上涨，头寸不断加大，风险和亏损骤增，在亏损的道路越走越远。

（二）金融衍生品风险防范不足

第一，在风险评估方面存在很大的问题，缺乏风险评估机制。保证风险管理系统的有效运行，关键在于能够发现风险，而不仅仅是条文的罗列和摆设，中航油没有意识到此次场外投机行为的潜在危险，对于有着巨大风险的看涨期权，陈久霖冒险大量买入，并且未买入套期保值。由于场外交易不受证券和期货监管当局监控，将公司暴露在巨大风险之中。虽然中航油（新加坡公司）内部已制定了风险管理手册，但是相应的风险评估机制却存在缺失，没有及时对风险进行计量与通报，使风险管控系统形同虚设。

第二，缺乏风险处理机制。2004 年 10 月，中航油集团就已经意识到问题的严重性，当时的账面亏损仅为 8000 亿美元，如果在那及时斩仓，整个盘位亏损可能不会超过 1 亿美元，但集团错过最佳时机，在半个月后才召开党政联席会议研究这一事项，并且除了声称将出售所持有的股票并把获得的资金转贷给中航油（新加坡公司）以弥补亏欠的保证金外，直到公司申请破产之日都没有采取任何实质性的止损举措。中航油（新加坡公司）面对危机的反应迟钝以及病急乱投医的处理方式暴露出其风险管理的严重缺陷。

第三，对于期货交易的通报制度也存在缺陷。证监会发布的《国有企业境外期货套期保值业务管理制度指导意见》规定，"取得境外期货业务许可证的企业在境外期货市场只能进行套期保值交易，不得进行投机交易"。中航油集团公司对于期货交易既没有从资金权限上禁止，也没有建立严格的通报制度，从而导致期货风险无从防范和控制。

第四，金融衍生品交易风险控制的相关法律法规和管理机制不健全。在金融衍生品的交易中，风险和收益永远是对等的，具有极大的不确定性。风险的产生与管理层的风险偏好具有极大关系。陈久霖对于风险的爱好，在中航油（新加坡公司）内部风险控制制度的设计和执行极度不完善的状况下，使中航油（新加坡公司）的亏损走到不可收拾的地步。

由于卖出看涨期权不会在资产负债表显示，也不会存在强行平仓问题，没有持仓限额要求，只要参与者没有进行反向操作，风险就始终暴露在外，再加上没有交易所作为对方履约的保证，金融巨头操纵市场的机会更大。陈久霖就是在这种情况下大量卖出无保护的看涨期权，进行投机交易。由于陈久霖的风险意识淡薄，缺乏实际操作经验，对衍生品交易原则以及背后的风险了解略浅，未制定应对风险的有效方案，在风险来临时没有有效的应对措施，致使减少损失的最后机会和谈判争取的利益相继全部丧失。

（三）其他原因

陈久霖在公司账目持续亏损的状况下，仍旧不向上级报告，依然随心所欲地进行投机操作，直到不可挽回的地步。由此可见，企业管理人缺乏良好的道德意识，对法律法规认识不够，同时由于公司的企业文化，员工对于领导极其信赖，企业没有正确的行为风范以及良好的思维方式和法治意识、制度意识，对公司内部监督意识不足。同时，政府监督和社会监督方面的不足，对中航油事件也有一定的影响。

三、事件启示

（一）加强内部控制的监督与评审

中航油（新加坡公司）走向倒闭的原因，就是陈久霖的个人权力凌驾于内部控制之上，使公司内部控制流于形式，因此企业必须形成良好的法治环境，增强员工的法律意识，确立正确的管理理念。完善企业的控制环境，深化产权制度改革，建立国有企业资产监管和风险管理体系，以科学的管理技术完善公司治理结构框架，避免经营权和所有权重合导致的监事会执行不力，解决管理层缺位问题和道德风险问题，使权力相互制衡和监督。由股东主权模式转化为企业主权模式，实现企业股权结构的多元化、合理化，从而实现治理结构的效率改进，为内部控制的有效运行营造一个良好的制度环境，防止内部控制流于形式。

应当建立有效和全面的内部审计机构，抓好内部控制评审，强化对内部控制的检查与考核，确保内部控制的严密性，确保各个部门相互联系又相互牵制，保证内部控制的适应性，适应企业自身特色及社会生产力发展和经营管理理念。

完善企业的内部风险治理机制，要求股东大会、董事会、监事会各司其职，相互独立、相互制衡又相互协调。首先，股东大会的作用要被充分发挥，保证各个股东的意志得以体现，并采取公开、公正的方式选举董事长及董事。其次，企业应成立由董事会领导的风险管理委员会，由风险管理委员会负责处理各种风险，同时企业可规定，衍生金融工具交易系统在监控时，如果交易额度超过某个指标那就应向风险管理委员会和监事会同时报告。最后，要强化监事会的监督作用。监事会作为一个独立且具有强制执行力的监管部门，要确保违反风险管理机制的交易者受到应有惩罚。

有效的信息传递和沟通是内部控制的关键，通过信息传递和沟通，企业不仅可以了解业务的进展状况，还可以掌握潜在风险。发挥内部审计和内部控制的自我评估的监督作用，对内部控制进行再保险。建立覆盖整个集团的财务风险预警系统，遵循"专门性、专业性、独立性"的原则，确保机构权责有效，不受其他部门的影响和干扰，使财务风险预警系统能够及时有效地发挥作用。

（二）完善金融衍生品风险管理制度

金融衍生品是一把双刃剑，它既可以让企业取得巨大利益，又可以使企业因为亏损而毁于一旦。

国家要推进金融衍生品交易的立法进程，从中航油事件看来，目前存在金融衍生品交易缺乏法律依据和必要机制保障等问题。在构建我国金融衍生品监管法律体系时，必须坚持安全性、稳定性、开放性原则，要加快出台统一的《金融衍生品交易法》的步伐，正确处理场内交易和场外交易的关系，规范企业、金融中介、投资者的关系，为我国金融衍生品交易提供法律保障。

有关部门应尽快建立重大投资决策失误责任追究制度和资产损失责任追究制度，否则国有企业出现如同中航油（新加坡公司）的赌博式投机就不会是偶然的个别现象。对于国有企业重大投资决策失误或造成巨大损失的行为，应严格按照追究制度给予惩戒，逐步完善国有资产监管法规体系框架。

建立风险评估和处理机制，保证风险管理系统的有效运行。运用计算机辅助风险管理系统，实行动态监控以取得即时有效的信息，设计合理的风险传递路径并建立与之配套的内控制度，规避金融交易的外部风险。同时我国也需要加快发展金融衍生交易品种和体系，完善国内石油期货交易体系。

完整的信息披露机制也是非常必要的，是金融市场健康发展的基础。目前我国缺乏一个完整、透明、连续且可信赖的信息披露体系，尤其是金融衍生品的相关业务没有得到真实的反映，投资者不能对市场价格形成理论预期，不利于金融衍生品市场的健康发展。对这一情况，我们应该强制要求上市公司进行及时完整的信息披露，全面评估和了解金融衍生品交易的风险和影响。

在充分重视金融衍生品的风险管制的同时，要培养金融衍生品风险管理的人才，我国对于这方面的人才有所欠缺，所以要尽快扭转这种局面。加强对金融风险监管人员的培养，使其了解有关金融衍生品各方面的内部控制系统，从而有效地进行企业防范和控制风险。

（三）其他方面

提倡和营造良好的企业文化，为内部控制的执行创造良好的人文环境。企业文化代表了企业整体的行为风范，有助于培养员工正确的思想观念以及思维方式和行为方式。通过将员工价值观与公司发展目标有机结合，来推进内部控制有效性，增强企业凝聚力。

要有明确的内部控制主题和控制目标，要有先进的管理控制方法和高素质管理人才，密切监控主要领导人的决策和动机。企业应积极开拓渠道，采取多种形式强化包括高级管理人员在内的全员培训，提高其素质修养，树立其法治意识、规则意识、制度意识，强化其遵守制度和自觉维护企业制度的道德品质，使不折不扣地执行内部控制成为企业全体成员的自觉行为与工作的第一需求。

加强政府监督以及社会监督，政府内部控制的基本目标之一就是确保国家有关法律法规得到贯彻执行。这不仅与政府对企业内部治理进行再控制的目标一致，还是国家以所有者和宏观管理者的身份进行经济管控的基本目标和要求，因此要在财政、税务等各部门合理分工的基础上，加强对企业内部控制的了解，加大执法力度和惩处力度，并注意加强彼此之间的信息交流，努力使监督有威慑力，帮助企业不断完善内部控制。而社会监督是政府监督和企业监督的良好补充，并与之一同构成内部控制监督体系。要在加强注册会计师行业建设，治理信仰缺失、提高审计质量的基础上，加强注册会计师对企业内部控制的审计和评估，鼓励公众参与企业监督，支持新闻媒体对企业违法、违纪的曝光，充分发挥群众监督和舆论监督的作用。

参考文献

［1］李明辉．从巴林银行案和中航油事件看衍生工具的风险控制［J］．当代经济管理，2006，28（4）：92－98.

［2］董天新．"中航油事件"引发的思考［J］．金融教学与研究，2005（1）：39－41，58.

［3］中航油事件案例分析［EB/OL］．百度文库，https：//wenku. baidu. com/view/5017ab22e53a580216fcfeab. html.

案例二十二　法国里昂信贷银行
巨额亏损

一、案例背景

　　里昂信贷银行成立于 1863 年，总行设在巴黎意大利大街 19 号。1991 年以前，里昂信贷银行虽然利润与资产额的比率较低，但还是一家经营得法、信誉良好的大企业。然而，这家老牌跨国金融集团在 1992～1995 年出现了连年巨额亏损，经营业绩不断下滑，资产质量持续恶化，亏损额从 1992 年的 12 亿法郎激增到 1994 年的 123 亿法郎。由于里昂信贷银行是一家国有银行，法国政府不得不三次拨款"补血"（第一次是 1994 年的 49 亿法郎，第二次是 1995 年的 230 亿法郎，第三次是根据欧洲联盟批准的救助方案，法国政府准备投入 450 亿法郎协助里昂信贷银行渡过难关）。此事引起国际金融界的强烈震动，被称为欧洲有史以来银行业最严重的"地震"。

二、法国里昂信贷银行巨额亏损事件分析

　　里昂信贷银行巨额亏损主要缘于国外投资失误与国内不良贷款。

（一）国外投资屡屡失误

　　里昂信贷银行是政府控股的上市公司，较少运用境外参股、控股方式，而常常使用融资兼并、财团信贷、直接经营等形式进行跨国扩张。

1. 并购美国米高梅电影公司：损失 16 亿美元

1990 年，里昂信贷银行动用 13 亿美元，资助意大利投资商 C. 帕拉蒂购入米高梅电影公司。1992 年初，米高梅电影公司经营不善，里昂信贷银行将债权转为股权，全盘接手，直接经营。除留用原有专业人才外，里昂信贷银行还派出庞大的经营班子，控制财务、预算、人事和经营部门。为了提高米高梅的竞争能力，里昂信贷银行先后投入近 10 亿美元，更新摄影设备，高薪聘请编剧、导演、制片人等。尽管里昂信贷银行尽了最大的努力，但在好莱坞激烈的竞争中，收效极其有限，困难重重。

2. 马克斯韦尔集团坏账：覆水难收

1989~1990 年，马克斯韦尔集团陆续出售了 5 家麦克米兰子公司，金额为 5.4 亿美元，力图以此来降低债务。然而，当 19 亿美元的长期贷款中有一笔 4.5 亿美元于 1991 年 11 月到期时，集团却无力支付。

1991 年 11 月，横跨欧亚美的综合型企业集团——马克斯韦尔集团在数日内破产。马克斯韦尔集团的资产被大大地高估，已严重资不抵债；集团内部管理混乱，私人企业和上市公司混为一体，相互间非法转移资金、调拨财产、多头记账，导致财务混乱，虚盈实亏，财务报表失真，以此骗取投资者的信任。

3. 瑞士 SASEA 控股公司贷款去向不明

20 世纪 80 年代末，里昂信贷银行把雅高集团的债权变换成股权，由此获得了地中海俱乐部的股份，并与 SASEA 等分享董事会的席位。为了扩大在意大利的影响，里昂银行控股的贝格马列库信贷银行积极参与 SASEA 的投资活动，先后提供了 4.5 亿美元的贷款。

SASEA 的主营业务是不动产投资。其力图突破地中海俱乐部的地理范围，在中东、南亚和南太平洋购买地皮，兴建高档公寓、写字楼和度假村。20 世纪 80 年代不动产市场萧条，SASEA 因过度投资，回收过慢，长期负债经营，故不惜伪造财务报表，试图采用借新债还旧债和发行垃圾债券的方式来渡过难关，等待经济景气、地产升值，扭亏为盈。但事与愿违，不动产市场的复苏遥遥无期，受托管理的地中海俱乐部又连年亏损，下属子公司和关系企业又因 SASEA 于 1992 年宣布破产倒闭。据估计，里昂信贷银行及其子银行因 SASEA 倒闭蒙受了 1.5 亿美元的损失。

（二）国内不良贷款损失惨重

据外界估计，里昂信贷银行 10 年来的信贷损失达 100 亿法郎。从欧美报刊披露的资料来看，国内银企关系失调，银行家的失误、渎职、经济犯罪是巨额亏损的主要原因。里昂信贷银行国内业务亏损的主要项目如下：

1. 不动产业务的亏空

里昂信贷银行的子公司阿尔都斯财务公司和国际银行家公司，多年来扮演房地产开发商的角色，利用母公司的财力，高价收购地皮和危楼旧房，兴建新的商业性建筑。它们投资兴建的办公楼、公寓、商业中心因滞销、租金下降而连年亏损。1997 年 5 月，里昂信贷银行的 J. 勒韦卡，同时也是国际银行家公司的创办者被刑事拘留，检察机关怀疑他制造假账，虚报投资项目，从中贪污数亿法郎的建设资金。

2. 与政府控股企业的关系不正常

在法国诸多的国有企业中，里昂信贷银行与实业财国（Consortium De Realisation，以下简称 CDR）的关系特别密切，在 1995 年 4 月以前，两者实为一家企业，均是国家控制绝大部分股份的国有企业，后根据财政部拟定的里昂信贷银行改组方案，两者于 1995 年 4 月分离成为两家企业。里昂信贷银行长期以低于市场标准的优惠利率向 CDR 提供长期贷款，而 CDR 用这些钱购买里昂信贷银行下属子公司的不动产，如布尔日集团等，法国政府试图通过 CDR 的持股，保持对重点企业、重点行业的控制。但是，里昂信贷银行因高价购进低价转让，且提供低息贷款而蒙受重大损失，据估计这些损失高达 39 亿法郎，这也是法国政府不断"输血"进行三次拨款的重要原因之一。

里昂信贷银行的巨额亏损，不但给其本身的发展带来了严重的后果，也使法国银行业在西欧的竞争中全面处于落后的困境。为此，里昂信贷银行巨额亏损曝光后，法国政府不得不三次拨款救助，援助总额达到 1470 亿法郎，法国人均至少 1700 法郎。对单一银行实施如此规模的救助在欧盟历史上是绝无先例的。

三、法国里昂信贷银行亏损原因分析

（一）脱离实际，盲目追求所谓的欧洲第一

法国政府于 20 世纪 80 年代初已感到经济上落后于德国，在未来发展中有可能处于受他人钳制的地位，而且在未来的欧盟竞争中也可能处于下风，因此政府

确立了"赶超德国，争做欧洲第一"的方针。在金融界，政府希望里昂信贷银行充当"领头羊"，加快国际化步伐。而里昂信贷银行也为了实现欧洲第一，贪大求全，不顾自身的实力，缺乏科学可行的发展规划，为一时的经济景气和虚假繁荣所迷惑，不惜斥巨资跨国收购产权、融资兼并，试图构建银企相互控股的金融集团。一些项目因需求萎缩、价格停滞而长期亏损，甚至清盘倒闭，成为银行收贷无望的坏账。法国银行委员会认为，里昂信贷银行的亏损主要包括 1000 亿法郎的坏账和数值更大的不良资产，其中绝大部分是 20 世纪 80 年代中后期形成的。也就是说，追求"欧洲第一"是该银行错误的目标，是巨额亏损的深层原因。

（二）并购非传统行业

按照欧洲银行的传统，放贷、控股、参股是控制工商企业的主要方式。里昂信贷银行直接经营米高梅电影公司是 20 世纪 80 年代以来欧美银行业跨行业发展的一个新趋势。企业并购和重组既需要投入大量资金，又要耗费较长的时间才能显示优势及潜力，对购买者来说，这是经济和时间的双重考验，一般认为，扭亏为盈需要 3～5 年时间，里昂信贷银行承担了并购后的亏损，却不能继续从盈利中分享收益，成为股市投资失误的一个范例。

（三）内部管理不善和经营失策

里昂信贷银行内部管理混乱，特别是在用人方面出现了严重失误。其合作伙伴、子公司负责人以及银行职员，有的曾因欺诈、假账骗贷被美国联邦调查局立案调查；有的触犯刑律，被判处有期徒刑；有的非法借贷、挪用资金、收受回扣等。他们都是里昂银行过度扩张、亏损累累的主要责任人。

造成内部管理不善的原因，首先是缺乏有效的权力制衡机制，最高决策权过分集中在个人手中，银行丧失了否定错误决策的能力。其次是母行缺乏对附属公司的监控机制，子银行可自主发放任何金额的贷款。由于母公司对子公司提供了大量贷款，在子公司经营陷入瘫痪时，母行便陷入不利处境。银行信贷问题最大的四家附属机构就积累了 55 亿美元的坏账。最后是经营理念中缺少风险防范意识。一方面忽视主营业务，这对利润造成了不利影响，另一方面激进的扩张战略使经营风险失控。此外，由于经营上的失策，该行把大量的信贷资金投向房地产业，随着房地产价格的下跌，该行坏账大量增加，从而导致巨额亏损。

（四）受经济周转期波动的影响

1992 年法国经济步入衰退，房地产行业不景气。里昂信贷银行没有充分认识到经济周期变化对银行经营效果的影响，在经济步入衰退前没有对其投入房地产的资金进行调整，导致出现了大量亏损。

（五）银行业经营环境恶化

首先，盈利空间狭小是法国银行共同的"心病"。法国银行长期被政府左右，里昂信贷银行更是承担了不少政策性业务。与信用合作社相比，商业银行处于不利的竞争地位，资金成本高。金融业的过度竞争也压低了利润率。以 1996 年为例，尽管法国基础利率高于德国，但法国银行中小企业贷款利率比德国同业至少低 2%。此外，里昂信贷银行有大量的雇员，人工成本高昂。种种原因造成的回报微薄损害了银行积累资本和消化坏账的能力。20 世纪 90 年代以来，里昂信贷银行的平均股本回报率最高也不过 8%。其次，20 世纪 90 年代初法国陷入"二战"后最严重的衰退，由于在里昂信贷银行激增的直接投资中，4/5 是"抵抗力"弱的中小企业，宏观经济恶化导致银行大量直接投资付诸东流。最后，金融监管方面，国有银行在承担某些政策性业务的同时，也受到国家默示的担保，这样就出现了严重的道德风险。

（六）政治因素和精英集团对里昂信贷银行的经营活动造成不利影响

法国银行的监管者之间存在千丝万缕的联系，政府对里昂信贷银行的监控常常流于形式，而且政府要员与企业巨头之间形成了复杂的"精英集团关系网"，银行的商业经营和人事管理也时常沾染政治需要。

因此，里昂信贷危机不单单是因为对经济大势的判断出现了失误，而且也是恶化的外部环境以及内部经营失控的牺牲品。

里昂信贷银行的巨额亏损表明，金融机构的经营管理要比一般工商企业复杂得多，稍有不慎，就会出现重大失误。银行作为经营货币资金的特殊企业，一旦陷入经营困境，不仅会危及自身，而且还会波及其他相关企业甚至整个国民经济。

参考文献

人大经济论坛案例库——法国里昂信贷银行巨额亏损。

案例二十三　AIG 危机

一、案情

　　美国次贷危机犹如一根导火索，引发了国际金融市场的剧烈动荡，同时也给国际保险业带来了严重的损失。全球保险巨头——美国国际集团（American International Group Inc，以下简称 AIG）正是因为深陷次贷危机而出现巨额资金缺口，走到破产边缘，最终被美国政府变相接管。AIG 危机引发各方关注，其背后显现出来的金融风险问题值得人们深思。

　　在将近一年的时间里，AIG 在信用违约掉期上遭受的损失不断加重，2008 年8 月 6 日，AIG 公布第二季财报，因房贷相关部位减记价值及减损金额超过 110亿美元，净损 53.6 亿美元，该公司连续三季度出现亏损。截至 2008 年 6 月底，AIG 信用违约掉期业务亏损累计达 250 亿美元，其他业务亏损累计达 150 亿美元。2008 年 9 月 12 日，AIG 股价暴跌了 31%，标准普尔评级服务公司（Standard & Poor's Ratings Services）向 AIG 发出警告，称由于该公司股价大幅下挫，债券息差上升，标普可能会将该公司信用评级下调一至三档。彼时，时任 AIG 首席执行长的维尔伦斯坦德认为只要筹措到 200 亿美元就能使公司避免灾难。但在 9 月 13 日早晨却发现它的证券借款业务也需要 200 亿美元资金，所需资金数额已增至 400 亿美元。此时，AIG 筹集到的资金只有从其下属保险子公司抽取的 200 亿美元。

为避免主要评级机构下调公司评级，AIG 想方设法采取各种措施进行筹资。2008 年 9 月 13 日，AIG 与 KKR、J. C. Flowers 等私人资本运营公司进行了磋商。但考虑到它们所提方案附带的某项选择权可能使 AIG 的控制权实际落入私人资本运营公司之手，AIG 仍然拒绝了以 J. C. Flowers 为首的一群私人资本运营公司提出的注资方案。14 日晚间，亚洲市场开盘，AIG 资产价值承受了更大的压力，该公司需要逾 600 亿美元的资金注入。于是，维尔伦斯坦德决定另辟蹊径，转向美国联邦储备系统（Federal Reserve System，简称 Fed）寻求 400 亿美元贷款资金援助。

9 月 15 日，Fed 要求高盛和摩根大通帮助 AIG 获得 700 亿~750 亿美元贷款。两家公司一起评估了 AIG 的流动性需求和私营领域解决方法的可行性，认为 AIG 大约需要 800 亿美元的资金，并拒绝了政府的建议。此外，在该日晚些，美国穆迪投资服务、标准普尔和惠誉三大信用评级机构一致下调了 AIG 的债务信用级别，迫使 AIG 向其交易对手再提供至少 100 亿美元的抵押品，从而使抵押品总额达到了 200 亿~250 亿美元，公司财务状况进一步恶化。

9 月 16 日，AIG 做了最后的一搏，即用尽自己的循环信贷额度。但是大多数银行都拒绝了 AIG 的贷款申请，他们表示在 AIG 债券评级遭到下调的情况下不会为其提供贷款。同时，AIG 股价再跌 31%，在连续三个交易日中跌幅达 79%。当天下午 4 点，政府将拯救方案交给了 AIG 管理层。经过长达 3 小时的痛苦权衡，AIG 董事会接受了政府提出的苛刻条件。紧接着，美国联邦储备委员会理事会（Federal Reserve Board）于 16 日晚间宣布，"遵照《联邦储备法》第 13 条第 3 款，授权纽约联邦储备银行向 AIG 发放 850 亿美元紧急贷款。贷款窗口的有效期为 24 个月，利率为三月期 Labor 利率再加 850 个基点。为保障纳税人的利益不受损害，贷款将以 AIG 的全部资产为抵押。作为提供贷款的条件，美国政府将持 AIG 79.9% 的股份，并有权否决普通股股东和优先股股东的派息收益"。这也意味着美国政府仿照接管"两房"模式接管了 AIG。但美联储的"援助"并没有缓解保险市场越发恐慌的局面。不只是在中国香港，在中国台北、新加坡等东南亚国家和地区，美国友邦的分支机构都出现了客户退保潮。退保潮的出现使 AIG

雪上加霜，危机再次升级。10 月 8 日，美国联邦政府由于担心这家保险巨头可能再度出现现金短缺，决定对 AIG 再增 378 亿美元的援助，这比当初承诺向该公司提供的资金数额高出了近 50%。

二、原因

AIG 这只"保险巨擘"为何在受到金融风险的波及后会顷刻之间濒临倒塌？美国政府为何向 AIG 伸出援助之手——授权纽约联邦储备银行向 AIG 发放 850 亿美元紧急贷款？事物的产生与发展都是内因与外因共同作用的结果，AIG 危机也不例外。此次危机形成的内因是 AIG 自身管理，外因是企业外部环境因素。

（一）从宏观环境分析

1. 连锁反应之祸

美国金融机构犹如一个倒置的金字塔，底层是与物质产业和实际消费相关的接口，如工商企业贷款、房贷、消费贷款等，以此为基础构造出金融衍生产品的大厦。美国金融机构发放的实物类贷款不到 20 万亿美元，但衍生金融产品的规模却达到了 400 万亿美元。底层的垮台导致上面庞大的衍生金融产品大厦也随之倒塌。因为购买次级债衍生品的投资者遍布全球，危机便能够通过资金链条传导给各国的基金公司、资产管理公司等机构投资者，造成了整个信用市场危机和投资者恐慌，最终演变成为金融风暴。如此一来，受抵押贷款投资不当的拖累，AIG 在信用违约掉期上遭受的损失不断加重。同时，金融风暴扼杀了 AIG 公司 2008 年 9 月 25 日公布的业务复兴方案计划。此外，金融市场脆弱，投资者信心不足，使 AIG 的股票价格持续承压下挫，进而导致 AIG 本已虚弱的财务状况更加恶化。

2. 信用评级下调推波助澜

2008 年 9 月 12 日，AIG 股价暴跌了 31%，标准普尔（Standard & Poor's）发出调降评级警告，使 AIG 的筹资行动变得更加困难。紧接着美国穆迪投资服务、标准普尔和惠誉三大信用评级机构于 9 月 15 日分别将 AIG 的信用级别下调至少两个等级。信用评级下调在助推融资成本升高的同时，迫使 AIG 向其交易对手再提供至少 100 亿美元的抵押品，从而使抵押品总额达到 200 亿~250 亿美元，导致 AIG 财务状况急剧恶化。也正是因为信用评级的下调，AIG 在试图利用信贷循环额度做最后一搏时，遭到了银行的拒绝。

3. 监管缺失

尽管美国有全方位多层次的监管体系，但是对次级债市场的监管却存在空白地带。如信用违约掉期市场就没有受到政府管制，也没有公开的记录显示如果债券违约，卖方是否拥有资产进行支付。早在 2005 年 5 月，新闻媒体就开始报道新增房贷风险，经济学家也对此发出了警告。但直到 2005 年 12 月监管层才开始推出监管指引，时隔 9 个月后，这份姗姗来迟的指引才最终定稿。监管的缺失，使市场的不规范行为没有得到及时纠正，风险积累最终引发危机。

（二）从企业自身分析

1. 资产管理不慎，资金运用不当

AIG 的风险不是由保险主业产生的，而是源于衍生金融产品。由于 AIG 从事的传统保险业务一直都是中等的成长型业务，公司为追求业绩，为大量的金融产品提供保险，包括风险极高的 CDO 和次级债产品。其中，由于泡沫经济时期抵押债券实现的高额利润远高于房屋保险业务、人寿保险业务以及汽车保险业务，AIG 仅对该债券的担保金额就高达 4000 亿美元。正是受抵押贷款投资不当的拖累，AIG 在信用违约掉期上遭受的损失不断加重。其旗下一家出售信用违约掉期（CDS）的子公司，在过去三个季度累计亏损 180 亿美元，致使 AIG 不得不追加价值数十亿美元的抵押品，导致公司财务吃紧。另外，金融衍生品虽会带来一定的资产损失及借贷困难，但这对于资产上千亿美元的 AIG 来说，影响却是极其有限的。但正是由于公司缺乏足够的流动性资金，额外的信贷成本才使公司最终陷入财务困境。

2. 风险防范意识不强

信用违约掉期市场不受政府管制，也没有公开的记录显示债券违约卖方是否拥有资产进行支付。这种交易对手风险被经济学家威廉·恩道尔比喻成已启动的定时炸弹。但大家都觉得自己够聪明，不会拿到最后一棒，因此就疏于防范 CDS 存在的潜在隐患。AIG 公司也正是因为心存侥幸和疏于对 CDS 风险的防范，当 2006 年 CDS 成本大幅上升、2007 年次级债风波出现兆头时，AIG 没有对 CDS 做出严肃的处理，为后来公司陷入危机埋下了祸根。

考虑到 AIG 崩溃给美国自身经济和市场带来的巨大负面影响，美联储怎可能弃 AIG 于不顾，放任 AIG 自流？正如美联储在声明中所说，"目前情况下，如果放任 AIG 破产，对已非常脆弱的金融市场来说无异于雪上加霜，并且将极大提高市场的借贷成本，进一步削减美国家庭财富，并对经济增长产生实质性危害"。实际上，美联储不是为了救 AIG 而救 AIG，而是通过让 AIG 不倒闭，达到化解市场的系统性风险的目的。

三、启示

AIG 危机对我国保险行业的启示，主要在于投资渠道适度放开、健全信用评级机构和优化金融监管机制三方面。

（1）保险行业投资渠道放开应该在注重风险控制的前提下推进。AIG 投资领域比我国同行更广泛，包括房产抵押贷款、金融租赁、衍生品以及融资融券业务等。放开投资渠道有利于提高投资收益，如金融租赁利润丰厚，但同时投资风险也会相应提高。我们须在强调风险控制的前提下放开投资渠道。

（2）有必要培育真正对投资者负责的、能够预警系统性风险的信用评级机构。信用评级机构的失职是次贷危机爆发的重要原因。由于次贷衍生品的设计复杂，投资者只能依靠评级机构来衡量相关风险。令人失望的是，评级机构的后知后觉及迟缓而猛烈的评级调整反而加剧了危机。实际上，评级机构的收入来源于投行，却要求它们对投资者负责，本身就是制度的错位。随着无担保公司债和各类金融衍生品的发展，信用评级机构在我国资本市场的地位将日益显著，应建立对投资者负责的信用评级机构。

（3）从总体上认识风险管理，树立全面风险管理意识。这就要求不仅要对单个因素进行分析，还要从整体把握这些风险，分析研究各因素间的联系，从系统的角度优化全面风险管理系统。综合考虑安全性、营利性、流动性、匹配性四个目标，运用资产组合做好投资决策管理，是控制保险投资风险的核心。只有保险业务和投资业务相互匹配融合，才能对内外部的风险做到更好的防范。

参考文献

谢非 . 风险管理原理与方法 ［M］. 重庆：重庆大学出版社，2013.

案例二十四　光大证券乌龙指事件

一、事件经过

光大证券乌龙指事件是沪深股市自开市以来因证券公司操作失误引起的最大一次市场异动。其经过大致如下。

2013年8月16日，A股出现神奇一幕：11时05分上证指数出现大幅拉升，大盘一分钟之内涨幅超过5%。最高涨幅5.62%，指数最高报2198.85点，盘中逼近2200点。多只权重股齐刷刷封上涨停，即便是游走于股市十几年的老股民恐怕也没见过这样的阵势。午后开市，光大证券停牌，同时发布公告称，光大证券策略投资部门自营业务在使用其独立的套利系统时出现问题，公司正在进行相关核查和处置工作。至此，此次指数异常波动被确认为光大证券"乌龙"所致。投资者在得知真相后，人气涣散，指数逐级回落，至收盘，上证指数收跌0.64%。

光大证券在8月16日所造成的"乌龙"源于投资策略部做的一个量化投资的ETF套利产品，因为自营的策略交易系统存在设计缺陷，在使用独立套利系统时订单生成系统和订单执行系统连续出现错误，连锁触发后生成巨额订单，导致A股剧烈波动，几十只权重股冲到涨停后回落，全天波及超过150只股票。整个事件累计申报买入234亿元，实际成交72.7亿元。该事件发生于8月16日午市收市前半小时左右，而光大证券并没及时公开确认乌龙指事件，直到14点左右才发布了简单的提示性公告。而在乌龙指事件发生之后，光大正式发布相关公告之前，光大证券已经通过把因为错误下单买入的股票申购成50ETF和180ETF在二级市场卖出，同时逐步卖出股指期货空头合约。

二、ETF 套利

ETF 是交易所上市的开放式指数基金（Exchange Traded Fund），其管理的是一篮子股票组合，被动跟踪指数成份股及权重，国内 ETF 为上证 180、上证 50、深证 100 等。

ETF 在二级市场进行买卖，交易的对象是基金的份额，而且要符合国内 T＋1 制度。其在一级市场进行申赎，但是门槛普遍较高，基本单位为 100 万份，即买股票去申购 ETF 份额，或者赎回 ETF 份额得到股票。申赎和买卖相结合，实际上已经突破了 T＋1 的限制。

就 ETF 而言，成份股所表现出的基金净值与 ETF 市价是同一投资组合在一、二级不同市场的定价，因此存在套利的空间。套利的具体方法如下：一是折价套利，即当 ETF 市价小于净值时，先买入 ETF，再赎回 ETF，得到一篮子股票，然后卖出一篮子股票。二是溢价套利，即当 ETF 净值小于市价时，买入一篮子股票，申购成 ETF，然后卖出 ETF。

三、原因分析

（一）触发原因

触发原因是系统缺陷。策略投资部使用的套利策略系统出现了问题，该系统包含订单生成系统和订单执行系统两个部分。核查中发现，订单执行系统针对高频交易在市价委托时，对可用资金额度未能进行有效校验控制，而订单生成系统存在的缺陷，会导致特定情况下生成预期外的订单。

订单生成系统存在的缺陷导致在 11 时 05 分 08 秒之后的 2 秒内，瞬间重复生成 26082 笔预期外的市价委托订单；由于订单执行系统存在缺陷，上述预期外的巨量市价委托订单被直接发送至交易所。

问题出自系统的订单重下功能，具体错误是：11 时 02 分时，第三次 180ETF 套利下单，交易员发现有 24 只个股申报不成功，就想使用"重下"的新功能，于是程序员在旁边指导着操作了一番，没想到这个功能没实盘验证过，程序把买入 24 只成份股，写成了买入 24 组 180ETF 成份股，结果生成巨量订单。

(二) 深层次原因

该策略投资部门系统完全独立于公司其他系统，甚至未置于公司风控系统监控下，因此深层次原因是多级风控体系都未发生作用。

交易员级：有交易品种、开盘限额、止损限额三种风控系统，后两种都没发挥作用。

部门级：部门实盘限额 2 亿元，当日操作限额 8000 万元，都没发挥作用。

公司级：公司监控系统没有发现 234 亿元巨额订单，同时，或者动用了公司其他部门的资金补充所需头寸来完成订单生成和执行，或者根本没有头寸控制机制。

交易所：上交所对股市异常波动没有自动反应机制，对券商资金越过权限的使用没有风控，对个股的瞬间波动没有熔断机制（上交所声称只能对卖出证券进行前端控制）。

传统证券交易中的风控系统交易响应最快以秒计，但也远远不能适应高频套利交易的要求，例如，本事件中每个下单指令生成时间为 4.6 毫秒，传统 IT 技术开发的风控系统存在巨大延迟，严重影响下单速度，这可能也是各环节风控全部"被失效"的真实原因。

四、启示

光大证券乌龙指事件给我们的启示如下：

（1）加强资金监管，注意资金使用额度的控制，并在系统中加强资金监管的监控功能和限制条件。此次事件中，光大证券面临着资金监管有漏洞、系统额度控制失效的问题。系统下单金额合计高达 234 亿元，已经远远超过了公司的自营资本金要求。光大证券规定，2013 年度自营权益类证券和证券衍生品投资规模上限为净资本的 80%，总额不超过 115 亿元。由此可见，光大证券交易系统并未成功限制套利交易系统中的超额交易。公司缺乏对一定规模以上资金异动的实时监控措施，但实际上这一点在证券交易过程中十分重要，有助于有效地控制"乌龙指"所造成的损失，从而达到有效的风险控制。

（2）加强公司内部控制和管理，避免内部控制的可控缺陷，加强前、中、后台流程中的配合和整合。此次事件发生还有一个重要的原因就是光大证券订单执行前缺乏风控这一关的把控。前台操作和中台风控未能有效地结合在一起。因此，一旦出现系统或者操作错误，中台无法实施有效的阻止措施。

光大证券 16 日的交易指令多是由投资策略部发出后，跨过风险管理部，直接进入场内交易。因此问题的发现至交易的停止之间存在延迟。因此，光大因为自营席位报盘设置上存在风控问题，程序化交易直接对接交易所系统，没有验资就委托放入大单交易而导致了"乌龙"事件的扩大。

（3）公司在新系统的开发和测试中需要加强不同风险点的测试，包括极端风险情况的测试，以保证在系统发生错误或者认为操作错误的情况下，能够有效地停止运行超出上下限条件的指令。同时，在系统正式运行的初期进行不定期的检查。此次事件发生的源头在于新研发的套利交易系统，新系统在测试期间并未发生问题，但是光大证券缺乏对极端风险的测试，并缺乏不定期检查，其实此类测试和风险排查有助于系统的稳定运行，避免系统自身出现操作错误。

（4）要加强对目前证券市场上部分风险控制缺陷的认识。事件的发生让大家认识到证券市场上部分制度和应急行为的缺失。一方面，该事件发生后，中金所、证监会以及交易所缺乏及时的风险提示，光大证券自身对外的信息披露也较为缓慢，因此信息的不对称给其他投资者带来了不小的损失。并且，光大证券在发出相关公告之前，进行了大笔的 ETF 交易和股指期货做空，所以在大众看来光大证券有内部交易的嫌疑。由此可见，因为证券市场中部分制度不完善，加上此次事件已经体现出的股市易操纵的风险，所以在证券投资中可能会无法实施有效且及时的风控措施。

参考文献

［1］光大证券乌龙指事件分析［EB/OL］. http：//stock. 10jqka. com. cn/zhishi/20150814/c580713566. shtml.

［2］光大证券乌龙指事件分析［EB/OL］. 百度文库，https：//wenku. baidu. com/view/3d84242d844769eae009ed7d. html.

案例二十五　熔断机制

一、什么是熔断机制

　　所谓熔断机制，是指对某一合约在达到涨跌停板之前，设置一个熔断价格，使合约买卖报价在一段时间内只能在这一价格范围内交易的机制。具体而言，熔断机制，就是在期货交易中，当价格波幅触及所规定的点数时，交易随之停止一段时间，或交易可以继续进行，但价格波幅不能超过规定点数之外的一种交易制度。

设置熔断机制的目的是控制交易风险。熔断机制起源于美国，从其发展历程来看，虽然形式多样，但都是以人为地设置价格限制和中断交易为特征的。美国的芝加哥商业交易所（CME）曾在 1982 年对标普 500 指数期货合约实行过日交易价格为 3% 的价格限制，但这一规定在 1983 年就被废除，直到 1987 年出现了股灾，人们才重新考虑实施价格限制制度。1988 年 10 月 19 日，即 1987 年股灾一周年，美国商品期货交易委员会（CFTC）与证券交易委员会（SEC）批准了纽约股票交易所（NYSE）和芝加哥商业交易所（CME）的熔断机制，在之后的 18 年中，美国没有出现过大规模的股灾。

　　一般来说，国外交易所中采取的熔断机制一般有两种形式，即"熔即断"与"熔而不断"。前者是指当价格触及熔断点后，随后的一段时间内交易暂停；后者是指当价格触及熔断点后，随后的一段时间内买卖申报在熔断价格区间内继续撮合成交。国际上采用比较多的是"熔即断"的熔断机制。

　　2015 年 12 月 4 日，上交所、深交所、中金所正式发布指数熔断相关规定，熔断基准指数为沪深 300 指数，采用 5% 和 7% 两档阈值。规定于 2016 年 1 月 1 日起正式实施，并于 2016 年 1 月 8 日暂停。这是中金所借鉴国外经验并根据我国资本市场的实际情况进行的制度创新成果之一。在金融期货创新发展之初，中国金融期货交易所借鉴国际先进经验，率先推出熔断制度作为其一项重要的风险管理制度，其目的是更好地控制风险。熔断机制的设立为市场交易提供了一个"减震器"，其实质就是在涨跌停板制度启用前设置的一道过渡性闸门，给市场以一定时间的冷静期，提前向投资者警示风险，并为有关方面采取相关的风险控制手段和措施赢得时间和机会。

二、熔断机制的触发

　　那么熔断机制是如何启动的呢？"熔断"有以下要求：

　　（1）启动熔断机制后的连续 10 分钟内，合约申报价格不得超过熔断价格，继续撮合成交。10 分钟后，取消熔断价格限制，10% 的涨跌停板生效。

　　（2）当出现熔断价格的申报时，进入检查期。检查期为 1 分钟，在检查期内不允许申报价格超过熔断价格，对超过熔断价格的申报给出提示。

　　（3）如果熔断检查期未完成就进入了非交易状态，则熔断检查期自动结束，当再次进入可交易状态时，重新开始计算熔断检查期。

（4）如果熔断机制启动后不到 10 分钟市场就进入了非交易状态，则重新开始交易后，取消熔断价格限制，10% 的涨跌停板生效。

（5）每日收市前 30 分钟内不启动熔断机制，但如果有已经启动的熔断期，则继续执行至熔断期结束。

（6）每个交易日只启动一次熔断机制，最后交易日不设熔断机制。

另外，当某期货合约以熔断价格或涨跌停板价格申报时，成交撮合实行平仓优先和时间优先的原则。

三、熔断机制的作用

熔断机制的作用如下：

（1）对股指期货市场的交易风险提供预警作用，有效防止风险的突发性和风险发生的严重性。从我国股指期货熔断机制的设计来看，在市场波动达到 10% 的涨跌停板之前，引入了一个 6% 的熔断点，即如果股指期货的指数点升跌幅达到 6%，那么在此后的 10 分钟交易里指数报价不能超出熔断点，这不仅为股指期货的交易者提出了警示，也为期货交易的各级风险管理者提出了警示。这时，对股指期货的交易者、代理会员、结算会员和交易所都有一种强烈的提示，使他们都意识到后面的交易将是一种什么状态，并采取相应的防范措施，从而使交易风险不会在无任何征兆的情况下突然发生。

（2）为控制交易风险赢得思考时间和操作时间。由于在市场波动达到 6% 的熔断点时，会有 10 分钟的熔断点内交易，这足以让交易者有充裕的时间考虑风险管理办法和在恢复交易之后将体现自己操作意愿的交易指令下达到交易所内供计算主机撮合成交。

（3）有利于消除陈旧价格导致的期货市场流动性下降。在出现股指期货异常波动的单边行情中，由于大量的买盘（或卖盘）堵塞会延迟行情的正常显示，从而产生陈旧性价格，这时人们所看到的价格实际上是上一个时刻的价格，按此价格申报交易必不能成交；不成交指令不断且大量地进入交易系统将造成更严重的交易堵塞，使数据的显示更加滞后。有了 10 分钟的熔断期，可以消除交易系统的指令堵塞现象，消除陈旧性价格，保证交易的畅通。

（4）为逐步化解交易风险提供了制度上的保障。当异常波动的极端行情出现时，没有熔断机制的市场会横冲直撞，通常情况下需要数月甚至一年时间的波幅在顷刻之间完成，这会打做错方向的交易者一个触手不及，一倍甚至数倍于交易保证金的账户被迅速打穿，这将增加结算难度和带来数不清的纠纷。熔断机制对于股指期货乃至整个期货市场的风险控制都是非常有效的。一个典型的例子就是，香港期交所在世界性股灾之后的 1987 年 10 月 20 日宣布停市四天，以减少股灾损失，但此举并没有收到应有的效果，累积的市场风险如溃堤之水泛滥成灾，开市之后香港恒生指数又下跌了 33%，多数会员因保证金穿仓而无法履约，违约事件频频发生，交易所几乎破产。事实上，美国股市自从 1988 年引入熔断机制之后，已经有 18 年没有发生股灾，其作用可谓功不可没。

四、熔断机制的争议

然而有利也有弊，2016 年 1 月 7 日晚，上交所、深交所、中金所同时发布通知表示，自 2016 年 1 月 8 日起暂停实施指数熔断机制。对此，证监会回应，熔断机制不是市场大跌的主因，但权衡利弊，目前负面影响大于正面效应。因此，为维护市场稳定，证监会决定暂停熔断机制。

（1）熔断机制阻碍 A 股市场效率。当 A 股熔断机制触发后，上交所将暂停股票及相关品种的竞价交易，而基金（黄金交易型开放式证券投资基金、交易型货币市场基金、债券交易型开放式指数基金除外）交易的暂停则会产生基金应付赎回资金的压力。基金每日都要结算应付赎回要求，如果股票市场停止交易，将会加大基金应付投资者赎回的流动性压力。基金为了应付赎回压力，只能以减持股票的方式应对，而这不符合熔断机制的初衷。另外，由于熔断机制的出现，当沪深指数波动达到 5% 或 7% 后，股票市场暂停或停止交易，会减少原有的市场交易时间，需要较长的时间才能实现股票市场的价格调整，牺牲了股票市场调整的效率。

（2）熔断机制损害了市场价格发现功能。熔断机制下，市场价格不能及时地反映交易者的交易意愿，容易导致价格扭曲和有效性下降。A 股的熔断机制是针对我国沪深 300 指数的波动幅度制定的暂停交易制度，然而沪深 300 指数无法体现中小市值股票的走势。当 A 股出现熔断时，中小市值股票即使在正常波动幅度内，仍然不能进行正常交易，交易暂停后对该类股票的波动反而可能产生一定的冲击，使蓝筹股的非理性增长传染到中小股，影响股票的市场价格。

（3）熔断机制在中国水土不服，关键在于中国一熔断就真断了，而在国外却不是真断。因为国外不仅有巨大的期权市场，还有巨大的场外市场，另外，国外有做市商制度，"熔断"的目的是给做市商筹集资金，做市商是有法定救市义务的。西方的熔断是借着熔断到场外交易，来完成一些市场出清的工作。中国是没有场外交易的，中国的场外交易都被定为非法，中国熔断的时候等于交易全停，不但原来的市场出清进行不下去，而且会引起新的市场恐慌和市场无法平复的不均衡，实际上是让市场的恐慌不断发酵，所以看似一样，但是制度环境不一样，最后的结果就是南橘北枳。

参考文献

［1］综述：国外如何设定"熔断机制"［EB/OL］. 搜狐网，2015 - 09 - 08.

［2］王子念. A股熔断机制利弊分析［J］. 合作与经济，2016（2）：71 - 72.

［3］李凤云. 熔断机制反思［J］. 中国金融，2016（2）：63 - 64.

案例二十六　英国诺森罗克银行挤兑事件

一、案情

2007 年，受美国次级债危机导致的全球信贷紧缩的影响，英国第五大抵押贷款机构——诺森罗克银行（Northern Rock）发生储户挤兑事件。自 2007 年 9 月 14 日全国范围的挤兑发生以来，截止到 9 月 18 日，仅仅几天的时间就有 30 多亿英镑从诺森罗克银行流出，占该行 240 多亿英镑存款总量的 12% 左右，其电话银行和网上银行业务一度出现崩溃。受此影响，几天之内诺森罗克银行股价下跌了将近 70%，创下 7 年来新低，成为英国遭遇本次信贷危机以来的最大受害者。为防止系统性银行危机的出现，英国财政部、英格兰银行（英国央行）与金融管理局先后采取了注资以及存款账户担保等救助措施，直至 2007 年 9 月 18 日，诺森罗克银行的储户挤兑情况才有所缓解，各大银行的股价也出现不同程度的上涨，银行体系的恐慌局面才得以控制。

二、原因

诺森罗克银行始建立于 1850 年，早期只是一家住房贷款协会，1997 年变成一家银行并上市。目前，该行是英国第五大抵押贷款机构，拥有 150 万储户，向 80 万购房者提供房贷，可谓规模庞大。2007 年上半年，诺森罗克银行新增的抵押贷款额占全国新增总量的 18.9%，排名居英国第一。然而，曾经是房贷市场佼佼者的诺森罗克银行，缘何会陷入挤兑危机呢？除了上述英国经济金融环境的不利因素之外，还可能是以下几个因素造成的：

（一）融资过于依靠批发市场

与其他银行资金主要来自储户不同，尽管诺森罗克银行在 1997 年已经转变为一家上市银行，但是其大部分资金仍来源于金融机构。在诺森罗克银行的资金中，由零售存款业务所获的资金不足全部的 1/4，而超过 3/4 的资金来自批发市场，即通过同业拆借、发行债券或卖出有资产抵押的证券来融资，而 75% 的比例远远高于英国其他几大抵押贷款公司。其中，英国最大的抵押贷款机构——HBOS 的这一比例也仅为 43%。鉴于零售存款融资的稳定性，资金绝大部分来源于批发市场的诺森罗克银行也就更容易受到市场上资金供求的影响。

（二）资产负债的利率缺口过大

批发市场和住房贷款市场不同的定价机制，加大了诺森罗克银行的利率缺口。无论是发行债券还是住房贷款的资产证券化，它们都是依据市场上 3 个月的 Libor 来定价的。然而，诺森罗克银行的住房抵押贷款则是按照英格兰银行的基准利率来发放的。这种投融资的定价方式在货币市场利率大幅高于官方利率时会造成银行损失。在诺森罗克银行的资产中，发放给消费者的抵押贷款达 967 亿英镑，占总资产的 85.2%。据估计，在这 960 多亿英镑的抵押贷款中，有 120 亿英镑是直接暴露在这种利率缺口风险之下的。这也就是说，Libor 每超过基准利率一个基点，诺森罗克银行每年将多支付 1200 万英镑。

（三）银行原有的融资渠道受阻

更糟糕的是，从 2007 年 7 月开始，受美国次贷危机造成的全球货币市场流动性紧张的影响，主要靠批发市场来融资的诺森罗克银行已经很难再获得稳定的融资渠道。市场分析人士指出，为了达到 2007 年初预定的增长目标，在未来的 12 个月里诺森罗克银行需要筹资 100 亿英镑并再融资 80 亿英镑。这些资金只能通过抵押贷款资产的证券化来筹集，但现在的问题是，由于受到美国次贷危机的影响，投资者已经对抵押资产失去了兴趣。而且，即便是没有受到美国次级债务危机的影响，英国次级债市场上的恐慌也会逐渐暴露。事实上，英国投资者的流动性恐慌在西布朗明奇房贷协会（West Bromwich Building Society）事件上已经表露无遗，后者发行的资产证券化产品因为无人购买而不得不被取消。可以看出，英国信贷市场的大门已经开始关闭，而这对于主要依靠信贷市场来融资的诺森罗克银行来说是致命的打击。

（四）2007 年上半年以来经营收益下降

资产负债利率缺口的扩大以及流动性不足导致的贷款业务放缓都降低了银行经营的收益，而引起储户挤兑的直接原因也许就是诺森罗克银行预期收益的下降。尽管 2007 年上半年诺森罗克银行在抵押贷款市场上的份额大幅增加，从 2006 年下半年的 14.5% 上升到 18.9%，总资产也比一年前增长了 28%，但是其利润并没有显著地上升。2007 年上半年，诺森罗克银行的税前利润不足 3 亿英镑，与上年同期相比几乎没什么变化。资产大幅增加而盈利不增，足见银行经营收益下降的事实。在 2007 年 9 月 14 日，诺森罗克银行又发出盈利预警。其指出，利率的升势出乎意料，信贷萎缩问题导致资产增长放缓，预计 2007 年的税前利润将比预期低 20% 左右。这一消息的公布也直接引发了当日大范围内的储户挤兑。

（五）投资美国次级债带来损失

事实上，诺森罗克银行在美国次级债券市场上的投资并不多，仅占其全部资产的 0.24%，大约有 2.75 亿英镑，其中 2 亿英镑投资在美国的债务抵押债券（CDO），0.75 亿英镑投资于房产抵押担保证券（HEMBS）。而且这些有价证券的持续期小于两年，不会对 2006 年或 2007 年的放贷产生影响。尽管相对于总体资产来说损失不大，但这在诺森罗克银行的有价证券投资中已占 40% 的份额，而这对市场上投资者的心理影响效应可能更大。

三、启示

英国的银行挤兑恐慌虽然暂时得以平息，但这次危机给我们带来了以下几个方面的警示：

（一）要严格监控房地产市场泡沫所带来的金融风险

这次英国版的次贷危机，除了受国际环境的影响外，主要原因之一就是国内房地产市场的泡沫。随着英国房价不断攀升，抵押贷款公司发放了大量的住房抵押贷款，而且这些住房抵押贷款的审慎性评估不足，结果是金融体系隐藏了大量的风险，一旦房价增长减缓或房价下跌，则难免形成大规模的坏账。我国房地产市场也存在增长过快的问题，因此要严格监控商业银行按揭贷款的风险，提高商业银行发放住房按揭贷款的审核标准。

（二）要密切关注金融创新过程中的金融风险

住房抵押贷款的证券化是这次全球次贷危机的"罪魁祸首"，尤其是那些次级贷款的证券化资产。然而，在美国次贷危机爆发之前，贷款的证券化作为重要的金融创新产品一直被人们所称道，以致人们忽视了其存在的风险。在英国，不少银行和抵押贷款机构通过发放房贷—房贷的资产证券化—再发放房贷的方式来经营，但是，当房地产贷款的风险增加时，投资者就会对银行发行的住房抵押贷款证券失去兴趣，经营住房抵押贷款的银行或抵押贷款机构也就会出现流动性的危机。我国的资产证券化业务还处于发展初期，对于资产证券化过程所带来的风险要密切关注。

（三）要提高监管当局对金融风险的预见能力

在 2007 年 9 月之前，英国央行实施"无为而治"，一直拒绝向金融体系注入资金，即便是在全球大部分央行都向银行注资的情况下也无动于衷。结果，当英国银行体系的流动性危机造成恐慌时，英国当局才不得不采取措施甚至是极端的措施来干预，英国央行也不得不改变初衷，多次向银行体系注资。这不仅因错过最佳的干预时期而付出了更大的成本，而且央行出尔反尔的出资举动也给其自身带来了"信心危机"。因此，金融监管当局要加强金融体系内风险的监测和分析，提高对金融体系风险的预测能力，尽量把危机化解于初始阶段。这次危机中，美联储和欧洲央行的及时干预做法就值得我们借鉴。

（四）要合理设计存款保险制度

存款保险制度设计的初衷就是保护存款人利益，防范银行挤兑，进而维护金融体系的稳定。但是，在英国这次银行挤兑事件中，我们并没有发现存款保险机构发挥作用，存款保险对存款人信心的提升作用也无从体现，银行存款挤兑是在得到财政部的全额偿付的承诺后才得以缓解的。然而，财政部对储户存款全额偿付的承诺无疑会增大市场中的道德风险，为以后的金融稳定埋下隐患。存款保险缺位的原因主要是，英国的存款保险制度仅仅是一种"付款箱"机制，它并没有金融检查权和防范金融机构倒闭的及早干预机制，只能在金融机构倒闭后来收拾残局。可见，这一"付款箱"机制在提升储户信心、防范银行挤兑方面是无效的或者说是效果不大的。因此，在我国建立存款保险制度时，应考虑给予存款保险机构一定的监管和救助职能。

（五）要加强各部门的协调合作

在银行挤兑爆发前，英格兰银行和金融管理局缺少必要的沟通，结果造成各方出于各自的考虑没有及时向银行体系注资。而在银行挤兑爆发后，英格兰银行、英国财政部以及金融管理局的联合行动对于控制金融体系的恐慌起到了非常大的作用，这种一致行动在危机处理中尤为重要。这方面的教训和经验，也是我们要吸取和借鉴的，我国央行和金融监管部门要加强部门间的协调和合作。

参考文献

谢非．风险管理原理与方法［M］．重庆：重庆大学出版社，2013．

案例二十七　中信泰富炒汇巨亏事件

一、案情

2008 年 10 月 20 日,香港恒指成份股中信泰富突然惊爆,因投资杠杆式外汇产品而巨亏 155 亿港元!其中包括约 8.07 亿港元的已实现亏损和 147 亿港元的估计亏损,而且亏损有可能继续扩大。中信泰富两名高管即时辞职,包括集团财务董事张立宪和集团财务总监周至贤。莫伟龙获任集团财务董事,负责集团财务及内部监控。

2008 年 10 月 21 日,中信泰富股价开盘即暴跌 38%,盘中更一度跌至 6.47 港元,跌幅超过 55.4%,当日收报于 6.52 港元,跌幅达 55.1%,远远超过业界预计的 20% 左右的跌幅。

2008 年 10 月 22 日,香港证监会确认,已经对中信泰富的业务展开调查,而由于中信泰富的股价在两天内已经下跌近 80%,联交所公布的公告显示,中信泰富主席荣智健及母公司中信集团,于场内分别增持 100 万股及 200 万股来维持股价稳定。

2008 年 11 月,香港中信泰富在炒外汇衍生工具录得巨额亏损后,终于获母公司北京中信集团出手相助。中信集团向中信泰富授出 116 亿港元的备用信贷,认购中信泰富发行的可换股债券,承担中信泰富外汇累计期权合约的损失。

2009 年 3 月 26 日,中信泰富公布 2008 年全年业绩,大亏 126.62 亿港元,董事会主席荣智健强调集团财政状况仍稳健,暂时无供股需要。

2009 年 4 月 3 日,中信泰富继早前被香港证监会调查后,再度接受警方调查。警方商业罪案调查科前往中信泰富总部调查,在逗留一小时之后运走大批文件。

2009 年 4 月 8 日，中信泰富在港交所网站发布公告称，荣智健卸任中信泰富主席，由北京中信集团副董事长兼总经理常振明接任。

二、原因

由于参与澳元期权的对赌，荣智健主政的中信泰富发生了 155 亿港元的巨额亏损。这位以斐然经营业绩颠覆了"富不过三代"商业定律的"红色资本家"后代不仅因此丢失了中信泰富的最高管理权杖，而且可能面临着长达 14 年的牢狱之灾。从 30 余年商战风雨中走过来的荣智健为何如此惨败，扼腕叹息之余，人们更多的是诘问与思索。

（一）加框效应：高估收益头寸

加框效应是指在进行投资决策时，对低概率事件作出过高的期望，从而使投资者愿意承担更大的风险。加框效应的实质是没有看到真正的输赢概率，降低了对损失可能性的估计，提高了对盈利可能性的估计，因此选择了与市场方向完全相反的决策。

由于特种钢生产业务的需要，中信泰富 2006 年动用 4.15 亿美元收购了西澳大利亚两个分别拥有 10 亿吨磁铁矿资源开采权公司的全部股权。这个项目使得中信泰富对澳元有巨大的需求。而为了防范汇率变动带来的风险，中信泰富在市场上购买了数十份外汇合约，即中信泰富把宝完全押在了澳元多头上。在荣智健看来，澳元在最近几年的持续升值趋势还将保持，做多澳元肯定会盈利。然而，一场全球金融海啸最终让澳元飞流直下。对澳元价值前景的误判导致了荣智健决策的失误，并最终让中信泰富付出了惨痛的代价。

（二）投入升级：误判市场风险

投入升级主要是指投资决策者为了证明自己最初选择的正确性，进一步向已经存在较大风险或者证明可能失败的地方继续追加新的投资，希望能够弥补过去的损失，并最终获得盈利。投入升级实际上是投资者对未来获取高额收益的期望和即使在低概率条件下运气也会改变的信念相结合的产物。

中信泰富买入澳元期权合约共 90 亿澳元，比实际矿业投资额高出 4 倍多，并且其买入行为也不是一次完成的，而是采取分批买入的方式。应当说，如果中信泰富在投资澳大利亚磁铁矿时世界经济正处于上升时期的话，做多澳元完全可以理解；可问题的关键在于，荣智健密集买入澳元的时段为 2007 年 8 月到 2008 年 8 月，而此时全球经济已经出现了危险征兆，特别是在 2008 年，所有不同经济体的衰退趋势非常明显。在这种情况下，尽管中信泰富已经发生明显亏损，却仍在一味做多澳元。之所以如此，就是因为荣智健认为澳元跌势已经见底，并试图通过追加投资挽回前面的损失，结果窟窿越填越大。低估世界经济尤其是澳大利亚经济下行的风险，甚至某种程度上对澳大利亚经济做出过于乐观的预期，使中信泰富最终尝到了刀刃上舔血之苦。

（三）少数人统治：群体决策缺陷

由于现代投资市场的高风险以及决策规范化和民主化的要求，国际上许多大型金融企业都实行群体决策制度，如董事会制、委员会制等。但是，对于一个组织而言，如果高层管理者中存在一个特殊人物，群体决策就会陷入少数人统治的境地。

对中信泰富的组织成员构架和决策过程进行分析后发现，该公司具有明显的"少数人统治"的特征：一方面，荣智健对中信泰富拥有非同常人的"钳控力"，如其身上存在一个极具分量的标签——荣氏家族第三代传人，同时其还是中信泰富的缔造者，这种特殊的背景造就了荣智健在公司重大投资决策中的特殊话语权，某种程度上他可以影响和支配决策集团中其他决策成员的思想与态度；另一方面，中信泰富高层存在着明显的"内聚力"现象，即主要决策者之间相互吸引或者彼此喜欢的程度很强。其中以公司董事总经理范鸿龄、公司副董事总经理荣明杰、公司董事兼财务部部长荣明方三人与荣智健的关系最具代表性。范鸿龄与荣智健一起打下了中信泰富的江山，并追随荣智健 20 多年，形成了对荣智健"铭感于心"的特殊情感，而后两者分别作为荣智健的长子与爱女更是对父亲遵从有三。显然，无论是"钳控力"还是"内聚力"，两种力量都最终可能导致对荣智健个人决策权监督的失控。

（四）英雄不败：胜利思维变异

依据组织行为学有关理论，组织中核心成员和决策者往往持有这样的假设：自己就是因为过去的能力和业绩突出才能进入组织管理层，所以今后仍然不会作出错误的决定，甚至整个组织都认为该核心成员和决策者都不会犯错。

观察荣智健的经商过程，人们发现其不仅顺风顺水，而且业绩持续显赫。1978 年荣智健只身南下香港，创办爱卡电子，仅仅经营了 4 年之后，就净赚5600 多万港元。紧接着，荣智健东进美国加州创办了另一家提供电子计算机软件辅助服务的自动设计公司，一年之后，该公司成功上市，两年后，荣智健卖掉公司的六成股权，而此时他的财富已膨胀到了 4.3 亿多港元。1986 年，荣智健加入中信香港公司，并出任副董事长兼总经理，在接下来五年不到的时间内展开了一系列不凡的资本并购：以 23 亿港元收购英资企业香港国泰航空公司 12.5% 的股份；出资 3 亿多港元收购了泰富发展 49% 的股权，不久又通过资产注入将其在泰富集团的股权扩至 85%；出资 69.4 亿港元吞下恒昌 36% 的股权等。

如果从 1987 年开始运作并购国泰航空开始计算，短短 5 年内中信泰富市值暴涨了 10 倍，达到 87 亿港元。几乎从来没有失败记录的荣智健既在众人眼中形成了英雄不败的高大形象，也在自己头脑中培养了出手必胜的惯性思维，以至于在全球金融危机之下、澳元兑美元汇率达到 0.95 的顶峰之际也敢接盘做多。

（五）官方兜底：忧患意识淡薄

产权经济学认为，国家控股企业由于事实上割裂了产权所有者和产权经营者的利益链条，不仅淡化了后者对前者的责任意识，而且也放松了经营者对市场的风险意识。因为在国有化的制度安排中，风险的最终承接者是政府。

扫描荣智健经营中信泰富的历史，笔者也发现了外部经济环境的冲击对其构成生存性危机的事实。1998 年亚洲金融危机期间，中信泰富不仅主营业务受到威胁，股票在二级市场更是风雨飘摇，但最终来自中信集团（中信泰富控股者）的 10 亿港元贷款支持让荣智健转危为安。也正是基于这一次中信集团的慷慨态度，当荣智健跌倒在"澳元门"事件上时，其再一次向中信集团伸出了求救之手。笔者并不否认中信集团在每一次危机之时伸手援救中信泰富的必要性，毕竟后者是前者在香港的一个重要资本运作平台，然而，也许正是背靠着官方这棵不倒的大树，以为政府具备了强大的风险分解能力，荣智健才敢大胆压赌，孤注一掷。

三、启示

中信泰富炒汇巨亏事件给我们的启示如下：

（1）要控制境外衍生品的交易风险，政府相关部门在加强监管的同时，应出台相应的规定文件，对于那些已经造成巨额损失的企业负责人及相关责任人要进行严厉的处罚。如果不处罚，就会导致更多的企业冒风险去违规。

（2）香港警方之所以对中信泰富大动干戈，是因为怀疑公司董事作出虚假陈述，董事之间可能存在串谋欺诈。信息的发布不及时会侵害不知情的中小投资者利益，香港证监部门介入调查中信泰富事件同样也是基于这样一个切入点，由此可见，信息披露机制的严格执行，对于维护中小投资者利益至关重要。

（3）央企由于身份特殊，在海外成熟市场会接受比较严格的监管。同样地，在国内主板市场需要采取更为严格的标准对其进行监管。尤其涉及央企的重大经营和重组事件时，监管部门和国资委要监督相关上市公司按要求及时发布公开信息。一旦发现存在违反规定的行为时，要像香港市场一样对央企一查到底、不留情面，维护中小投资者的利益。

随着市场经济的深化、金融市场的逐步国际化，衍生金融工具也必将在我国迅速发展起来。因此，我国必须完善法规制度，使企业在投资衍生金融产品时有据可依、有章可循，应对高风险的投机业务实施必要的风险控制，以避免类似事件的再次发生。

参考文献

卢亚娟. 金融风险管理案例集［C］. 南京审计学院，2009.

案例二十八　中国金属旗下钢铁
公司破产

一、案情

　　2008年10月9日，新加坡上市公司中国金属发布公告称，公司有一笔约7.06亿元人民币的流动资金贷款已经到期，但是无力偿还。公告还披露，公司累计负债52亿元人民币左右，旗下5家子公司已经全面停产。中国金属下属的科弘等子公司均为高端钢材加工企业，2003年在钢铁行业景气度持续提升的推动下，这些企业通过多渠道融资方式开始盲目举债扩张，到2008年下半年，钢铁行业进入下降周期，致使中国金属资金链断裂，最后宣布破产。

　　中国金属是常熟市第一家上市公司，于2005年5月登陆新加坡主板。其麾下双赢集团和卓越控股分别投资了星岛系（星岛、星海、星宇）的多家公司以及常熟科弘材料科技有限公司。

　　中国金属旗下子公司的破产事发突然。2008年10月8日上午，常熟科弘材料科技有限公司（以下简称科弘）通知其员工即日起全厂放假。当日，根据浦发银行常熟支行、中国银行常熟支行提出的财产保全申请，常熟市人民法院决定立即冻结科弘银行账户2.71亿元存款并查封、扣押等值财务。之后，中国金属的其他5家控股公司常熟星岛新兴建材有限公司（以下简称星岛）、常熟星海新兴建材有限公司（以下简称星海）、常熟星宇新兴建材有限公司（以下简称星宇）、常熟常钢板材有限公司以及泓洋港口都已被法院查封全部资产。

　　科弘的8名高管和10余位主要中层共20人已在10月7日晚间包车开往上海浦东机场，不知去向。就在当晚，常熟市委常委就此事召开紧急会议。此次事件司法介入的主要原因是该公司大量欠款，资金流被冻结，债权方要求保全。中国金属并未在公告中具体透露贷款涉及哪些银行。但根据公司 2006 年和 2007 年年报，主要贷款银行包括花旗集团、中国建设银行、中国农业银行、华夏银行以及德国商业银行。

二、原因

（一）行情判断有误，盲目扩张酿成悲剧

科弘注册资本 2.1 亿美元，实到资金 1.3 亿美元，员工 3000 人，经营范围为生产销售镀锌不锈钢板、彩涂不锈钢板、新型建筑用墙体材料及配套件。自 2002 年底建立以来，该公司年销售额一直保持在百亿元以上，是常熟市的利税大户，跻身"2008 年中国制造业 500 强"，列第 373 位。

科弘起步之时正值国内钢铁行业开始升温。2003 年以来，国内房地产、汽车、家电等行业增长速度持续加快，出口增速迅猛，导致相关机械设备需求量快速上升，并带动了对于钢材，尤其是中厚板等高技术含量钢材的需求。在这种背景下，2005 年前后我国主要钢铁企业、一些海外资金及民间资本纷纷投资上马建设高技术含量钢材生产线。在此背景下，科弘刚刚投产就获得了巨大成功。

以董事长佘春太为首的公司高层十分看重企业发展速度，在一期投产取得较好的经济效益后，科弘又在常熟经济开发区成立了常熟星岛新兴建材有限公司，投资主体为双赢集团。星岛主要生产建筑用厚型镀锌钢卷，年产量达 30 万吨，主要销往中国大陆市场和欧洲、北美等地区。该企业同样获得了成功。至此，科弘走上了永无止境的扩张道路。就在 2008 年 8 月 26 日，中国金属还曾发布公告称，将通过全资子公司双赢集团追加 4000 万元的资金用于其子公司科弘的运营资本需要。利用这笔资金，科弘三期生产线在 2008 年 5 月完工。

据粗略统计，在 2003 ~ 2008 年这 5 年间，科弘共上马了多达 9 期的扩建项目。与此同时，在 2005 ~ 2008 年的 3 年时间内，佘春太先后组建或兼并了常熟星海新兴建材有限公司、常熟星宇新兴建材有限公司、常熟常钢板材有限公司等 4 家同类企业，并联合星岛和科弘成立了中国金属。2005 年中国金属在新加坡主板上市，注册资本为 1.09 亿元，上市不久即获得了美国花旗银行属下财团 1.6 亿美元的融资，国内银行也因此给予了其近 2 亿美元的配套融资。

然而，钢铁行业周期性特征明显，2008年下半年开始，国际经济形势持续恶化，国内需求大面积缩水，钢材市场行情急转直下，价格出现大幅下滑，已经跌至2007年5月的水平。像科弘这样的钢铁中游企业产品价格可能已经低于其原材料的采购价格。于是，激进的扩张策略导致科弘的资金链断裂，被迫停产。

（二）多渠道激进式融资模式

由于扩张心切，并且前期钢材市场行情一直较好，科弘和星岛希望资金能快速周转，于是开始利用自己工厂的平台不停地寻找能够循环的资金。多渠道激进式的融资成为了科弘和星岛致命的另一个重要因素。

科弘作为钢材深加工企业，上游主要是能提供原料的各大钢厂，下游则是众多钢材贸易商。由于上游大型钢厂的议价能力较强，要求下游必须签订长期供货协议，并且压3000万元保证金。与上游钢厂的长期协议是勒住常熟科弘和星岛颈脖的命门之一，于是和下游贸易商开展国际信用证融资合作成为科弘解决资金问题的一个主要模式。科弘与贸易公司之间的交易模式分析可以以宁波宁兴公司为例，科弘海外公司开了信用证后，通过宁兴国内公司向上游钢厂（如宝钢等）购买原材料来供给科弘，科弘国内企业在生产加工过程中不付原材料货款，因为将最终采购信用证给了宁兴海外公司，科弘在生产完毕后，宁兴海外公司得到生产产品，通过信用证的开证卖给科弘海外公司，于是宁兴海外公司获得货款。宁兴海外公司再将出口货款付给科弘国内公司，科弘国内公司将原材料采购成本还给宁兴国内公司，同时支付代理费给宁兴国内公司。

通常这种融资模式都会有抵押物，但是科弘和宁兴的交易没有抵押物，全程靠宁兴垫资，科弘没有出钱。使用国际信用证的好处是，开证不用钱，只要银行额度；用国内公司的话，国内的承兑汇票等都是要钱去押着的，而且会用到公司的人民币贷款额度。国际信用证不占用贷款额度，只与银行授信有关。这样的融资模式并不是每家贸易公司都可以做到。市场行情好的时候，这种模式收益率较高，但是高收益同时就意味着高风险，科弘的失败就说明了这种融资模式的弊端。

三、启示

科弘破产事件绝对不是偶然事件，在钢材市场整体下行的时期具有普遍性，银行应该从中发现可能存在的风险，更重要的是借鉴宝贵经验，制定防范风险的策略。

（一）尽管高端钢材毛利率较高，但市场风险较大

2008 年下半年，钢价触顶，伴随下游需求大幅减少，钢价一路下挫。10 月 6 日至 10 月 10 日，国内钢材价格出现暴跌，平均跌幅在 12% 左右。其中，建筑钢材下跌 10.35%，中厚板下跌 12.75%，冷轧下跌 9.63%，热轧跌幅高达 16%。由于国家控制产能过剩的低端钢材，鼓励高端品种发展以替代进口，从 2007 年开始，中厚板、冷轧薄板等汽车、机械、船舶用的中高端钢材产能扩张速度加快。再加上这类产品毛利率较高，又符合产业发展政策，因此也是银行重点支持的对象。

（二）关联企业的应收账款回收压力增大，银行应关注其现金流

科弘是江苏省钢铁中游企业中信用评级较高的一家公司，与国内许多贸易公司都有往来。例如，宁波宁兴、浙江远大等国内主要贸易公司均为科弘进行过信用证融资，也均难逃借款无法回收的压力。

此外，还有为科弘及其关联企业的一系列扩建项目垫付巨额资金的工程、设备外包商，一旦科弘破产，这些企业获得偿付的比例会很低。据媒体披露，这些企业中有一家金额较大的债务高达 3 亿元。高额应收账款无法回收，将给这些企业，特别是小型贸易企业的资金周转带来巨大压力，进而破坏整条资金链也不无可能。银行在处理自身债务问题的同时也要关注破产企业上下游债券企业的现金流动向。

（三）注意远期信用证业务的风险防范

一方面企业对远期信用证业务的需求越来越大，另一方面远期信用证又潜藏着比即期信用证更大的风险。因此，只有严加防范，才有利于远期信用证的健康

发展。

（1）按制度办事，从严审查远期信用证业务。防范风险的关键在于开证行严格按照内部规章制度对开证申请人做全面的审查：①审查开证申请人资格及开证条件。②调查开证申请人的近期业务经营状况，资产质量及负债状况、信用等级，已开证未付汇情况记录及原因等。③审查开证担保人的合法性、经营状况、盈利情况、负债状况和资产流动性情况。④了解受益人的资信情况、生产能力及以往的业务合作情况，尤其对金额较大的信用证交易，更要加强对受益人资信的调查。因为受益人的资信直接影响到此笔业务的成败。有的受益人伪造单据进行诈骗，出口货物以次充好、以少充多或与进口商相互勾结联合欺骗银行。因此对受益人资信的调查也尤为重要。

（2）加强保证金管理，贯彻统一授信制度。对远期信用证必须落实足额保证金或采取同等效力的担保措施。保证金收取比率与进口商资信、经营作风、资金实力及进口货物的性质和市场行情有着密切关系。对风险较大的必须执行100%甚至更多保证金。对保证金必须专户管理，不得提前支取或挪作他用。

（3）严格付款期限及进口商品的审查。远期信用证虽是银行对企业的贸易融资，是为解企业燃眉之急而为，但企业应该是专款专用，逐笔收回，不能周转的。一个业务流程结束后，应该归还银行，企业再使用时再申请。如果一个进口商一个完整的生产周期是90天，两个月的投料生产加工加上一个月的销售回款期，那么他的开证申请为180天或360天都是不合适的，应该压缩远期期限，减少银行风险。同时对进口商进口热门敏感商品，开证行也更应谨慎，必须确认进口商有进口合法途径和方式，增加保证金比例，并落实相应的风险防范措施，同时对许可证商品在开证前要核验许可证的真实性。

（4）重视对远期信用证的后期管理。首先，要重视改证。有的银行开证时严格把关，但在信用证开出后，对其修改放松了警惕，最终导致业务风险发生。因此，对信用证的修改，尤其是对增加金额、延展效期、修改单据和付款条件等都应该像开证时一样严格。其次，注意收集有关进口商的负面消息。有些银行收单经申请人承兑后，就把卷宗束之高阁，专等到期申请人付款，一旦进口商在此期间出了问题，银行的风险也随之而来。因此，要注意对进口商的跟踪，及时掌握进口商的销售、经营、财务等情况，要了解进口商是否有因违反国家有关规定被处罚或吃官司，甚至要赔偿大笔款项之类的情况，以便及早做出反应，采取相应的措施。

参考文献

卢亚娟．金融风险管理案例集［C］．南京审计学院，2009.

案例二十九 联想收购 IBM 个人
电脑的风险

业界分析联想并购 IBM 的动因时一般认为有以下几个方面：第一，扩展海外业务，获取世界一流品牌，借助 IBM 的品牌提升国际地位和形象；第二，获取 IBM 一流的国际化管理团队；第三，获取 IBM 独特的领先技术，并购 IBM 的个人电脑事业部后，能得到更丰富、更具竞争力的产品组合；第四，获得 IBM 的研发和技术优势，并获得 IBM 遍布全球的销售渠道和销售体系以及国际化公司的先进管理经验和市场运作能力。

但是舆论普遍认为，完成收购业务后，联想在未来几年中将承担很大的风险，其整合工作将异常艰巨。柳传志也曾谈到，联想进行国际并购整合时将遇到三类风险：第一类是大客户风险，在 IBM 的个人电脑业务被联想并购后，原来购买 IBM 产品的大客户是否认可联想？是否相信联想的技术实力和服务能力？是否还会继续购买被联想并购的原 IBM 产品？第二类是员工风险，原 IBM 员工是否认同联想的管理？是否接受联想的文化？是否愿意继续为新联想服务？第三类是业务整合、企业文化磨合的风险，联想能否充分发挥原 IBM 业务与原联想业务各自的优势，并形成新的业务优势？

而事实上，联想所遇到的风险远不止这些，如政治风险。2006 年 3 月，联想在美国政府采购中拿下大单后，美中经济安全审查委员会以"使用联想 PC 会对美国国家安全产生灾难性后果"为由，提出强烈反对，并将意见提交国会。美国政府因此调整了原来的采购计划，将不在涉及国家机密的部门网络中使用联想提供的 PC 产品，还宣布将修改政府采购流程。美国政府修改采购流程将对联想的全球品牌声誉造成严重伤害。因为一旦成为事实，就会传递给消费者一个负面信号，即被联想并购的 Think 品牌与原来 IBM 的 PC 存在较大的差异。这可以被认为是联想所遭遇的系统风险之一。

在本案例分析中，将从联想并购 IBM 个人电脑的非系统风险角度分析联想并购的风险及其应对措施。

（一）员工风险及其应对措施

IBM 个人电脑业务部门中经验丰富的员工，尤其是约 800 名长年奋斗在销售第一线，手中握有大量重要级客户的优秀人才给联想并购成功加上了砝码。而能否有效地把这些核心人才留下来，是联想面临的严峻问题。

首先，文化差异。中西方员工会由于根深蒂固的文化习惯不同而产生需要磨合的问题。

其次，员工心理压力。IBM 个人电脑业务部门有近万名员工，分别来自 160 个国家和地区，并购后他们一时间很难接受联想的中国式企业文化及其经营理念，而且联想和 IBM 在业界的地位和实力相去甚远，员工难免会产生失落感以及对未来的不确定等负面情绪，这可能引发员工集体出走。为了留住优秀的海外员工，同时安抚老员工，联想采取了以下措施：在企业文化融合过程中，有效的沟通是非常重要的。杨元庆提出联想高层员工要注意三个词：一是坦诚，二是尊重，三是妥协。为促进联想不同国籍员工之间的文化融合，联想以实际行动来证明他们对人才的重视，并购完成后的头 18 个月，联想在人才、文化整合方面采取的措施有加强沟通、改用英语为官方语言、跨文化培训等。对高层管理人员和核心技术人员则认真宣讲公司愿景，给予高级员工充分的施展空间，并承诺在一定期限内保证老员工的各种收入、福利、工作环境等与其在 IBM 时相同，联想还通过宣布不裁员来稳定员工心态，而 IBM 高级副总裁兼 IBM 个人系统部总经理史蒂芬·沃德留任收购完后的联想的 CEO，这在一定程度上使原 IBM 的员工有些许亲切感。

（二）资金风险及其治理

联想收购 IBM 的个人电脑业务需要大量的资金，而联想并购前全年营业收入为 29 亿美元，利润为 1.44 亿美元。联想的财务风险主要表现在：联想并购 IBM 付出了 17.5 亿美元的成本代价，再加上股票和负债，联想此次收购所付出的实际成本已经达到了 24.55 亿美元，而且 IBM 现有 PC 部门一直处于亏损状态，这可能会造成原联想的短期利润下滑。联想的总债资本比率已由 2004 年极低的财务杠杆上升至 29.1%。联想本次的收购大部分通过银行贷款以及发行新股筹集资金，使其承担了大量债务，资产负债表也因此而恶化。联想向战略投资者发行了大量的可转换优先股，这些优先股可以赎回，且每季都须支付现金股利。针对以上风险，联想采取了以下措施：联想在高盛和 IBM 的帮助下，与以巴黎银行、荷兰银行为首的 20 家中外资银行签订了 6 亿美元的融资协议（其中 5 亿美元为定期贷款），用于收购支付的现金。2005 年 3 月，联想又获得了美国三大基金（得克萨斯太平洋集团、泛大西洋集团及美国新桥投资集团）3.5 亿美元的战略投资（1.5 亿美元作为收购资金，2 亿美元作为日常营运之用）。这两笔交易确保了联想对 IBM 个人电脑业务的顺利收购，同时也使联想有足够的现金维持企业运作。[①]

（三）客户流失风险及其治理

原 IBM 庞大的个人电脑用户群是联想最为重视的。IBM 个人电脑业务每年可以创造将近 100 亿美元的销售收入，联想当然希望并购后能继续保持这份成果。联想客户流失风险来源包括：IBM 个人电脑业务的主要客户为企业团体，联想的个人电脑业务客户有六到七成为个人消费者，每年美国政府及其他官方组织在 IBM 有 10 亿美元的固定订单，这笔业务约占 IBM 个人电脑业务的 10%，但是，美国政府一直实行压制中国经济的对华政策，这将导致美国政府的 PC 采购转向其他美国供应商，也就是说这部分的订单极有可能流失。联想收购后尽管 IBM 和 ThinkPad 的品牌依旧存在，但是联想管理的 IBM 和 ThinkPad 品牌是否还能保持原有的口碑值得怀疑。毕竟联想在国际市场上毫无知名度，在美国人眼里 Lenovo 是一个低端品牌，如果顾客不认可贴上了联想标志的 ThinkPad 品牌，那么他们会转而购买惠普、华硕等品牌。

新联想对客户流失风险是有预期的，所以努力做好客户安抚工作，向客户说明情况，与大客户进行交流和沟通，让新老客户真切地认识新联想，了解新联想，对新联想重新定义。联想和 IBM 建立了广泛的、长期的战略性商业联盟；全球销售、市场、研发等部门悉数由原 IBM 相关人士负责，联想的产品也通过那些从 IBM 加盟到联想的 PC 专家进行销售。将总部搬到纽约，目的是把联想并购带来的负面影响降到最低；IBM 通过其现有的近 3 万人的企业销售专家队伍，并通过 ibm. com 网站，为联想的产品销售提供营销支持，创造更多的需求。同时，联想开始大力开掘俄罗斯、印度等新兴市场，并加紧夺取成熟市场上的中小企业用户。

---

① 根据这一投资协议，联想集团将向得克萨斯太平洋集团、美国新桥投资集团发行 2730000 股非上市 A 类累积可换股优先股，以及可用作认购 2374147474 股联想股份的非上市认股权证。该交易总金额为 3.5 亿美元，其中，得克萨斯太平洋集团投资 2 亿美元、泛大西洋集团投资 1 亿美元，美国新桥投资集团投资 5000 万美元。这笔巨资的进入为新联想未来发展上了一份大大的保险。

（四）品牌整合风险及其治理

联想并购前的路线是走中低端市场，这与 IBM 旗下的 ThinkPad 的高端产品形象是不匹配的，联想要成功地将这两种品牌进行整合的风险在于：联想只拥有 IBM 品牌 5 年的使用权，所以联想要在短短 5 年时间内完成高端品牌建设。在 5 年的时间内用自己公司的品牌价值挽救 Think 品牌，这意味着联想要付出比 17.5 亿美元多得多的代价。IBM 的品牌是值得所有使用 PC 的消费者所信赖的，但 ThinkPad 是 IBM 的子品牌，而且 ThinkPad 并没有自己的品牌根基，它一直依赖 IBM 在 PC 界的权威。当这个 Think 的商标被转给了联想，它就不再背靠一个强大的主品牌，而是成为了联想的一个子品牌。当它不再属于 IBM 之后，这些忠实的顾客是否会继续保持对 ThinkPad 的忠诚度还值得商榷。一旦失去了 IBM 品牌，缺少了 IBM 品牌的支持 Think 商标将黯然失色，很多客户将可能转向美国或日本品牌。

对此联想采取的措施有：①营销战略。联想为冬奥会提供了近 5000 台台式电脑、600 台笔记本、近 400 台服务器、1600 台桌面打印机以及技术支持和服务。②战略联盟。联想集团与可口可乐公司结成市场战略合作伙伴关系，就共同助力北京 2008 年奥运会签署了合作意向。同时，双方将在未来充分利用品牌、渠道及营销等综合优势，联合发动一系列大规模的合作推广活动，在品牌建设和市场拓展上谋求双赢。③精确定位。Think 系列将保持传统的设计风格，继续面向商业客户，定位为终极商务工具，Lenovo 系列则定位为用户的明智之选，面向企业和个人用户，并与 Think 系列的设计风格完全不同。

参考文献

谢非．风险管理原理与方法 [M]．重庆：重庆大学出版社，2013．

案例三十　泛亚金融骗局案例分析

一、事件背景

2011年3月，泛亚有色金属交易所在云南昆明成立。泛亚有色金属交易所是全球最大的稀有金属交易所，也是中国客户资产管理规模最大的现货交易所。其利用中国独有的稀有金属资源优势，通过先进的电子商务模式改造传统产业，提升中国稀有金属产业链价值，在中国形成具有全球影响力的稀有金属国际定价中心，为企业提供购销和融资服务，为投资者提供便捷高效的稀有金属投资服务。自成立起，泛亚已上市8个品种，除白银外其他品种的交易量、交割量均为全球第一。

经过短短两年多的发展，交易所上市的铟、锗、镓、铋、钨等战略金属已经取得了一定的国际话语权，泛亚价格已经引领全球价格，在稀有金属产业的国际舞台上，发出越来越强大的中国声音，为中国稀有金属产业的发展做出了巨大贡献。以铟为例，全球90%以上的铟在泛亚平台上成交，交易所铟库存量为2000吨，是中国5年的产量，全球3年的产量，对全球铟产业拥有巨大的话语权。

随后，泛亚有色金属交易所推出了一款名为"日金宝"的创新类自主理财增值服务。据官方介绍，"日金宝"通过交易所自有交易软件的资金受托业务来获取高额收益，适合那些有闲置资金、理财意识、投资需求，希望保本且又想获得每日收益的投资者。

但自2015年4月起，泛亚有色金属交易所推出的"日金宝"投资项目发生兑付危机。"日金宝"产品融资额达430亿元人民币，涉及全国28个省市区的22万名投资者。兑付危机的出现也使投资者们相继在全国各地开始了公开维权。经有关部门的初步调查：昆明泛亚有色于2012年4月擅自改变交易规则，推出

"委托受托"业务，在未经相关部门审批的情况下，与云南天浩稀贵金属股份有限公司等多家关联公司，采取自买自卖手段，操控平台价格，制造交易火爆假象，同时昆明泛亚有色统一印制大量宣传材料，通过全国各地授权服务机构及公司网电部将"委托受托"业务包装成"日金宝""日金计划"等产品，承诺10% ~13%固定年化收益率且收益与货物涨跌无关，向社会不特定人群吸收存款，形成由其实际控制的"资金池"，套取大量现金。至此，泛亚所设计的这一场"庞氏骗局"也就此终结。

二、事件分析

泛亚事件的爆发具有其独特性与复杂性，其之所以能够吸引22万名投资者、获得430亿元的融资也是有着多方面因素的。

其一，泛亚号称是全球最大的稀有金属交易所，拥有全球95%的铟库存。它一直以替国家做战略收储之名进行宣传，从而吸引了大量的投资者进行投资。其二，泛亚在推出"日金宝"这款理财产品时表示，由银行监管投资者账户，即投资者的资金由"第三方托管"，专款专用，泛亚无权将资金挪用至其他地方投资，以此获得投资者的信任。泛亚打着保护我国稀有金属储备的旗号，把自己的商业模式与国家捆绑在一起，在具体的操作中，个人买家并无卖方交割的资格，只能申请买方价格，实际上稀有金属并未真实交割，从而不断推高金属价格，甚至使其大大偏离市场价格，库存只进不出。按照泛亚交易所的解释，"日金宝"是投资者为购货方垫付货款，并代持货物的行为。该运作模式中，投资者为有色金属的购货方垫付货款，购货方交20%的保证金，按日支付万分之五的费用（即年化收益18%），扣除相关费用后，投资者可以获得年化11% ~14%的固定收益。但随着"日金宝"的规模不断扩大，原本设想中的收益变得无法兑付，"日金宝"中的大部分资金被拿去高价收购，而并非做受托方，进而逐渐演变为必须依靠更多的后续资金才得以维持下去的"庞氏骗局"。

同时，泛亚金融骗局的爆发也暴露出金融监管体系存在的疏漏。第一，泛亚声称将资金托管给作为第三方的银行，但实际上其只是通过银行转账，又再次将资金转入自己的账户。第二，调查显示，泛亚并没有发行理财产品的资格，虽然其对外声称"日金宝"为受托业务，但从运营模式上来看，"日金宝"具有理财

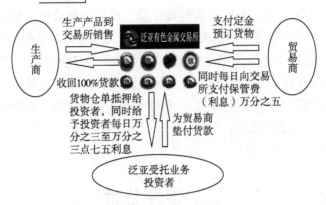

产品的特征。第三，在泛亚的对外宣传中，"日金宝"打出了高收益零风险的旗号，甚至有诸多经济学家跳出来为其作保，这类虚假宣传也是相关部门监管不力的表现。

三、风险启示

泛亚金融骗局的出现无疑给整个金融市场和投资者们都敲响了警钟，也带给了人们启示。

第一，投资者在进行投资前要了解清楚产品的营运模式，尤其是那些看起来十分新颖的产品，多做分析再决定是否进行进一步投资。在泛亚事件中，泛亚有色金属交易所并不具备发行理财产品的资格，"日金宝"的出现从一开始就是违规的。且在对外的宣传中泛亚又声称"日金宝"零风险高收益，结合其所谓的"委托代理"行为，显然其中蕴含着极大的风险。

第二，投资者不能盲目信任所谓的"政府支持"和"权威推荐"，要有自己的判断。在泛亚金融骗局中，引发大量投资者进行投资的一个重要原因就是政府和权威人士的支持，然而，殊不知这只是泛亚将自己的商业模式与国家战略捆绑在一起的一个手段，或许泛亚前期的经营动机与经营模式的确很透明化、新颖化，但在规模的不断扩大中，其操作模式逐渐变得不再透明化，从而引发一系列问题。

第三，相关监管部门需要加强多方面的监管，杜绝此类事件再次发生。泛亚金融骗局的爆发也与相关部门的监管不力有着密不可分的关系。在此事件中，资金第三方监管存在缺失，发行产品的监管也存在疏漏，使实际不具有发行理财产品资格的机构发行理财产品，进而造成了后续的损失。因此，相关监管部门需加大监管力度，不断完善监管机制，使金融市场健康发展。

参考文献

［1］泛亚有色金属交易所［EB/OL］. 百度文库，https：//baike. baidu. com/item/泛亚有色金属交易所/10552911？fr = aladdin.

［2］泛亚事件［EB/OL］. 百度文库，https：//wenku. baidu. com/view/458b4580fc4ffe473268ab85. html.

案例三十一　阿里巴巴发展及上市过程

一、引言

截至 2017 年 12 月 22 日，已经有 24 家企业在美国 IPO 上市，可以说掀起了中国公司赴美上市的新一波热潮。对比 2015 年的 9 家和 2016 年的 10 家，2017 年无疑是赴美上市相当火爆的一年。在这种大趋势下，2018 年开年不到三个月，已有 4 家中国企业赴美挂牌上市，包括教育、科技、互联网等类型的公司。

而自 1999 年首家赴美上市的互联网企业——中华网上市后，这 18 年来不乏十分经典的案例。2014 年 9 月 19 日，全球最大的电子商务企业阿里巴巴集团（以下简称阿里巴巴或阿里）在美国上市，创造了美股 IPO 最高纪录。

二、阿里巴巴的股权变动

1999 年 2 月，阿里巴巴静悄悄地在杭州湖畔花园的一间小公寓内诞生了。马云决定远离当时已成为 IT 中心的北京和深圳，在杭州成立公司，这样就可以尽可能地压缩运营成本。阿里巴巴成立之初，18 个创始人拿出自己的存款，一共凑了 50 万元，作为初始投资。

互联网行业是个烧钱的行业，1999 年底，钱已经成了公司最大的问题。1999 年 10 月，美国高盛公司牵头，向阿里巴巴注资 500 万美元作为首轮的天使投资。

2000 年 1 月，阿里巴巴引进第二轮融资，日本软银（孙正义）提供了 2000 万美元。

2004 年 2 月，阿里巴巴进行第三轮融资，共 8200 万美元，其中日本软银（孙正义）出资 6000 万美元，其余 2200 万美元由富达、TDF 和 GGV 出资。这是当时国内互联网行业金额最大的一笔私募投资。三轮融资过后，阿里巴巴的持股结构改变为：马云及其团队占 47%，软银占 20%，富达占 18%，其他几家股东占 15%。三轮融资并未改变马云大股东的地位。

2005 年 8 月，阿里巴巴收购了雅虎中国的全部资产，同时获得了雅虎 10 亿美元投资，而雅虎则获得了阿里巴巴 40% 的股权及收益权和 35% 的表决权。完成收购后，阿里巴巴新的董事会共有 4 席，其中阿里巴巴合伙人团队 2 席，雅虎公司 1 席，日本软银公司 1 席，马云仍然担任公司 CEO 与董事会主席。

2012 年 5 月，阿里巴巴以 71 亿美元回购雅虎 20% 的股份，同时与雅虎公司签下了对赌协议，协议规定：如果阿里在 2015 年 12 月之前上市的话，还有权回购雅虎剩余股份的一半。

2017 年 12 月 22 日，阿里巴巴赴美上市。IPO 之后阿里巴巴的股权结构变为：软银持股 32.4%，雅虎持股 15.56%，马云持股 7.8%，蔡崇信持股 3.2%，其他 41.04%（如图 31－1 所示）。马云并不是最大的股东，但是也并不影响马云及其团队对公司决策的决定性地位，这要归功于阿里巴巴所特有的合伙人制度。

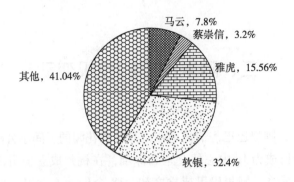

马云，7.8%
蔡崇信，3.2%
雅虎，15.56%
其他，41.04%
软银，32.4%

图 31 - 1 IPO 之后阿里巴巴股权结构

三、阿里巴巴的合伙人制

阿里曾在 2007 年于港交所挂牌上市，2012 年完成 B2B 业务私有化后退市。除了股价表现一度不佳、阿里急需业务转型以外，这其中的关键问题则是阿里特殊的合伙人制度。

自阿里 1999 年初创，就建立起了合伙人制度。2010 年 7 月，阿里将这一制度通过协议形式正式确立下来，取名"湖畔合伙人"。该制度的主要内容包括：

（1）合伙人的类别。根据合伙人条款，合伙人分为普通合伙人、荣誉合伙人和永久合伙人三类。普通合伙人根据条款享有权利，履行义务。永久合伙人较为特殊：一是不需要服从普通合伙人 60 岁自动退休的条款，二是不因离开阿里就自动退出。荣誉合伙人由合伙人委员会在退休的普通合伙人中选举产生，不享有普通合伙人的权利。

（2）合伙人制度的核心是合伙人委员会。合伙人委员会主要负责管理合伙人，组织合伙人选举工作和提议、执行阿里高管年度奖金池分配。合伙人委员会的委员由合伙人投票从合伙人中选举产生。

（3）合伙人的加入和退出机制。2010 年，合伙人协议写入公司章程，上升到制度层面。合伙人制度规定新合伙人选举每年进行一次，有具体的进入和退出机制。

当然，阿里巴巴的合伙人制度是其在香港退市的主要原因。传统的公司治理结构是"股东大会—董事会—高级经理"，股东会选举董事会成员，董事会聘任高级经理人员。董事会人选一般遵循资本决定原则，按照股东所持股份比例，"一股一票，同股同权"，也就是通俗意义上股份越多拥有的决定权越大。阿里上市之前，合伙人团队持股 10% 左右，一旦上市，合伙人股权将被稀释，无法实际控制公司，使公司发展与创始人的意愿偏离甚至背道而驰。因此，为了避免这种现象的发生，阿里提出了与传统原则不同的"同股不同权"，即双重股权结构。而港交所不支持该种股权制度，最终阿里选择赴美上市。

四、阿里巴巴赴港上市及退市

2007 年 11 月 6 日，阿里于港交所挂牌上市，融资 116 亿港元。上市当天，开盘价达 30 港元，收盘价报 39.5 港元，一度成为港股当年新股首日涨幅之最。

然而阿里上市两年后，自 2009 年第三季度股价开始走低，至 2012 年 2 月前，股价更是跌至 10 港元。2012 年 2 月 9 日，阿里 B2B 在港交所宣布停牌；2 月 21 日，阿里宣布私有化 B2B 业务，从香港退市；5 月 25 日，私有化计划在阿里股东大会以 5.89 亿股数，占整体 95.46% 的赞成票通过；6 月 15 日，阿里注册地开曼群岛大法院批准公司"私有化"计划，因计划生效，港交所批准撤销阿里在港交所上市地位。2012 年 6 月 20 日，阿里巴巴正式在香港退市。

阿里巴巴之所以选择赴港上市，主要有以下三个原因：

第一，风险投资的套现压力。作为新生电商行业，阿里的发展离不开软银孙正义的风险投资，但风投方急于通过阿里的上市以实现投资升值。2000 年和 2004 年，软银分别以 2000 万美元和 6000 万美元入股阿里巴巴，2005 年，通过雅虎并购案，软银成功套现 3.6 亿美元。面对巨大的风投套现压力，阿里不得不选择上市以减轻套现压力。

第二，在 A 股上市不利于阿里的国际化历程。阿里董事局副主席蔡崇信曾表示，在国内资本市场上市需要面对一些技术问题上的困难。首先，货币不是完全流通的，阿里要成为国际公司，就必须让国际资本进入，但是 A 股市场对外资交易有很大限制；其次，从法律的角度来说，中国上市的公司主体必须在中国，但是和很多其他互联网公司一样，阿里也是 VIE 结构，母公司注册地点并不在国内。

第三，VIE 架构阻碍国内上市。VIE 架构，国内称为"协议控制"，指的是境外注册的上市实体与境内的业务运营实体相分离，境外的上市实体通过设在境内的外商独资企业以协议的方式控制境内的业务实体。阿里巴巴正是一家在开曼注册的离岸公司。阿里招股说明书披露，阿里的交易业务中，大多都有多达四层的 VIE 结构，且 VIE 结构十分繁复。

以淘宝为例，在开曼群岛注册的离岸公司阿里巴巴集团，100% 控股同在开曼群岛注册的淘宝控股有限公司，后者又 100% 控股在香港注册的淘宝中国控股有限公司，香港淘宝 100% 控股在中国境内注册的淘宝（中国）软件有限公司，以上都是股东为纯外资的控股公司。而在中国境内，真正负责淘宝业务运营的实体公司为浙江淘宝网络有限公司，这是由马云、谢世煌持股的内资公司，和淘宝（中国）软件有限公司签订了协议控制合同。

一方面，拆除 VIE 结构难度大，技术操作复杂，若将境外权益转移到境内，过程涉及一系列协议的废除、终止等法律问题，成本极高，手续非常复杂。另一方面，阿里开曼公司通过 VIE 架构控制国内阿里集团的权益，雅虎、软银持有阿里开曼公司股份，若拆除 VIE 结构，将权益转回国内，阿里开曼公司成为空壳，那么雅虎和软银的持有也将成为空壳，这将会付出相当大的代价。

五、阿里巴巴赴美上市

2014 年，美国时间 9 月 19 日上午，阿里巴巴正式在纽交所挂牌交易，股票代码为 BABA，开盘价为 92.7 美元，相较 68 美元的发行价上涨了 36.32%，总市值达到 2383.32 亿美元。

前文提到，阿里在香港退市的一个重要原因就是其双重股权制度，即"合伙人制度"，而国内上市审批手续烦琐，审核过程漫长，加之 A 股市场并不是一个完全国际化的市场，对外资仍有相当多的限制，不利于阿里的国际化进程和未来发展。阿里之所以急于赴美上市，则是因为早在 2012 年，雅虎和阿里签订的股权回购协议中雅虎开出条件，阿里必须在 2015 年底前 IPO，只有如此阿里才有权回购雅虎持有的部分剩余股份。

此外，中国股市自 2007 年底以来表现低迷，市场整体估值水平不高，与之相对的则是美国股市的强势表现，并且对互联网业务的上市公司估值水平也比较高。

六、阿里巴巴对中国企业的启示

阿里巴巴对中国企业的启示如下：

首先，要适应国际化的监管和财务制度。近几年国内的企业都急于谋求上市以减轻资金压力，而在国内上市审核时间漫长、手续烦琐的情况下，境外上市成了最快获得大量资金的方式。但是，大部分企业往往只注重前期的准备工作，忽略了境外严格的监管制度以及对企业更高的信息披露要求。同时，境外市场存在着很多专门打压上市公司股价的做空机构，它们往往专门寻找信息披露不完全以及财务存在漏洞的公司。因此，公司在境外上市后，一定要做好充分的信息披露和财务指标核算，避免财务造假等造成股价大跌甚至退市的结果。

其次，确立适合企业自身的盈利模式。阿里之所以能在美国上市，一个很重要的因素就是阿里的盈利模式，阿里的盈利模式造就了其抢眼的财务业绩。北京时间 2014 年 11 月 4 日晚间消息，阿里巴巴披露了上市之后的首份财报。2014 年第三季度，阿里巴巴集团营收为 168.29 亿元人民币，约合 27.52 亿美元，同比增长 53.7%；核心业务运营利润为 84.93 亿元，约合 13.88 亿美元；调整后的净利润为 68.08 亿元，约合 11.13 亿美元。经调整摊薄后每股盈利为 2.79 元人民币。这也不难解释为何阿里能在美国获得如此巨大的成功，现在仍然以良好的发展前景吸引着更多的投资者。这表明，一份好看的财报业绩背后是企业本身盈利模式的成功。

阿里成功赴美上市作为一种市场现象的经典案例，以其取得的巨大成功对我们的启示是多方面的。一方面，越来越多的优质企业选择境外上市，反映了 A 股在监管等制度的国际化道路上仍有很长的路要走；另一方面，越来越多的国内企业选择境外上市，也促进了中国资本市场的国际化和规范化。

参考文献

阿里巴巴上市之路［EB/OL］. https：//wenku. baidu. com/view/a1f4e539f01dc281e53af093. html.

案例三十二 万科事件

一、万科宝能收购事件发展的始末

2015 年 7 月 10 日，宝能系首次举牌万科，前海人寿通过二级市场耗资 80 亿元买入约 5.52 亿股万科 A，约占万科 A 总股本的 5%。7 月 24 日，前海人寿及其一致行动人钜盛华对万科二度举牌，持有万科股份 11.05 亿股，占万科总股本的 10%。而前海人寿与钜盛华的实际控制人均为姚振华。值得注意的是，在完成本次增持后，姚振华方面持有的万科股票数量距离万科单一大股东华润已经非常接近。

2015 年 8 月 26 日，前海人寿、钜盛华通知万科，截至当天，两家公司增持了万科 5.04% 的股份，加上此前的两次举牌，宝能系合计持有万科 15.04%，以 0.15% 的优势，首次超过了 20 年来始终位居万科第一大股东的华润。

2015 年 9 月 4 日，港交所披露，华润耗资 4.97 亿元，分别于 8 月 31 日和 9 月 1 日两次增持，重新夺回万科的大股东之位。截至 11 月 20 日，华润共持有万科 A 股 15.29% 的股份。

2015 年 12 月 4 日，隶属宝能系的钜盛华及其一致行动人前海人寿持续增持万科，又投入了近 100 亿元，累计抢得万科 A 约 20% 的股份，并在 12 月 10 日和 11 日再度增持了万科的股份，共耗资约 52.5 亿元。

2015 年 12 月 17 日，宝能系成为万科第一大股东。在宝能系 12 月 11 日对万科股票增持至 22.45% 之后，宝能系与万科管理层的对峙进入到了高潮阶段，万科 A 股股票在 12 月 17 日、18 日上午相继涨停。数据显示，宝能系累计持股万科 A 股 23.52%，成功拿下万科第一大股东之位。根据规定，30% 是上市公司股东要约收购红线。增持达到 30%，既可以发起要约收购，也可以按照每年不超过2%的比例继续自由增持。若宝能系继续增持，万科则面临被收购的巨大危机。

2015年12月17日，王石宣称"不欢迎宝能"。在北京万科的内部会议上，王石高调宣称"不欢迎'宝能系'成为万科第一大股东"后，"宝万之争"正式开打。

2015年12月18日，宝能回应：相信市场力量。宝能集团在其官网上发布声明，疑似回应王石的"指责"。宝能集团表示，集团恪守法律，相信市场力量。万科和宝能系由此开始正面资本对决。

2015年12月18日，安邦占有万科A股股权7.01%。据港交所披露，安邦保险12月17日增持万科A股股份1.5亿股，每股增持平均价为21.808元。18日增持万科A股股份2287万股，每股增持平均价为23.551元。两次增持过后，安邦占有万科A股股份升至7.01%。

2015年12月18日，万科停牌。在开市不到一小时的时间内，万科A股股价再度涨停。当日中午，万科以有重大资产重组及收购资产为由临时停牌，宣布将推进重组和增发，万科H股同时停牌。

2015年12月23日，王石欢迎安邦成为万科重要股东。王石在拜访瑞士信贷时表示不会实行"毒丸计划"应对恶意收购，并发布官方声明，欢迎安邦成为万科重要股东，并愿与安邦共同探索中国企业全球化发展的广阔未来，以及在养老地产、健康社区、地产金融等领域的全方位合作。安邦成为万科的"白马骑士"。

2016年1月6日，万科H股恢复买卖。万科在咨询中国香港地区及内地的相关监管机构后，向联交所提出申请，于2016年1月6日早上9时开始恢复H股买卖，当日收跌9.17%。

2016年3月13日，华润承诺一如既往地支持万科。万科在2015年年报中表示，公司原第一大股东华润股份有限公司的母公司中国华润总公司于2001年向公司郑重承诺：将本着有利于万科发展的原则一如既往地支持万科，在其公司及下属公司或者万科可能涉及同业竞争的投资项目中以及处理由于同业竞争而发生的争议、纠纷时，保持中立。中国华润总公司始终履行其承诺。

2016年3月13日，万科引深圳地铁600亿元资产注入换股。万科公告称，已经于3月12日与深圳市地铁集团有限公司签署了一份合作备忘录。收购标的初步预计交易对价介于400亿～600亿元。万科拟主要以定向增发股份的方式支付对价。

2016 年 3 月 17 日，华润与万科管理层第一次呛声。戏剧性反转出现在股东大会结束之后。华润集团股东代表突然发声称，万科与深圳地铁的合作公告，没有经过董事会的讨论及决议通过，是万科管理层自己做的决定，并称"华润派驻万科的董事已经向有关监管部门反映了相关意见，要求万科经营依法合规"。

2016 年 6 月 17 日，万科披露重组方案。2016 年 6 月 17 日下午，万科召开董事会审议发行股份购买深圳地铁资产的预案，11 名董事中张利平独立董事认为自身存在潜在的关联与利益冲突，申请不对所有相关议案行使表决权，因此相关议案由无关联关系的 10 名董事进行表决。尽管华润 3 位董事表示反对，但 7 位董事赞成，1 位董事回避表决。万科宣称，最终董事会以超过 2/3 的票数通过此次预案。

2016 年 6 月 18 日，华润公开质疑万科决议通过合法性。2016 年 6 月 18 日下午，华润集团官方微信号"华润"发表公开声明，明确质疑万科董事会通过的重组方案。此举表明万科、华润阵营破裂。

独董华生微博表态：万科管理层沟通不力。华生认为，对立双方在预案上的矛盾是根本性的。华润与深圳市已达成一致，同意恢复华润的第一大股东地位。但具体实现的环节比较复杂，华润主张现在不搞股权重组，可以用现金购买资产，待此完成后，再考虑择机向华润和深圳地铁定向增发比如 10% 的股票。他认为，万科当时仓促停牌，没有预告原第一大股东华润，也没有迅速召开董事会通报和决策，为了自保并在无具体可靠的重组标的情况下火速停牌，是为自己过去一系列轻敌和失误付出代价。

2016 年 6 月 22 日，深交所官网披露对万科 A 的许可类重组问询函，要求万科就独董张利平的回避表决、收购方案土地评估作价、前海国际具体盈利模式等 7 个问题，在 6 月 24 日前报送说明材料。

2016 年 6 月 23 日，宝能和华润发声明反对万科重组预案。华润和宝能的矛头都指向了 5 个字——内部人控制。宝能和华润的持股合计占比 39.53%。两大股东联合反对，意味着万科重组预案即使获得董事会通过，在股东大会上也得不到 2/3 的股东支持。万科与深铁的重组已成镜花水月。

2016 年 6 月 24 日，华润将重获第一大股东，王石出局。万科独立董事华生 6 月 24 日在上海证券报撰文称，华润方面表示，已与深圳市达成一致，同意恢复华润的第一大股东地位。万科之争基本可以落下帷幕：华润将重获第一大股东，王石出局了。

2016 年 6 月 26 日，宝能提请罢免王石等现任董事、监事。6 月 26 日，宝能旗下两家公司——钜盛华和前海人寿联合向万科董事会提出召开临时股东大会,审议罢免全体董事的议案。被宝能提请罢免的,包括王石、乔世波、郁亮、孙健一、陈鹰、魏民、王文金七名董事,张利平、华生、罗君美三位独立董事,以及解冻、廖绮云两位监事。

2016 年 6 月 27 日,万科举办 2015 年度万科股东大会。6 月 27 日举办的 2015 年度万科股东大会上,王石的薪酬问题成为股东们关注的焦点问题之一。公司监事会主席解冻称,王石从来没有脱离工作岗位,他一直负责和公司发展有关的战略思考,指导推进国际化的业务,包括一些具体的业务。王石表示希望郁亮能代替他成为董事长。

2016 年 6 月 30 日,华润发声不同意罢免议案。华润通过其官方微信发布声明称,公司注意到 2016 年 6 月 24 日万科企业股份公司董事会的公告。对此,华润认为:①对于公告中罢免所有万科董事、监事的提案,华润有异议;②华润会从有利于公司发展的角度,考虑未来董事会、监事会的改组。

2016 年 7 月 1 日,万科董事会反对开股东会罢免董事。7 月 1 日,万科董事召开会议,以 11 票赞成、0 票反对、0 票弃权通过了"关于不同意深圳市钜盛华股份有限公司及前海人寿保险股份有限公司提请召开 2016 年第二次临时股东大会的议案"。该议案要求召开临时股东大会,罢免包括王石、郁亮在内的 10 名董事、2 名监事。这意味着华润亦投票反对罢免现任董事、监事。

2016 年 7 月 4 日,万科 A 迎来停牌以后的首日复牌,如业界预期,万科 A 开盘一字跌停,报 21.99 元,下跌 9.99%。而宝能系从 2015 年 7 月初至 12 月不断增持万科,已持有 26.82 亿股万科股票,占总股份的 24.26%,以 2015 年 12 月 18 日停牌价 24.43 元/股计算,宝能系持股市值高达 655 亿元。数据统计,宝能系可以承受万科三个跌停(17.8 元/股)。

2016 年 7 月 5 日,宝能系持万科 A 股的比例达到 24.972%。根据万科股东钜盛华的反馈,其于 2016 年 7 月 5 日购入公司 A 股股票 75293000 股,购入股份数量占万科总股本的 0.682%,本次购入后,钜盛华及其一致行动人合计持有公司股份数量占公司总股本的 24.972%。其实,此次钜盛华及其一致行动人增持比例并未达到 25% 的红线,根据有关规定是不需要披露的。因此宝能系若再增持 0.03% 的万科 A 股即触发第五次举牌。钜盛华耗资约 15 亿元。

2016 年 7 月 12 日,万科引入黑石,局势开始偏向王石,7 月 12 日,万科企业在港交所发布公告称,将与合作方一道收购一家商业地产公司 96.55% 的股权,持股方正是外界所传的黑石基金及其他独立第三方。万科称对应资产价值为 129

亿元，其中万科自己的出资额为 38.89 亿元。该收购曾被外界认为是万科管理层抵御宝能系的 B 计划。此前，匿名人士给港交所的告密信中称，黑石将买入 6% 的股份，但万科公告澄清本次交易的对价将不涉及发行新股证券，万科方面未披露交易的具体细节。

2016 年 7 月 18 日，万科发布重大资产重组公告。万科 A 发布关于重大资产重组的进展公告称，目前，公司正在与相关各方就本次交易方案作进一步的协商、论证与完善，本次交易涉及的审计、评估等各项工作也在进行中。万科将在相关工作完成后，按照相关法律法规的规定履行后续程序。本次交易能否获得有关国有资产监督管理机构的批准、公司股东大会及类别股东会审议通过及中国证监会核准，以及最终获得批准或核准的时间均存在不确定性。

2016 年 7 月 19 日，万科举报宝能资管计划违法违规。7 月 19 日，据媒体消息，万科企业股份有限公司发布了一份《关于提请查处钜盛华及其控制的相关资管计划违法违规行为的报告》，向中国证监会、证券投资基金业协会、深交所、证监会深圳监管局提交。

2016 年 8 月 4 日，恒大买入 4.68% 万科 A 股。8 月 4 日，据恒大公告，恒大和董事长许家印购入约 5.17 亿股万科 A 股，持股比例为 4.68%，总代价为 91.1 亿元。恒大表示，购买万科的原因在于其为中国最大房地产开发商之一，且万科财务表现强劲。

2016 年 8 月 12 日，吓跑了掌控 4000 亿美元的投资公司。安本驻香港的投资经理 FrankTian 说，在万科 7 月 4 日结束长达半年的停牌之后，这家掌控着 4030 亿美元资产的投资公司已经抛空了所持万科股票。他说，至少三家战略股东对万科的控制权进行的旷日持久的争夺，让这家房地产公司的未来充满不确定性。

2016 年 8 月 21 日，股权之争已影响万科正常运营。8 月 21 日晚间，万科 A 发布半年报，半年报同时还披露了股权大战带来的影响：第一，6 月底至 8 月初，万科已有 31 个合作项目因股权问题而被要求变更条款、暂缓推进或考虑终止合作；第二，6 月底以来，万科 A 合作伙伴、客户、员工以及其他中小股东对公司前景的疑惑和担忧进一步加剧；第三，万科物业 5 个洽谈合作项目暂缓、变更或考虑终止合作，1 家物流地产的合作方要求调整合作条款，多家境外基金和银行暂缓了项目合作与贷款；第四，团队稳定性受到冲击。

2016 年 11 月 17 日，恒大增持至 9.452%。11 月 17 日，中国恒大集团在港交所披露，在 11 月 10 日至 11 月 17 日期间继续增持万科企业股份有限公司股份至 9.452%，目前其持有万科 A 股共计 104337.9751 万股。至此，中国恒大总计持有 10.434 亿股万科 A 股，占万科总股本的 9.452%，所有买入股份总计耗资 222.6 亿元人民币。

2016 年 11 月 23 日，恒大二次举牌。11 月 23 日，万科企业于港交所发布公告称，恒大地产集团及其旗下九家公司于 8 月 12 日至 8 月 22 日、11 月 9 日至 11 月 22 日之间通过深圳证券交易所集中竞价交易系统购入万科 A 股股份 551955456 股，占万科总股份的 5.00%；本次权益变动完成后，各信息披露义务人持有万科 A 股股票 1103915326 股，占万科总股份的 10.00%。

2016 年 11 月 29 日，恒大增持万科股份至 14.07%。11 月 29 日中国恒大集团发布公告披露，共持有约 15.53 亿股万科 A 股股票，约占万科已发行股本总额的 14.07%。根据万科目前的股本结构，大股东宝能系持股比例为 25.40%，华润持股比例为 15.31%。恒大此番增持万科股份至 14.07%，距离第二大股东位置十分逼近。

2016 年 12 月 18 日，万科终止与深圳地铁重组。12 月 18 日，万科 A 发布公告称，其与深圳地铁集团的重组预案未得部分主要股东同意，难以在规定时间内召开股东大会。经董事会同意，公司终止了与深铁集团的重组。

2017 年 1 月 12 日，华润筹划万科股份转让事项。1 月 12 日万科临时停牌，当日午间发公告解释称：前一日晚间收到股东华润通知函，华润将筹划涉及所持万科股份的重大事项。目前，具体细节尚在确定中。经申请，公司 A 股股票已于 2017 年 1 月 12 日开市起停牌，公司债券正常交易。

2017 年 1 月 12 日，华润退出深铁接盘。1 月 12 日万科发布公告称，公司股东华润股份及其全资子公司中润国内贸易有限公司于 2017 年 1 月 12 日与深圳地铁集团签署了《关于万科企业股份有限公司之股份转让协议》，华润股份和中润贸易拟以协议转让的方式将其合计持有的公司 1689599817 股 A 股股份转让给深圳地铁集团。转让完成后，华润股份和中润贸易将不再持有公司股份。

2017 年 3 月 16 日，恒大让渡万科股权表决权。3 月 16 日，恒大集团发布公告称，恒大集团与深圳地铁集团当日签署战略合作框架协议，恒大将公司下属企业持有的万科股份（约占万科总股本的 14.07%）的表决权不可撤销地委托给深圳地铁行使，期限一年。

2017 年 3 月 26 日，万科董事会换届仍存变数。3 月 26 日，万科发布 2016 年度报告，然而外界关注的董事会换届议案并没有随业绩公告披露。在审议万科 2016 年年报的董事会会议中，并未审议万科董事会换届改选议案，这意味着万科这一届董事会将超期"服役"（2017 年 3 月 28 日届满）。后续万科预计将再次召开董事会会议审议相关议案，然后提交股东大会表决。

2017年6月9日，深圳地铁集团成万科的第一大股东。6月9日万科发布公告称，恒大下属企业将所持有的约15.5亿股万科A以协议转让方式全部转让给地铁集团，约占公司总股本的14.07%，转让价格为18.80元/股。6月11日，万科企业股份有限公司披露的详细权益变动报告书中，深圳地铁集团表示，此次受让恒大所持万科股权的总金额约为292亿元。至此，深圳地铁集团持有约32.4亿股万科股份，占公司总股本的29.38%，成为万科的第一大股东。

2017年6月21日，王石退位，郁亮接棒。6月21日，万科公告新一届董事会候选名单，王石宣布将接力棒交给郁亮。历时近两年的万科股权之争在深圳地铁集团公布新一届董事会提名之后，或已尘埃落定，落下帷幕。万科公告称，公司于6月19日收到深圳地铁集团《关于万科企业股份有限公司2016年度股东大会增加临时提案的函》，提议增加董事会换届临时提案，拟提名郁亮、林茂德、肖民、陈贤军、孙盛典、王文金、张旭为第十八届董事会非独立董事候选人，提名康典、刘姝威、吴嘉宁、李强为第十八届董事会独立董事候选人，提名解冻、郑英为万科第九届监事会非职工代表监事候选人。经万科董事会6月20日审议，同意该临时提案提交2016年度股东大会决议。

二、宝能收购万科是一种市场行为

宝能为什么收购万科呢？原因很复杂。分析认为，宝能收购万科是因为看到了万科的市场价值，看到了万科品牌，宝能收购万科是为了获取万科的控制权、管理权，按自己的意志来改造万科，这可能是它的目的。

宝能收购万科合不合理？如果其举牌收购符合法律程序和市场规定，那么其收购行为应该就是合理的，无可厚非。收购万科股票的资金，无论是自有资金（含保险资金）、资产管理计划所获资金，还是来自银行的杠杆资金，只要从市场上收购可流通股票，在企业内部形成的股权就是有投票权的股权，这是不容置疑的。

宝能更换管理层合不合理？宝能收购万科股份成为第一大股东，有权提出更换管理层。我们必须明白，资本有最终话语权。在创业初期，管理者及其团队既是企业的管理者、经营者，又是企业的所有者，此时股权比较集中。但企业进行股份制改造，股票发行上市以后股权分散，创业者不再持有企业股份。王石等人就不是企业的所有者，而是单纯的管理者了。就企业产权来说，万科不是王石的，王石也不是万科的。可以说万科聘任了王石来管理企业，或者说是万科（股东）委派了王石来做董事会的主席。万科的所有者（股东）可以聘用他做董事会主席，也可以不聘用他。资本血洗管理层的事比比皆是，在中国上市公司中屡见不鲜，在外国上市公司中也经常发生。国美股权之争导致陈晓出局，连乔布斯也都曾遭血洗。股东如果认为管理层已经不符合自己利益的要求，那么更换管理层也是正常的事情，不必大惊小怪。

三、从万科方分析事件

（一）万科管理团队没有处理好与股东之间的关系

为什么发生收购万科事件？首要原因是万科企业做得很好，尤其是房地产业务做得非常好，成了明星企业，引起了社会的高度重视。当然，以王石为首的管理团队也存在一些问题。他们以创业者自居，对股东不够尊重，尤其是没有处理好与大股东的关系，没有很好地保护中小股东的利益。缺乏战略眼光，对万科未来的发展没有一个宏伟的蓝图计划。在这种情况下，万科是有危机的，但是他们自己没看到危机，对危机的处理准备不足。

王石是优秀的企业家，但不是现代企业家。王石创立了万科，成为明星企业家，成为企业领袖。但其对万科的进一步发展是否做到尽职尽责，引起了人们的质疑。的确，这些年吸引人们眼球的是王石到处游学、讲学、做顾问，以及登山等。但他和华为的任正非以及格力的董明珠是不一样的。王石是优秀企业家，但是他不是现代企业家，也不是一个战略家。为什么说他不是现代企业家呢？因为他对股权不重视，在万科的关键时候他放弃了股权（不能完全用道德来解释，也与体制有关），但是后来他又搞管理层收购，被人称作内部人控制。在这种情况下他没有解决好管理团队和股东的关系，这是万科管理层存在的致命问题。

（二）万科的反收购措施

任何企业（尤其是上市公司）都应当有反收购计划或措施。这是正当的。

所有上市公司都得考虑企业是否会被收购，所以有很多反收购计划，包括"毒丸计划"等。

万科引进深铁是反收购的措施之一，这是无可厚非的。关键在于必须与现有大股东沟通，得到股东的理解和谅解，获取大股东的支持。如果管理层背着大股东，即使董事会通过的决议符合法律程序，且不说一位独董回避使决议通过，就是完全没有瑕疵的通过，决议也无法生效。根据《公司法》的规定，重大产权变动事项必须股东大会通过才能执行。第一大股东宝能和第二大股东华润都对万科董事会决议持反对态度，决议是肯定无法生效的。

四、监管部门的责任

在宝能收购万科的过程中，监管者不是要支持一方，打压另一方，而是要维护市场公正、公开和公平，打击内幕交易、证券欺诈和操纵市场的行为，保护投资者尤其是中小投资者的合法权益。

在万科收购实践中监管层应当在以下两个方面有所作为：

一方面，收购是否合规、合法。对于是否用短期资金进行长期收购，收购资金的杠杆率是否过高，要进行风险提示。证监会就万科和宝能信息披露规范性问题，约谈双方负责人。针对宝万之争中股东与管理层不规范操作问题，证监会进行了批评与谴责，发言人说："万科相关股东与管理层之争已经引起社会高度关注，但遗憾的是，至今没有看到万科相关股东与管理层采取有诚意、有效的措施消除分歧，相反通过各种方式激化矛盾，置资本市场稳定于不顾，置公司可持续发展于不顾，置公司广大中小股东利益于不顾，严重影响了公司的市场形象及正常的生产经营，违背了公司治理的义务。对此，证监会对万科相关股东与管理层表示谴责。"

另一方面，信息披露是否真实、及时、详细。有没有内幕交易、操纵市场和一致行动人问题；收购程序是否规范；公司内部操作程序是否符合法律和法规程序；收购是否保护了投资者尤其是中小投资者的合法权益。

万科创造了那么多的财富、那么多的利润，有多少分红给股东？市场举牌收购，将股价抬起来，吸引很多中小股东跟进，股价一下跌，中小股东都会被套住。如果收购真的引起市场动荡，损害投资者的权益，监管部门还是应当干预的。

五、宝万之争留下的思考

无论宝能与万科股权之争结局如何，其已经成为中国资本市场典型的并购案例。它有可能推动中国资本市场市场化、法制化的进程。

宝能收购万科是一种市场行为，要相信市场的力量，不宜过度人为干预，必须按市场规律办事。它有可能推动中国资本市场的市场化进程。

在资本经济社会里，资本有决定性的话语权，对资本要尊重与敬畏。在股份公司中，谁掌握了大股权，谁就掌握了企业的控制权。这是宝能万科之争的实质。

在企业并购过程中，要按法律、法规办事，这也会促进法律法规的健全。例如，险资能否参与并购，资产管理资金用于并购是否形成"一致行动人"，入股后是否有投票权，都是法律法规需要明确的问题。

企业家必须明确自己的地位，处理好与股东的关系。创业有功，但不能当作包袱背一辈子，不能以名人、老大自居。企业家必须明白，辉煌过后必是暗淡，人总有退出江湖之日，华丽转身还是被逼下马都是自己的选择。千万不要认为离开了某一个人企业就会垮掉，江山自有才人出，管理必有后来人。不要为万科的命运担心，它肯定会在新起点上做出新的平衡。也许有人最终会把万科名字改了，但万科的精神文化还会在。相信无论谁来做大股东，它都要为企业进一步发展负责。

万科事件本身对中国资本市场和上市公司的规范发展有很重要的意义，甚至会成为中国资本市场，尤其是并购市场的一个转折点。只有依法依规，在现代公司治理框架内才能从根本上解决万科股权之争的问题。只有相信市场，尊重规则，才能正确解决中国资本市场的真正市场化、法制化和规范化问题。

（一）完善法人治理结构

万科收购事件给我们的启示是，必须完善上市公司法人治理结构，必须按《公司法》《证券法》以及公司章程办事，必须符合法律程序。

第一，股东大会是最高权力机构。应完善股东大会制度，股东大会有权对公司重大事项、决议进行审查。大股东有权提出改组董事会的提案。当然，宝能提出罢免全体董事的提案显然太过分了。

第二，完善董事会制度。这涉及三个重要问题：一是谁来当董事长。董事长必须是股东的贴心人，他本身不具有产权（在西方私有产权为主的公司中，董事长是最大产权拥有者），但是他是产权的代表，他应当代表大股东说话。如果董事长和大股东离心离德，大股东会换掉他。王石是万科董事会主席，应视为原第一大股东华润派的，现在宝能已经是最大股东了，有权提出更换董事长，当然也可以与华润等大股东协商不更换董事长。二是现代董事会制度有执行董事制度。执行董事非常重要，执行董事可以是总经理，也可以是其他专业人士，集经营者和董事于一身，具有很重要的作用。三是独立董事制度。独立董事与公司没有直接的产权关系和其他利益关系。他们可以保证董事会的公平、公正。为了发挥独立董事的作用，国外以及国内的一些公司规定"双通过"，即全体董事超过2/3同意才能通过重要决议，其中独立董事必须全票通过。如果独立董事不全票通过，即使全体董事超过2/3同意，那么决议也是无法通过的。独立董事也是董事会成员，应当执行董事会议事规则，未经董事会授权自行对外发表与公司"内部信息"有关的言论是不恰当的。

第三，实行企业家股权激励制度。经营者直接持股（包括职工持股）是企业内部股权激励的一部分，这使经营管理层与企业产权有一定关系，增加其对企业的关切度，是股权激励的重要措施。企业家股权激励制度包括经营者直接持股、股票期权制度、管理层收购（MBO）等，万科于2014年实行了合伙人制度，管理层都买了股票，然后委托出去进行操作。宝能认为这是"内部人控制"。"内部人控制"在西方是指经理层控制，经理层是没有产权的人，但是他们几乎把董事会和股东会的权力全部集中在他们的手里，他们拥有决定权，这被称为经理革命，在西方叫"内部人控制"。在中国管理层持股应被视为股权激励的措施和制度。万科在实行合伙人制度时曾说过，"万科的事业合伙人制度改革，主要是针对公司国营背景下股权高度分散，经营层持股低，实际意义上的控制人缺位，职业经理人可以共创共享但无法共担等经营管理问题提出的，旨在巩固经营层的控制权，使经营层填补实际意义上控制缺位。同时更好地管理市值，防止恶意收购。进一步激发经营管理团队的主人翁意识、工作热情和创造力，强化经营管理团队与股东之间共同进退的关系，为股东创造更大的价值"。目前管理层还没达到控制企业的程度。它是一种股权激励计划，同时也是一种福利计划。当然要提高透明度，完善合伙人制度。

（二）资本是否有好坏之分

险资进入资本市场是大势所趋。通过保险浮存金在公开市场进行投资，这在国际上是十分常见的。巴菲特就通过旗下保险公司的浮存金进行长期投资，充分利用杠杆在资本市场中获利。复星集团在近几年也通过类似方式进行产业投资。在万科事件中，宝能同样借助杠杆资金对万科进行举牌。用险资在资本市场进行投资的市场行为本身是合法的，但宝能却因此被称为"野蛮人"。一方面是因为有人质疑其万能险的资金来源和高杠杆的投资行为，另一方面也是因为中国市场对于这种投资方式还不够熟悉，相关的监管也不够完善和透明。无论如何，资本追逐利益的本质不会变，只要是合法的投资，险资投入股市也是为了提高投资人的收益。但同时，资本方也要考虑到只有资本与企业治理之间互相配合，才能促使企业良性发展。

（三）在资本面前，"情怀"值多少分

市场规则不会因为所谓的"情怀"有所改变，选择最胜任的管理团队才能带动企业在多变的市场中不断进步。万科事件中，王石代表的管理层的"情怀"被屡次提及，但在股权争斗中，最终话语权还是在资本方手中。过分地强调"情怀"，弱化商业和市场规则，并不是完全合理的。在复杂多变的市场中，从前优秀的管理者，是否还能适应最新的商业环境并继续经营好公司，取决于其对企业商业模式的理解和对市场颠覆性改变的思考及反应，这并不等同于"情怀"。一个企业在更新换代的过程中，只有选择最高效的领导团队，才能使企业在新的市场环境中保持竞争力。

（四）企业治理的方法和制衡体系

针对企业所有权和经营权分离存在的问题，企业以及外部市场也有一系列针对性的措施，其中既包括企业内部的治理手段，还包括资本市场的约束。

1. 董事会制度

在上市公司中，职业经理人需要对董事会负责。同时，董事会是各方利益平衡的结果，而非一个股东说了算。另外，独立董事的引入也有很重要的意义，没有股权的独董应该更多考虑利益相关者的平衡，如企业的社会责任、小股东的利益等。而对独董起到约束作用的是个人的名誉，因此企业往往聘请在社会上有一定影响而没有太多金钱追求（本身身价较高）的人为独立董事。独立董事的薪

资也不高（相对个人身价），在中国年均 10 万元左右。但是，独立董事的作用往往是有限的，一方面其可能不愿陷入企业内部斗争，另一方面如果有太多金钱追求就往往不够"独立"了。

2. 二级市场（潜在）投资者的用脚投票

对于上市公司来说，股价代表着企业未来收益，可以看作企业的长期价值。投资者认可与否也是企业治理的外界制约因素。当企业内部经营状况出问题或者未达预期时，投资者卖出股票、用脚投票的做法能够倒逼企业进行反省或做出改变，如调整战略、撤换管理团队等。

用脚投票是对上市公司重要的制衡方法之一，但是并不是完全有效。而且二级市场的投资者比较分散，所占股权有限，并不一定能够起到作用。

3. 外部收购的威胁

如果说二级市场一般投资者的作用有限，那么拥有强大资本的投资者通过二级市场进行收购就显得有效得多了。以收购为目的的资本往往被称为"野蛮人"，虽然这种收购被称为是恶意的，但却是对企业治理的有效补充。"野蛮人"的威胁能够督促企业有所行动，或者直接避免某些行为的出现。例如，当职业经理人无所作为导致经营不善时，当大股东长期进行利益输送导致企业利益受损时，当企业价值被低估时，都会招致"野蛮人"的入侵。当"野蛮人"入侵这种威胁存在时，上述行为可能就会得以避免。

"野蛮人"存在的根本原因是，其认为企业价值长期被低估，有获利的空间。当然，"野蛮人"也可能有投机成分，如"赚一把"就走人。这种情况是存在的，但是一方面有其他手段进行制约，另一方面应该不断完善法律政策以避免零和博弈乃至负和博弈的出现。

4. 股东大会、职业经理人市场和政策监管等

除了以上几种重要手段，股东大会、职业经理人市场和政策监管等也都对企业治理起着一定的作用。如职业经理人市场，当职业经理人能力有限或品德欠佳时，再到其他公司任职会变得困难，但这种制约很可能只是设想者的一厢情愿，特别是在中国并没有成熟的职业经理人市场。

股东大会和政策监管也会对企业治理形成影响，总体来讲，企业治理的方法是不断进步和完善的，而以上各种方法依旧是存在很多漏洞的。

（五）什么样的公司容易被收购？

很简单，股价低、估值被低估的公司最容易被收购，另外还包括：

第一，股权分散，而且没有预防措施的公司。一般是指原控制人的控制权低于30%的公司。市场上存在一些案例，先通过二级市场或者协议收购30%以上的股权，成为公司的第一大股东，并取得公司董事会多数席位，取得公司控制权，再由上市公司向该大股东定向增发，从而彻底巩固其控制地位，成功实现上市公司收购。

第二，拥有核心资源的企业。如"现金牛"企业，以及具有销售渠道和影响力品牌的企业等。

第三，对管理层依赖程度不高的企业。有些企业的管理层在企业经营中发挥着不可替代的作用，收购方在收购时，往往需要先征得管理层的支持，这使公司不容易成为恶意收购的对象。

当恶意收购发生时，事后为维护控制地位而采取的代价往往是巨大的，因此，对于存在被恶意收购风险的公司，应做到未雨绸缪，提前防范。

一方面，合理利用规则，巩固控制地位。这次事件对A股市场有非常大的意义，因为资本市场的规则摆在那里，必须要对规则非常了解和熟悉，要服从规则，也要会利用规则防止被恶意收购。

（1）一致行动协议。一致行动关系和实际控制人的内涵不尽相同。如果存在控制关系，当然可以被认定为存在一致行动关系，但一致行动关系则不一定是控制关系，比如可以通过协议确定一致行动关系。实际控制人（多人情况）之间可以通过天然的血缘关系来确定，也可以通过一致行动协议来约束。如新三板市场中的东软载波、华平股份等。

（2）利用"驱鲨剂"条款，在公司章程中订立反收购条款。例如，设立董事轮换条款，在公司章程中规定董事的更换每年只能改选1/4或1/3等。又如，可以设定"绝对多数条款"，在公司章程中规定并购等重大事项的通过需要比2/3更为严格的规定。这样，收购者即使收购到一定的股权，也无法对董事会做出实质性改组，即无法很快入主董事会控制公司。

（3）适度利用杠杆（股权结构的法律杠杆）。例如，可以采用有限合伙企业的模式参股公司，公司做GP，花少量的钱就可以控制多数的股份，这种模式可以与员工持股结合起来做，多数人是只在乎收益不在乎表决权的，公司控制人可以利用这一点，把相关股份的表决权留下来。这一点可以借鉴绿地集团的模式。

（4）"金降落伞"。上市公司的高管通过合同的形式与公司约定，如果被收购或解聘，自身将获得高额的补偿。例如，2009年德国大众收购保时捷，保时捷的CEO获得了高达1.4亿美元的补偿。

另一方面，上市公司要做好市值管理，尽量避免股价与估值之间严重背离。市值作为评价上市公司价值的核心指标，反映了上市公司的综合实力、盈利能力、经营绩效、股东的财富价值以及市场认可度等多方面信息。例如，在牛市中，可实施增发、配股等再融资或适当减持股权等主动措施，运作收购兼并、并购基金、股权融资等，将公司做大做强；在股市低迷时则可通过低价股东增持、回购公司股份等方式来稳定股价，防止恶意收购，也可趁股价低迷实施员工激励。

参考文献

［1］万科宝能事件始末，全事件盘点［EB/OL］. http：//www. maigoo. com/news/457325. html.

［2］万科宝能收购案例分析［EB/OL］. 百度文库，https：//wenku. baidu. com/view/822908f0fc4ffe473268ab37. html.

案例三十三　三只松鼠对赌协议

一、三只松鼠的近况及背景

三只松鼠股份有限公司（以下简称三只松鼠）成立于 2012 年，是一家定位于纯互联网食品品牌的企业。三只松鼠主要是以互联网技术为依托，利用 B2C 平台实行线上销售。凭借这种销售模式，三只松鼠迅速开创了以食品产品的快速、新鲜为特征的新型食品零售模式。这种特有的商业模式缩短了商家与客户的距离，确保让客户享受到新鲜、完美的食品，开创了中国食品利用互联网进行线上销售的先河。三只松鼠以其独特的销售模式，在 2012 年"双十一"当天销售额在淘宝天猫坚果行业跃居第一位，日销售额近 800 万元。其发展速度之快创造了中国电子商务历史上的一个奇迹。从 2014 年起，三只松鼠一直处于盈利不断上升的状态。

但是和三只松鼠营业利润不断上升相违背的是公司申请上市的过程。2017 年 3 月，三只松鼠向证监会正式提交股权说明书，这一举动表明三只松鼠正式向 IPO 发起冲刺。2017 年 10 月 21 日证监会官网显示，三只松鼠主动提出中止审查申请，10 天后三只松鼠更新招股书，公司 IPO 申请恢复正常审核。

二、三只松鼠遇到的问题和对赌协议的产生

为何三只松鼠的上市之路上会遇到这么多的阻碍呢？这不单单是因为在 2017 年 8 月三只松鼠被曝光出现食品安全问题，还有在它的股权说明书中提到的"对

赌协议"。从 2012 年公司成立开始，三只松鼠就获得了 IDG 对它的 150 万美元的天使投资，2013 年它又得到了今日资本、IDG 的 B 轮资本投资，在 2015 年它完成了第四轮融资，融资金额高达 3 亿元。它依靠自己的电商红利、互联网口碑以及充足的资金快速占领了市场。但是充足的资金并不是平白无故给予三只松鼠的，这些风险投资机构也与三只松鼠签订了一系列的协议。从其发布的招股说明书中可以看到，它与这些机构签署了关于上市时间的"对赌协议"。协议表明，若三只松鼠在 2017 年 12 月 17 日没有向证监会提交上市申请材料，那么投资人有权自动恢复在投资协议中的优先权利，这些权利包括随售权、回购权、连带回购权等一系列重大权利；若在规定时间提交材料，且后续上市顺利，那投资人的权利就可以永远终止。

从三只松鼠获得的风险投资金额来看，三只松鼠企业内部是有很大的资金缺口的，而能在当时签下对赌协议，也充分证实了三只松鼠对自己企业未来的发展充满了信心。对赌协议产生的根源在于企业未来盈利能力的不确定性，就拿三只松鼠来说，它的产品过于单一化，食品加工的过程不能得到很严苛的监管，这有可能导致整个公司在销售方面遇到很多问题，加上和它类似的企业不断增多，竞争日益激烈，从而不能保证盈利的确定性。在融资时，由于三只松鼠一直处于盈利阶段，为了获取更多的资金，这时公司可能就会夸大自身的估值，然后忽略详细衡量和投资方要求的差距，以及内外部经济环境的不可控因素所导致的不良影响。

在中国市场，上市是大多数企业追求的目标，正是因为三只松鼠有自身的一些短板，才会让风险投资机构对它产生不确定性，从而才会有对赌协议。最终三只松鼠没有在规定的时间提交完材料，不过也没有发生如大家所猜测的投资人获得公司的重大决策权，结果是对赌协议撤销，三只松鼠还在继续它的上市之路。对赌协议虽然取消了，但是一旦三只松鼠上市，对赌协议是否可以重新恢复效力，还是一个未知数。

三、关于对赌协议

关于对赌协议，其实很多上市公司在上市之前都有签订的。既然它存在于很多企业内，那么它到底存在哪些益处和风险呢？对赌协议，其实是投资方和融资方两者间的协议，或是股权转让双方之间的协议，虽然赌的对象可能是标的公司，但法律规定，不能和公司签协议，只能和股东签。原因在于与目标公司的对赌协议可能会因损害公司和债权人的利益而无效，但与目标公司股东的对赌协议却是有效的。了解了何谓对赌协议之后，接下来分析一下它对于一个企业的好处。很多企业在成立初期，都会面对资金短缺的问题，而签订对赌协议的好处是能够较为简便地获得大额资金，解决资金短缺问题，以达到低成本融资和快速扩张的目的。签订对赌协议无须出让企业控股权，只要在协议规定范围内达到对赌条件即可，资金利用成本相对较低。所以这样的对赌协议深受广大企业家的喜爱，但是它在解决资金短缺问题的同时，不可避免地会给企业带来许多潜在的风险。

四、对赌协议带来的风险

签订对赌协议给企业带来的风险如下：

第一，不切实际的业绩目标。企业家和投资者切勿混淆了"战略层面"和"执行层面"的问题。"对赌机制"中如果隐含了"不切实际的业绩目标"，这种强势意志的投资者资本注入后，会放大企业本身"不成熟的商业模式"和"错误的发展战略"，从而把企业推向困境。企业家更多拥有决策权，他们决定了一个企业未来的发展方向。但是如果投资者与企业家在签订协议时有权对其企业进行一定的干预，那企业后期的发展方向很有可能发生改变，导致股东的权利减弱。

第二，急于获得高估值融资。企业家急于获得高估值融资，又对自己的企业发展充满信心，从而忽略了详细衡量与投资人要求的差距，以及内部或者外部环境的不可控变数带来的负面影响。如果企业家没有很好地对公司目前以及以后的市值进行一个有效的估计，而是过高地估计公司的市值，那么公司未来在风险管理方面可能会面临更多或者更大的风险，一旦一个企业的风险过大，那么其管理经营人员面临的压力就会较大，会导致许多不确定的因素的发生，引起公司内部的动荡不安。

第三，忽略控制权的独立性。企业家常常会忽略控制权的独立性。商业协议建立在双方相互尊重的基础上，但也不排除有投资方在资金紧张的情况下，向目标公司安排高管，插手公司的管理，甚至调整其业绩。一旦控制权不再独立，公司高层人员会形成一种恐慌，虽然短期内投资方投入的资金可能会激励公司人员的发展，可是一旦长期出现这样的情况，对公司的经营业绩会产生很大的影响，不利于企业内部的稳定，这样会让其余的股东产生不安的想法，不利于一个企业长远的发展。

五、对三只松鼠事件的总结

　　一个企业长期的发展离不开风险的评估，要想让企业更好地存活在现在这个经济发达的时代，企业在做出每一个决策时，都要考虑给企业所带来的风险到底有多大，涉及的方面到底有多广。一个企业发展过程中，对赌协议确实是一种降低企业未来发展风险的方法，但是我们不能只看到它给企业带来的好处。作为一个合格的经营者，我们需要对我们所签署的协议做出一定的判断，判断出它未来会给企业带来怎样的风险，在判断出这些风险的时候，我们应该尽早找到解决的措施，用一些特殊或者非特殊的手段去规避风险。

　　三只松鼠在上市的道路上，可能还会面临更多的风险，尽管其对赌协议在2017年底已经撤销了，可是这背后是否会有一些附加的协议产生，却是我们目前还不得知的。一个企业在发展的同时，必须时刻对自己的企业进行风险评估。我们都知道三只松鼠在表面看来存在的问题就是食品不安全，从而带来消费者的不信任。可是就它所签订的对赌协议来说，对赌协议确实会给一个企业的决策带来很多的影响。对赌协议还会给一个企业带来很多的压力，一旦企业决策出现问题，而且不能在短时间内解决，那么投资方会对企业失去信心。我们都知道投资方肯定是以利益优先的，既然企业不能给它带来更大的利益，它会不会干预企业的决策发展方向，是否会撤走它的资金，这些对于不同的对赌协议，有不同的选择方向。更加重要的是，对赌协议可能会因为企业家业绩没能达到指定的标准而让其陷入困境，从而失去对企业的控股权。然而国内企业的对赌协议一般还比较温和，这也是与我们传统的思想密不可分，一般企业都是比较看重风险这一块的，但是随着时代的变迁，国内企业开始走向国际化以后，国外的投资方会对一个企业的业绩有更加严苛的要求，要让一个企业在一个企业家手里熠熠生辉，企业家必须懂得去规避风险。

参考文献

[1] 三只松鼠对赌协议仅剩4天 IPO停审后何去何从？[EB/OL]. http：//tech. sina. com. cn/i/2017 - 12 - 14/doc - ifyptkyk4418750. shtml.

[2] 对赌协议 [EB/OL]. https：//baike. baidu. com/item/% E5% AF% B9% E8% B5% 8C% E5% 8D% 8F% E8% AE% AE/3004345？ fr = aladdin.

[3] 侯隽. IPO步步惊心，自身短板难解，谁拽住了三只松鼠的尾巴 [J]. 中国经济周刊，2017 (50).

案例三十四　共享单车产业发展

一、发展背景

　　共享单车是一种在城市的部分场所提供的自行车共享服务，它是一种分时租赁模式，也是目前国内首创的依靠互联网技术通过 App 寻找车辆并在后台实时监控的智能共享单车模式。共享单车作为一种新型交通工具租赁业务，主要是以自行车为载体，基于城市因快速的经济发展而出现的交通拥堵的状况，最大化地利用自行车公共道路。这一新型模式一被提出并开始实施就受到很多人的关注，由于共享单车企业提出的低碳出行理念，政府也开始注意这一新鲜事物。

　　2016 年为共享单车元年，共享单车市场规模达到 12.3 亿元，用户规模达0.28 亿人。在政府强调改善出行环境，移动互联网快速发展以及智能手机普及的多方面推动发展下，共享单车受到不少投资者的青睐，一时间各种资本涌入，共享单车呈现井喷趋势，起初只有 ofo 和摩拜两家共享单车企业，之后市场出现

了大量不同品牌的共享单车，表现出百家争鸣的态势。2017 年 5 月 7 日，上海召开共享单车专业委员会成立大会，宣布成立中国自行车协会共享单车专业委员会。同年 8 月 3 日，交通运输部等 10 部门联合发布了《关于鼓励和规范互联网租赁自行车发展的指导意见》，明确规定了停车点和推广了电子围栏等，并提出共享单车平台要提升线上线下服务能力。由此可见，共享单车的发展受到了来自各部门的大力支持。

但从目前的共享单车市场来看，共享单车企业在扩张方面出现了一些问题，有一大批共享单车企业被市场淘汰，大多数共享单车企业将倒闭或者停止运营，例如，2017 年 6 月 19 日，悟空单车称，由于大量单车被盗，悟空单车即日起停止运营；2017 年 6 月 21 日，继悟空单车后，3Vbike 共享单车也遭遇同样问题，导致企业停运；2017 年 8 月 10 日，首家跑路共享单车公司——町町单车倒闭，大批用户押金、余额无法退款；随后不久，2016 年 11 月成立，仅用了不到一年的时间就开拓了 200 多个城市，投放了 140 亿万辆单车，手握 30 亿元押金，冲入了主流共享单车市场，曾创造辉煌历史的酷骑单车宣布停止运营，其押金问题很长时间未得到妥善解决，受到全国大量消费者的投诉。在此情形下，市场上还运营良好的，只剩下 ofo 和摩拜两家企业，2017 年 4 月 6 日，Trustdata 数据显示，国内共享单车市场月活跃用户量约为 432.2 万，以此计算，摩拜单车所占的市场份额已经达到令人震惊的 72.5%。共享单车为何从发展势头迅猛到现在只剩个别发展稳定的状况呢？这不得不引发外界的思考，同时也是我们所要分析的重点。

二、发展分析

综合分析，多家企业倒闭或停止运营的原因不外乎以下几点：

（一）管理缺陷

共享单车的两大成本分别为损耗和运营。共享单车企业在发展过程中缺乏有效管理，创始人均非业内人士，缺少相关经验背景以及运营能力，一味地向市场投放车辆，而没有多加考虑对于自行车在技术上的创新。

（二）供给和需求投放不均等

在局部区域仅有单个共享单车企业提供服务时，企业处于垄断地位，出于企业利润最大化的目标，通常不会投放超出市场最佳需求量的单车，使市场存在福利欠缺；当局部区域存在多家共享单车企业时，单车投放数量会超出市场最佳需求量，造成市场严重的产能过剩。市场的最佳需求量影响着共享单车企业的盈利模式，对部分地区过度投放车辆，并不会增加更多的消费者，反而还要付出更多的维护费用。但对于部分地区的投放不足，又会造成车辆短缺，用户找不到车，进而出现共享单车频繁丢失、公车私用、故意损坏车辆等情况。企业不进行详细市场调研，不了解所投放单车区域的用户需求量就盲目投放单车，给企业增加了额外的成本。

（三）企业优势定位不准确

各类共享单车企业在产品和技术模式上不能与摩拜、ofo 等市场领头共享单车企业竞争，在一些技术方面，包括通信技术，如运动发电、太阳能发电、GPS定位、GSM 通信供电以及工业技术，包括实心轮胎、轴转动、铝合金车架焊接工艺等发展相对不足。企业没有自己的独特竞争优势，盲目跟风从众，与行业领头企业运营并无差异，反而存在技术、管理不足，因此易被市场淘汰。

（四）公司监管不足

由于企业对投放市场的共享单车在运营维护和服务等方面存在不足，不能及时维护修理自行车，用户难以快速找到完好的自行车，坏车率日益增高，连行业领头共享单车企业都是如此，最新数据表明 ofo 和摩拜的坏车率分别为 39.3% 和 26.2%，其他中小企业更是坏车率极高。对于自行车在市场运营的监管不足，当社会群众对共享单车进行破坏时，公司不能确定相关责任用户，难以得到赔偿或进行后期处理。自行车的人为破坏给企业带来了大量的成本损失，而且盗损严重，对于回收的被损坏自行车，也面临着维护成本高、回收价格低的问题。

（五）市场策略制定有误

共享单车市场竞争越来越激烈，对于共享单车企业来说当务之急就是抢占市场，这是其在市场占有一定位置的主要策略，但部分企业破产最大的原因，是盲目跟风创业，市场调研不充分，导致市场占有不足，只有企业发展得好，才会有机会被投资机构选择。

在经历大量的资本投入之后，市场已回归平静，由于进入市场时间、市场投放数量、产品服务、经营状况等原因，共享单车企业的发展情况和市场占有率不尽相同。而在最新的共享单车市场占有率的统计报告中，ofo 和摩拜占据了绝对市场份额，ofo 以 51.2％的市场占有率稳居行业第一，摩拜单车占比为 40.1％，ofo 用户群体主要以校园用户为主，而摩拜则不限用户群体。现已呈现出以摩拜单车和 ofo 小黄车为主，其他单车企业互相竞争共存的格局，在市场上的占有率高的企业，早已拿到后续投资，相反，发展不好的企业，由于市场占有率低，在几乎没有实现盈利的状况下，长期得不到后续投资，就会面临资金短缺的情况。占有极小份额且没有资本在背后运作的其他车企，由于市场定位不明，发展模式差异不明显，就只能遗憾退出市场，走向破产倒闭的道路。

（六）后期融资不力，资金链断裂

共享单车的进入门槛并不高，想要支撑起整个企业，资本就是最大的竞争力。企业想要抢占市场，就需要大量资金，跟曾经滴滴和 Uber 出现的境况一样，谁的资本积累丰厚，谁就能成为最后的赢家，若企业资金一旦不足，又面临融不到资金的困境，那么企业无法及时负担生产所需要的成本，造成单车停产，耽误抢占市场的大好时机，导致企业运营风险增加，企业难以生存。

共享单车发展到现在，企业正处于依靠风险投资进行大规模的用户吸引和品牌推广塑造的初级阶段，租金和押金是企业收入的主要来源，由于市场竞争，单车骑行价格被普遍压低，盈利空间不大，通过押金来回收资金、实现现金流并进行扩张，也只能起到杯水车薪的作用，而与之相比，大量的成本投入，如单车生产和维护成本，降低了公司的运营能力，使共享单车企业财务一直只出不进，违规挪用用户押金进行补缺，多数共享单车企业资金链还是出现巨大漏洞。ofo 小黄车和摩拜单车就是由于获得了源源不断的资金支持，迅速发展成为该行业的寡头企业，与目前 ofo 和摩拜已经分别拿到 D 轮融资和 E 轮融资状况相比，刚入市场的小企业，本来就面临规模小的不足，又存在资源成本的不断浪费，再加上长久无法拿到融资，导致企业状况雪上加霜。

（七）自然原因

虽然有节能、方便等优势，与滴滴打车软件类似的网约车不同，自行车的运营受季节变化、天气状况等一些自然因素的影响较大。更有甚者若是遇上暴风暴雨，无论在哪个城市哪个地方，共享单车出行的订单量，都会直线下降甚至归零，大量用户会选择乘坐地铁或驾车出行等方式，另外，平台还得面临天气原因导致自行车损坏带来的更加高昂的车损折旧成本。

（八）用户道德原因

由于共享单车的所有权和使用权分离，因此用户不会像爱惜自己的私人物品一样爱护共享单车。共享单车还属于非纯粹的公共物品，即属于企业的私有物品，在受到破坏时，很难直接受到法律的保护，与有桩的共享自行车相比，这种随取随用和随处停车的无桩理念在给市民带来方便的同时，使管理变得更加困难。

（九）受到政策影响

共享单车企业的发展虽然得到了政府的支持，但在共享单车的投放方面，在达到城市空间容量和用户需求的临界点时，人与车的平衡被打破，共享单车泛滥，给城市造成管理难题。纵使共享单车符合政府提倡的绿色出行理念，但单车乱停乱放、阻碍交通、影响市容的现象，会使政府重新设立共享单车的相关政策，推出相应的限制政策，甚至对现有共享单车进行清除没收，如此一来企业就要额外担负市场损失、成本增加的风险。

（十）其他个别原因（共享单车企业特别案例）

町町单车 CEO 丁伟将其对超跑的酷爱深入设计到町町单车中，大量运用跑车元素，虽然款式新颖，但单车成本已经高达市面上普通单车成本的 4 倍。3Vbike 则将三线城市作为主要投放入口，但是并未充分考虑三线城市的客户情况，造成只运营 4 个月就因单车被盗过多而停止运营的局面。悟空单车将重庆作为主要投放地，没有考虑到山城复杂的地形是否真的适合单车骑行，从而开局失利，后续资金供应链不足。酷骑单车在资金不足的情况下盲目扩张，过分注重投放共享单车的城市数量，忽略了投放单车和城市人口的合理比例。

三、发展启示

充足的资本量、有效的市场策略以及有效的企业管理，都是一个创业者创业成功的必备因素。不论共享单车是兴起还是衰落，基本上符合这一市场的客观规律，因此我们也要从中得到启示。

（一）在政府层面上

共享单车企业的发展还要依靠整个社会的发展环境和人口素质，因此在社会层面上要完善网络基础环境，避免网络漏洞，还要妥善处理好车辆投放和城市管理之间的关系，探索多方协同治理模式化解和防范各类潜在风险，注重市场诚信建设，加大宣传力度。

政府的支持会对共享单车的发展起到关键性的作用，共享单车服务质量的高低以及它所带来的公益性取决于政府的支持力度。建立共享单车的行业标准，通过建立行业标准来推动加强共享单车行业的自律，做到公平竞争，有序投放车辆，保证自行车投放的进度和规模与企业自身管理能力相适应，防止资源投放过度。政府应出台相关监管政策，明确有关部门对共享单车的监管职责，出台相关监管条例对破坏单车的部分用户进行约束。

企业与政府合作，各自发挥政府公共机构和民营机构的优势，互相弥补不足，双方形成互惠互利的长期目标，以最有效的成本为公众提供高质量的服务。企业可以借助交警的力量减少单车盗损情况，降低企业成本；积极主动与相关部门联系，与政府事务部门开展公关工作，主动寻求与地方政府合作，为政府将出台的最新政策做好准备。另外，企业还需积极履行社会责任，增加人力管理，加强对共享单车的停放监管，避免阻碍交通、影响市容，造成不良影响。

（二）在社会层面上

共享单车投向市场的同时，也成为了民众素质的照妖镜。重点围绕建设社会主义核心价值体系，引导社会群众树立正确的三观，培养社会群众良好的社会公德和个人品德，提升居民思想道德素质，重点增强广大民众的法律法规意识，使其具有责任感，懂得维护他人的合法利益，减少对公共物品私有化的行为。

在当今社群观念欠缺、群体意识淡薄的情形下，培养用户群体意识，增加群体沟通信任的可能，通过社区对用户生活环境、往来便利性进行考虑，实现制度与人员的配合，互相监督、互相管理。增加用户内在激励机制，鼓励用户参与制度的设立，公开征集用户意见和建议，形成治理方案，帮助其实现自我约束和自我监督。通过网络、电视等渠道引导市民树立良好的用车行为和道德准则或行为规范。

（三）在企业层面上

企业建设共享单车的最终目标是盈利，要确保有稳定的现金流，保证企业运行的长期性和可靠性，应重新审视城市公共自行车之前的技术发展和管理模式，深层次考虑共享单车领域的市场关系。

完善企业管理方案，加强共享单车的维护监管，引导用户规范行为，形成一个良好的监管体系，建立信用评级体系，利用征信规范用户行为，减少不必要的成本损失。做好市场分析，对市场需求做出适应规划，在单车的投放数量上做到合理合规。

坚持技术创新，合理运用大数据。企业要有大数据思维，基于大数据进行分析预测，做出更精准的投放决策，同时为用户提供精准定位，减少寻找时间，找出更多数据的隐藏价值。坚持技术创新，加大对研发的投入，如结合单车硬件设备，完善报警技术，提升服务水平，优化用户的消费体验。实行差异化战略，开发相关替代产品，调整市场战略，保持竞争优势，在自己生产能力范围内开发其他类似产品，避开主流市场竞争，主动开辟新市场。采取借势战略，扩大客户群体，相对于摩拜和ofo两家巨头企业，其他实力不强的共享单车用户渗透率推进难度较大。因此可以采取与互联网巨头合作的方式，有效扩大客户群体。

在资金供应方面，应避免资金链断裂。共享单车企业可拓宽融资渠道，采取股权投资、债券融资、向银行借款等方式解决资金问题。企业还可以发行可转换债券，既可减少投资者的风险、吸引投资资金，又可以减少企业控制权分散风险，减少资本成本。部分共享单车企业的市场竞争力普遍偏弱，如果各中小企业联合起来，构建企业联盟共同发展，实现资源和信息共享，合作开发项目，在资金短缺时相互融通，并且与自行车工厂达成合作，不仅可以降低企业经营成本和生产成本，还能提高整体竞争力，从而达到合作双赢的效果。

参考文献

［1］李锦．关于共享经济的若干思考——基于共享单车案例的分析［J］.农家参谋，2017（12）：291.

［2］王迪，李宁卉．盗窃、私占共享单车问题研究［J］.法制博览，2018.

［3］李卓霖．"互联网＋"时代共享单车行业的政府监管——基于整体性治理理论视角［D］.浙江大学，2018.

［4］周坤维．共享经济时代的企业商业模式分析——以 ofo 共享单车为例［J］.经营管理者，2017.

案例三十五 乐视危机

2016 年 11 月 6 日，距离乐视网（以下简称"乐视"）10 月举行的宣布 LeEco 落地美国的旧金山 Bing Bang 发布会仅仅 17 天之后，乐视网、乐视控股创始人贾跃亭在没有任何征兆和内部知会的情况下，发布了《乐视的海水与火焰：是被巨浪吞没还是把海洋煮沸?》的全体邮件，公开承认乐视的资金链出现了问题，亲手引爆乐视危机。在此之后，多家机构纷纷从乐视撤离，乐视生态及其七大子生态的多米诺骨牌逐渐倒下，乐视危机则通过媒体的传播被暴露在大众面前。

2017 年 7 月 3 日，乐视董事长贾跃亭及妻子甘薇名下超过 12 亿元的银行存款已被银行冻结的消息遭到曝光。而在 7 月 6 日傍晚乐视网发布公告，贾跃亭辞去董事长职务，并且不再担任上市公司的任何职务。之后贾跃亭便悄然前往美国。而到了 8 月，乐视网在停盘 4 个多月后负债累累，面临着全民的声讨。乐视生态资金链断裂和乐视大厦的倒塌，似乎也宣告了"乐视帝国"多年来"多元生态化经营"的失败。

一、乐视危机始末

乐视成立于 2004 年，创始人为贾跃亭和刘弘。乐视致力于打造基于视频产业、内容产业和智能终端的"平台＋内容＋终端＋应用"完整生态系统，被业界称为"乐视模式"。乐视垂直产业链整合业务涵盖互联网视频、影视制作与发行、智能终端、大屏应用市场、电子商务、互联网智能电动汽车等；旗下公司包括乐视网、乐视致新、乐视影业、网酒网、乐视控股、乐视投资管理、乐视移动智能等。

2014 年，乐视全生态业务总收入接近 100 亿元。乐视网 2015 年度业绩报告显示，报告期公司实现营业收入 130.17 亿元，较上年同期增长 90.89%；归属于上市公司股东净利润为 5.73 亿元，同比增长 57.41%。乐视网 2016 年度业绩报告显示，报告期公司实现营业收入 219.50 亿元，较上年同期增长 68.64%；归属于上市公司股东净利润为 5.55 亿元，较上年同期增长 -3.19%。2018 年 4 月 27 日凌晨乐视网披露了 2017 年度业绩报告和 2018 年第一季度业绩报告。2017 年度业绩报告显示，报告期公司实现营业收入 70.25 亿元，较上年同期增长 -68%；归属于上市公司股东净利润为 -138.78 亿元，较上年同期增长 -2601.635%。同时 2018 年第一季度报告显示，报告期归属于上市公司股东净利润为 -3.07 亿元，上年同期利润为 1.24 亿元；营业收入为 4.37 亿元，较上年同期减少 89.41%。2017 年的年报数据可以说是触目惊心，乐视网很可能成为 A 股 2017 年度亏损最大的企业。

而出现这样的业绩亏损情况，乐视网将其归结于"乐视系"2016 年第四季度初露端倪的资金危机。通过细数自 2016 年开始的乐视一系列事件，就不难理解乐视酿成现在败局的后果了。

自 2016 年 11 月，贾跃亭发布《乐视的海水与火焰：是被巨浪吞没还是把海洋煮沸？》公开邮件承认乐视资金出现状况后，投资者信心降低，同年第四季度较上一季度持有乐视股票的基金减少 24 只。

2017 年 1 月，融创中国对乐视的 150 亿元投资，仅仅让外界质疑暂时减少，但并没有从根本上解决乐视的资金问题。

2017 年 2 月，乐视发布每 10 股转增 20 股的年度分配预案，乐视股价一路走高。而在同年 4 月，证监会主席刘士余表示将对这类高送转股票进行重点监察后，乐视网在 4 月 13 日发布公告，将每 10 股转增 20 股变更为每 10 股转增 10 股。

2017 年 7 月 3 日，上海高级人民法院作出裁定，司法冻结乐视三家公司及承担连带责任担保的贾跃亭、甘薇共 12.36 亿元资产。

2017 年 7 月 6 日晚间，乐视网公告称，贾跃亭将辞去乐视网董事长一职，退出董事会，辞职后将不再在乐视网担任任何职务。

2017 年 10 月 31 日，因乐视网 IPO 被查出财务造假，发审委超过 10 人被抓，甚至有传言称若造假坐实，乐视有退市风险。

2017 年 11 月 16 日，融创中国发布公告，向乐视网和乐视致新合计借款 17.9 亿元。同时，融创中国旗下的融创房地产还为乐视网提供不超过 30 亿元的债务担保。

二、乐视败局原因分析

贾跃亭曾喊着"让我们一起，为梦想窒息"的热血口号，吸引了大批投资者成为"贾布斯"的拥趸，而如今乐视彻彻底底的败局则让很多债权人难讨权益。而贾跃亭辞去职务、前往美国，就已经宣告了乐视的失败。那么，乐视是如何走到这一步呢？原因有以下几点。

（一）生态布局不合理，只重规模不重效益

乐视于 2010 年上市时，算不得中国互联网企业第一梯队，但是它并没有像大部分初创企业一样继续苦心经营、发展壮大自己的核心业务，而是选择了把饼画得越来越大，不断地扩大自己的生态布局。要知道，这种多元化发展对企业的资金和规模都有很高的要求，像腾讯、阿里巴巴等国内大型互联网公司，无不是在核心业务发展的基础上谋求业务多元化，前者是基于 QQ 社交软件，后者是基于大数据业务。

因此，在贾跃亭急于求成的心态下，乐视选择了大量收购公司，这种做法的后果是，企业难以在短时间内对这么多不同的业务进行消化，无法建立起不同业务之间的关联。虽为一个生态系统内的业务，却几乎是相互独立、毫无关联的。例如，20 世纪末海尔、TCL 等大型家电公司追捧当时的 IT 热潮进军 IT 行业，在 2003 年又有大批家电行业进军汽车生产行业，而最终无不偃旗息鼓。

同时这种做法也大大降低了资金使用效率。贾跃亭提出的生态系统并没有一个能源源不断提供能量的源头，因此，到后期每个业务都需要不断地"输血"以保证存续发展，因此一旦投资者信心下降，资金链断裂，这个看似美好的生态系统自然土崩瓦解。而资金使用效率过低，无法保证企业拥有充分的资金支持项目运作，又会加剧打压投资者信心，成为恶性循环。

（二）信息披露不足，财务运作不规范

乐视投资项目的信息披露往往不够充分，因此当贾跃亭做出的决策与市场行情和动向不符时，不能及时接受股东、债权人等的意见和建议，以帮助其做出更合理的决策。例如，在乐视 2017 年的年报中，有关品牌营销建设和平台应用技

术研发的投资项目，除项目资金外没有更多的详细信息。这就导致决策不受外界监管，甚至侵害了利益相关者的合理权益。

此外，在2017年底爆出的IPO造假一事，也暴露出了当年乐视网财务指标有虚假编制之嫌，此事造成了不好的社会影响，也降低了外界关于乐视对投资人、债权人进行补偿的信心。

（三）缺失风险预警制度，外界逐渐丧失信心

从2016年底事件爆出至2017年底，这短短的一年并不是乐视败局的真正根源，乐视败局的伏笔其实早已埋下了。只有在有效的风险预警机制基础上开展投资项目，公司投资项目才能顺利进行。但是在问题出现的第一时间，贾跃亭的决策依然不受控制，公司风险预警制度缺失，导致无法在潜在危机酝酿时就能及时采取有效的风险应对措施。例如，2016年乐视体育直播迅速发展，盈利达7亿多元，然而之后态势急转直下，2017年上半年亏损就达到了20多亿元。因此，乐视在部分领域的风险预警缺失是导致最终败局的一个关键原因。也正因为危机没有得到及时地应对，无法及时打消外界质疑，公众对于乐视的投资信心降低，媒体对乐视的负面报道则加剧了乐视股价跌落。

三、乐视败局的启示

乐视败局对我们的启示如下：

一是企业在发展自身业务的时候应注重打造核心业务，使主营业务能够在市场上占据一席之地，有效应对激烈的市场竞争，在此基础上，再谋求企业的多元化发展。打牢企业根基，才能于变幻莫测的市场中立于不败之地。

二是企业要注重长远发展，避免短视行为。在中国当前市场"快销"化的背景下，要在急于寻求大量投资的基础上，着力提升企业价值，而不应在资本的帮助下加速甚至超速发展，为了一时的眼前利益和一味追求规模化而忽视企业长远发展。

三是规范企业决策行为和财务行为。应当建立严格的监管制度和全面信息披露制度，这一方面能给投资者带来足够的信心，另一方面有利于监管企业的决策、财务行为，做好外部约束，为企业做大做强，甚至走上国际化道路做好一定的准备。

参考文献

[1] 秦唏. 乐视危机带来的启示 [J]. 合作经济与科技, 2018 (7).

[2] 程录. 乐视危机启示录 [J]. 企业文化, 2017 (22).

[3] 乐视债务危机事件起因 [EB/OL]. https：//wiki. mbalib. com/wiki/%E4%B9%90%E8%A7%86%E5%80%BA%E5%8A%A1%E5%8D%B1%E6%9C%BA%E4%BA%8B%E4%BB%B6.

[4] 乐视危机 [EB/OL]. https：//wenku. baidu. com/view/ad0af6d932d4b14e852458fb770bf78a65293adc. html.

案例三十六　徐翔案简析

一、徐翔个人部分

（一）个人简介

徐翔，1976 年生于浙江宁波，高中毕业，放弃了高考，在父母的支持下，以 3 万元起家，进入股市摸爬滚打，实现了人生从 3 万元到 40 亿元的人生逆袭传奇。

（二）个人性格分析

徐翔十分低调，在股市中是一个神奇般的存在，被冠以"股市一哥"的称号，江湖上流传着许多他的传说，但是他本人不愿过多地暴露在公众面前，极少接受媒体采访，更不允许拍照。大家都是只知其名，不见其人。徐翔为人低调，但是做事不低调。

（三）人生契机

徐翔的人生契机始于"五一九行情"（1999 年，北约轰炸我国驻南斯拉夫大使馆。A 股市场悲观情绪蔓延。高层通过证监会向市场传达 8 点提振市场信心的意见，使压制沪市长达七年之久的 1558 点在 5 月 19 日那天被一举拿下，政策牛市"五一九行情"到来）。

（四）人生轨迹

徐翔从宁波到上海再到北京最后来到青岛（看守所）。他的一生波澜壮阔，但是最终却惨淡收场，他经历过人生的最高峰，但也最终尝到了跌至谷底的滋味。

（五）人生 K 线图

如果将徐翔的人生比作一只股票，那这只股票的前期走势十分不错，他这只股票价格几乎从零开始，一路高涨，达到了高峰值，但是意外停盘，跌到最低价，最终黯然退市。有人这样说，徐翔人生的 K 线图就是"低开高走，无数涨停之后却突然停盘，受罚退市"。我想这个比喻再恰当不过了，在股价不断上涨的时候受到市场的注目，成为市场关注的焦点，这样一个传奇的陨落，也使股票市场的有些内幕得到了大家的重视。

（六）股市起步

起初，徐翔没有多少资产，就替人炒股练手，让很多人成为他的炮灰，前些年赚钱不多，"五一九行情"使徐翔完成了原始积累。徐翔开始了自己风风火火的股市之旅。

（七）人生关键词

徐翔的人生关键词可谓"从的士哥到股市敢死队总舵主"。20 世纪 90 年代，徐翔与几个擅长短线操作的朋友以银河证券宁波解放南路营业部为核心，开始了自己人生中的辉煌时期。此后的 20 多年里，他们通过优异的成绩，逐渐征服浙江、上海甚至全国的投资者。

（八）公司成立小插曲

2005 年，徐翔从宁波迁到上海，经历了 A 股的一大牛市，于 2009 年成立泽熙投资（在中国历史人物中，徐翔最喜欢的就是开国领袖毛泽东和统治清朝繁荣盛世的康熙皇帝，故将其公司命名为"泽熙"，徐翔的这个举动在很大程度上反映了他对权力以及名誉的渴望，在某种程度上也暗示了他能如此大胆操纵股市的心理）。在徐翔的大胆经营下，公司仅用三年时间便实现了规模的扩张和发展，其规模仅次于目前阳光私募中管理资金规模排名第一的上海重阳投资。2013 年后，他的经营范围不仅仅限于国内市场，而且蔓延到股权投资和海外资本市场投资，投资规模之大，投资范围之广，也显示了徐翔的胆略。

（九）大胆投资手段

徐翔十分钟情于断崖式股票（指股票的任何断崖形状的下跌都会有一个反弹，使股票的价格从底部回到原来一半的位置，大概也会有 50% 的涨幅，持有这种股票也能让人大赚一笔）和定向增发概念股（指上市公司对极少数特定投资者非公开发行股份的行为。定向增发作为企业融资的一种手段，在增发消息发出时，股票价格会有大幅度的上升，徐翔利用这一特点，选择定向增发股票的公司，利用各种手段提前获取内幕消息，在定向增发消息发出前买入，在增发后卖出，获取巨大利润）。

徐翔的股票往往采取极端操作的方式——择时准确、作风凶狠、快准狠且大胆地空仓和满仓。能够抓住时机进行买卖活动，在某种意义上就已经成为徐翔的标志。徐翔会选择炒作新股，他是从一个散户出身并且不断壮大的，所以徐翔了解并十分关注散户心态，他的公司在投资时往往会用各种手段吸引散户的注意力，引导散户投资，并从中获取巨大的利润。

（十）成功秘籍

（1）勤奋和专注。在大盘强势时期，为了摸清强股市的脾气，徐翔等人在 3 个月内画出了 3000 张图纸进行分析，又经过一段时间摸索，渐渐总结出"涨停板八大原则"作为其操盘的秘诀，这也是徐翔的股市秘籍。据有关人士回忆，其用"股市里的苦行僧"来形容徐翔。他每天研究股市的时间超过 12 小时，每天早起听公司人员汇报股市行情，开盘后进入交易室，交易时间绝不离开盘面，晚上复盘和研究股票。徐翔几乎没有其他爱好和娱乐，他这种习惯已经坚持了 20 多年。

（2）"封涨停板"。在大盘强势时期，某个股短线上升势头凶猛，便果断介入，使用五倍甚至十倍的配资封住涨停板，对赌次日开盘后个股继续上涨，等到第二天开盘，无论盈亏果断卖出。他的果断买卖做法也是他与普通股民的不同之处，在股市中能做到不犹豫，不抱着"等等、试试"的心态，才是一种良好的炒股态度，这一点也是值得股民学习的，不要等，越等跌得越多，亏得越惨。

（3）炒股惯用招数——跟庄。徐翔的炒股原则是：跟着市场走，拒绝创新高的股票，买地板价，抛在最上方，买低卖高。他看似疯狂的做法背后实则隐含着科学的原理，股票价格不可能一直在最低处，总会有上涨的一天，只要能把握住市场信号。你低价买入，它总会有升值的一天，你就获利了，徐翔的关键之处在于他能准确把握市场信号，做到精准抄底。

（4）虚假托单，是指股票庄家为了顺利出货，在每天的关键价位处挂出大量的买单，实际并不会交易，当股价真的下跌了，这些买单就会迅速撤单。这样做的目的是当股价真的下跌时，让股民看到巨大的买进挂单，诱使他们放心地买入股票，是诱骗散户的一种心理麻醉剂。徐翔公司能做到十分娴熟地利用这种手法，将自己手中的烂股出手，从散户处收益，减少自己的损失，这个做法也在一定程度上证明了徐翔与股市和公司勾结牟取利益的手法。徐翔的这种行为一定得到了某些权威人士或公司的庇护，他才敢如此明目张胆地进行这一系列的虚假操作。

（5）"一字断魂刀"，是一种对股票价格的称呼，通常是指一种打压出货的走势。在前一个生意日尾盘离开成本区快速拉高至接近涨停，次日早盘再次"秒升"，短期快速拉高后，以低于现价约3%的价格卖出，这种价格优势往往吸引众多的买家，这种操作不断重复，直到空头手中再无筹码为止，"一"字出货法可在短期内抛出大量筹码，这通常发生在跟风盘不足的熊市。徐翔的这种手法主要是吸引市场的注意力，让市场跟风买入某只股票，将其价格炒高，再次卖出，获取较大的差额利润，避免股票受到市场忽视，烂在自己手中。

（6）对股市热点把握十分敏感。在我看来，徐翔的确是一个"神经"的人，不仅是指他的做事风格，更表现在他的神经敏感程度，对市场信号的敏锐把握，很好地利用股市热点，利用股市热点的特性，来进行自己的牟利行为。

（7）抄底断崖股。徐翔曾经参与许多企业的逆市抄底活动，很多突然连续涨停的股票都与他有关。徐翔参与了重庆啤酒、双汇发展和酒鬼酒的逆市抄底活动。在股票跌至停板的时候大量买入，进行逆市抄底行动，股票价格大幅度回涨，就能获利巨大。

（8）擅长在二级市场做题材股。题材股是指有炒作题材的股票，通常是由于市场上的一些突发状况，使部分股票有一些共同的题材，炒作者就可以借机炒作，引起市场上的强烈跟风。题材股是一种不长久的股票，在短期内可能会将股票价格炒高，但是不会持续很长时间。徐翔也借用政府政策发出的某些信号和市场上的状况来进行炒作，引起大众的从众和跟风。

二、徐翔被捕案例简述

（一）被捕前奏

2015 年夏出现了"股灾"，沪指最高触及 5178.19 点，随即掉头而下，并引发了融资崩盘，许多股票血流成河，许多曾经的股神倒下了，但是徐翔没有倒下，成功地逃顶了，还在逃顶过程中大赚了数十亿元，这或许也是徐翔被警方盯上的原因之一。太过张扬，毫不掩饰自己的野心与贪欲，也成为葬送徐翔股市生涯的一大原因。

在徐翔被捕之前，徐翔的公司在五年内曾八次被传出被检查的谣言，涉嫌的罪名包括"操纵股市""内幕交易""老鼠仓交易""利用非公开信息交易""股指期货交易"。前七次都有相关人员出来辟谣，但最后一次传言称"泽熙公司涉嫌股指期货交易，涉及多位官员"，这次的谣言变成了现实，而徐翔也于 2015 年 11 月被警方逮捕。

（二）官方被捕原因

徐翔以公司的名义，与公司总经理等人，通过非法手段获取股市内幕信息，从事内幕交易，操纵股票交易价格，涉嫌违法犯罪，被依法逮捕。

徐翔被判处有期徒刑五年零六个月。有人对此次审判结果表示异议：徐翔被判五年半，出来后是否有可能重回股市，再创奇迹？国家如此宣判量刑的理由何在？是否也在期待改过自新的徐翔能在未来给股市带来新的希望和曙光？因为徐翔对于股市的敏感程度着实令人惊叹。

（三）徐翔案件宣判

2017 年 1 月，经过法院的审判，徐翔被绳之以法，入监服刑，全案共处罚金 300 亿元。

据报道，在确凿的证据面前、在清晰的事实面前、在威严的法律面前，"资本大鳄"徐翔低下了高傲的头颅："我原以为我是站在监管之上的人，没人可以打败我，但你们却彻底打败了我，甚至是征服了我。"

（四）徐翔被捕留下的灾难

四家上市公司（文峰股份、大恒科技、华丽家族、宁波中百）均发布公告，声称有关"徐翔家族"持有公司的股票均已被冻结，徐翔家族累计被冻结股票市值高达 66 亿元。据有关报道显示，这四家公司的业绩不佳但是股价超高，基本面无亮点却涉及多个概念，由此可得，徐翔联合这类公司虚假炒股，提高股价，欺瞒股民的行为已成事实。

有人评价徐翔："年少成名，天赋与勤奋并重，其兴也勃，刚愎自用，随权贵翩舞灰域，其亡也忽。"徐翔聪明、豪赌、无知、无畏，靠此叱咤风云，又因此身败名裂。

有人曾拿徐翔与巴菲特做过对比，徐翔在股市中获利的能力远超过巴菲特，但是巴菲特却能叱咤股市几十年，而徐翔的奇迹却仅仅存在了几年，这其中也可以看出两国股市运作中存在的差异。美国对于股市资本市场的监管力度十分严格，对于内幕交易的监察和处罚力度更是远超中国，相关人士称："如果徐翔能够遵纪守法，凭借自己的头脑和对股市的敏感程度，那么徐翔成为中国的巴菲特，只是时间上的问题，到那时泽熙公司也会成为业界备受仰慕的知名企业。"

三、徐翔案例的启示

徐翔案例的启示如下：

（1）价格围绕价值波动，在现在的 A 股市场，是不准确的。散户的风险偏好是 A 股市场"游戏规则"里最重要的一个因素，在 A 股市场中，一个公司股票的价格是企业基本价格，流动性溢价、风险偏好都会影响收益，最终惨的只能是散户。股市中的大玩家，往往会抓住散户渴望迅速捞钱的特性，放线钓鱼，做高股价，吸引散户投资，循序渐进，散户赔光了，大玩家却从中获利甚多。股民的从众心理在很大程度上也给了某些投机商一些可乘之机，投机商就可以大做文章，来吸引散户注意力，吸引散户资金大量投入某只股票，而虚假的利好信息持久不了，股票价格会下跌，这中间的价差就是投机商的利润。因此，散户要有自己的炒股策略，不要盲目从众，这样才不会给投机商牟利的机会。

（2）树立法治精神，不能知法犯法。公司人员联合股票投机公司违反法律规定，进行内幕交易，明显触犯了法律，却进行得如此顺利，忽视法律的行为着实令人震惊。徐翔案例中的违法行为多到令人瞠目结舌，最终受到的惩罚也是大家都能看到的，从徐翔的落马我们应该警醒，公司的发展要脚踏实地，融资方式也要恰当遵守法律，对于上市公司而言，公司股价是企业经营状况的反映，不能成为公司和投机商坑钱的工具。公司要树立法治意识，不能知法犯法，不能心存侥幸。对于股票市场上的广大股民而言，很多都是抱着投机的心态进入股市，渴望赚钱，但同时不能忽视法律，法律是一个人行为的界限，炒股可以，但不能因为自己的炒股行为而殃及别人。

（3）徐翔的落马，是对金融业界人士的一种警示，证监会发动的这一场金融反腐战争、打击金融犯罪的行动，标志着中国的证券市场进入了全新的监管周期。中国的证监制度确实有待完善，严格的监管制度、严重的惩罚制度，可以让某些在违法边缘试探的人收回犯法的手。政府的态度十分重要，政府坐视不管，只会纵容他们的违法行为。国家可以借鉴资本发达国家的证监制度，订立适合中国国情的证监制度，让中国的证券股市能在阳光下进行交易，让所谓的"股神"不再神奇，能够真正造福中国股市，而不是为自己创造奇迹，让广大股民受难。

（4）对中国法律的反省。徐翔说自己是站在监管之上的人，这就反映了中国证券市场存在监察缺陷，一个人物，再传奇也不能摆脱法律的监管，这给我国的监察制度敲响了警钟，我们需要不断完善证券市场的法律法规，让证券市场的参与者不能钻法律的空子，有监管才能最大程度上减少不公正现象的存在，徐翔及其公司和证券公司的勾结牟利在本质上是违法的，他们的炒股行为对广大股民来说也是不公平的。

（5）市场信息的公开透明性有待提高，证券市场存在太多的内幕交易，这些内幕交易行为在很大程度上是由于信息的不公开，只有将证券市场存在的私下交易搬上台面，才会发现其中的猫腻，因此加强市场信息的公开，有助于证券市场的规范化交易，也有利于保护散户的利益。

参考文献

[1] 网易财经. 徐翔操纵 A 股真相 [J]. 资本市场，2016（1）.

[2] 刘永刚. 低调徐翔的疯狂内幕 [J]. 中国经济周刊，2015（43）.

案例三十七　格力收购珠海银隆失败

一、案例介绍

　　格力电器是我国家用电器行业巨头，产品以空调为主，其他自主制造的家用电器为辅，在我国家电市场占据重要地位。一直主张"中国制造"的格力电器在转型手机受挫之后，将目标转向新能源行业。

　　珠海银隆是一家新能源企业，自 2009 年产业化投资以来，誓力打造以锂电池材料供应，锂电池研发、生产、销售为核心，延伸到电动汽车动力总成及整车的研发、生产、销售，智能电网调峰调频系统的研发、生产、销售、技术为一体的新能源闭合式循环产业链，主要业务为锂电池材料供应，锂电池、电动汽车动力总成及整车的研发、生产、销售。其主要产品为交通工具上的钛酸锂电池，该电池具有快充快放、耐宽温、使用寿命长等特点。

　　2010 年，珠海银隆成功收购了美国奥钛纳米科技有限公司 53.6% 的股权，成为其第一大股东，并于 2011 年实现对其的战略控股。2013 年，珠海银隆在掌握钛酸锂和磷酸铁锂技术之后，启动了钛酸锂电池的量产。

　　2016 年 3 月，格力电器发布停牌公告，称近期正筹划发行股票用于资产购买，而交易标的为一家同在珠海的新能源公司——珠海银隆。8 月，格力电器拟以发行股份方式收购珠海银隆 100% 股权，交易价格为 130 亿元。按照 15.57 元/股的发行价格，将向珠海银隆全体股东合计发行约 8.35 亿股公司股份，公司另拟以同样价格非公开发行股份募集不超过 97 亿元的配套资金，用于珠海银隆项目建设。发行对象包括格力集团、公司员工持股计划、广东银通投资控股集团有限公司等 8 名特定对象。完成收购后，珠海银隆将成为格力电器的全资子公司。

　　10 月 30 日晚间，格力电器发布公告，对 28 日举行的 2016 年第一次临时股东大会投票进行披露，公告显示，通过现场和网络进行投票的股东达5141人，总持股32.58亿股，占总股比超54%。一共26项投票议案中，《关于〈珠海格力电器股份有限公司发行股份购买资产并募集配套资金暨关联交易报告书（草案）修订稿〉及其摘要的议案》等15条议案未获通过。这就意味着此前宣布的非公开发行募集的97亿元不被认同，收购事宜将搁置再议。11月16日消息，格力电器收购银隆方案确认宣告失败，董明珠的能源梦或将终止。晚间，格力电器发布公告表示，公司一直在积极与珠海银隆及主要股东进行沟通协商，并结合中小投资者的意见，对本次交易方案进行优化完善。但是，被调整后的方案依然未能得到珠海银隆股东会的审议通过，珠海银隆基于表决结果终止本次交易。

同时格力电器也表示，此次的收购失败并不会对公司发展战略及生产经营造成不利影响。格力依然会寻求新的利益增长点，改善公司的盈利能力，提升公司竞争力。格力电器做了调整，在2016年11月14日发布公告称，2016年第一次临时股东大会后，格力拟继续推进本次发行股份购买资产事宜，本次收购珠海银隆的方案将会得到优化调整。目前，格力已经确定调减或取消96亿元配套募集资金，但是结果仍然没有改变。

12月15日，中国制造高峰论坛在北京举行，董明珠个人携大连万达集团、中集集团、北京燕赵汇金国际投资公司、江苏京东邦能投资管理有限公司与珠海银隆签署投资增资协议，共同增资30亿元，获得珠海银隆22.388%的股权。董明珠个人投资约10亿元，获得珠海银隆7.46%的股权。

二、案例分析

（一）格力选择新能源行业的原因

1. 时机选择

结合珠海银隆的发展现状，电动空调也是其主要产品之一，而电机电控正好是格力电器的优势所在，格力电器通过与日本大金的多年合作，已经实现技术消化，除了家庭、办公场所之外，车内空调无疑是具有广阔发展空间的市场。

从企业自身发展层面讲：一是格力电器营业增速遭遇瓶颈期。2015年公司的业绩出现了明显的下跌，营业收入增幅约为-27%。实际上从2012年开始公司的营业增速就处于瓶颈期，之后不断下滑直至 2015 年出现负增长。2016 年上半年实现营收 491.82 亿元，较上年同期下降 1.85%。二是面临严峻的行业内竞争。伴随着国内空调市场逐步进入成熟饱和阶段，格力的品牌关注度显著下降，同时，格力电器的竞争对手海尔在 2016 年收购了通用 GE 的家电部门，迈向了家电行业内部多元化道路，而美的集团借由收购库卡进入高端装备工业机器人领域。所以，现在企业的竞争已经走向了跨行业竞争。此外，据董明珠自己表示，"格力做汽车不是想寻找新的增长点，而是要进军不同领域"。并且，格力收购银隆，是看重银隆的钛酸锂电池技术，收购不仅可以让格力迅速进入新能源汽车行业，同时可以实现在储能业务上的突破。因此，格力为寻求持续发展，必然尝试多元化，进入新的行业领域从而创造更多的价值。

2016 年 7 月下旬，董明珠首次正式宣布格力电器进入多元化发展时代。为了实现格力下一个千亿元目标，并且由于当前经济增长放缓，市场相对平衡和饱和，格力电器迫切寻求转型，寻找新的收入和利润增长点。而珠海银隆在新能源汽车和储能领域所具备的核心竞争力，无疑是吸引格力的最大砝码，同样也是帮助格力电器实现下一个千亿元目标强有力的武器。将格力电器所拥有的强大的人才、品牌、制造、科研和销售等能力，与珠海银隆未来有望在新能源汽车领域以及新能源电池储能领域实现新的突破相结合，格力跻身我国新能源产业顶尖行列将有很大希望。基于当前大环境下两家公司的现状，格力电器对珠海银隆进行定向增发，无疑是强强联合，互通互补。

2. 方式选择

格力电器对珠海银隆以不惜两倍的溢价进行定向增发。格力电器前几年曾推出光伏空调，早已有这方面的布局，珠海银隆的钛酸锂电池技术和储能技术，正好可以对其进行整合补充。再加上同在珠海的地理优势，珠海银隆几乎成为格力电器天然的收购对象。同时，董事长董明珠早在格力电器创建空调帝国时就设想利益捆绑，所以也不难想到格力电器此次进行的是定向增发而不是现金收购。另外，尽管增发募资收购的成本高于现金收购，但可以确保有足够的现金应对收购整合过程中可能的现金需求，以及未来的追加投资。从战略方面考量，对于新能源汽车而言，空调系统的能耗需求是仅次于驱动系统的模块，所以，空调行业的移动战略在汽车行业。此外，定向增发也是董明珠为了防止"野蛮人"所设的障碍之一，应该说，这种考虑是有的，而且是必需的，可以防患于未然。对于公司的成长、成熟和稳定来说，都不是坏事。万科就是前车之鉴。一场"野蛮人"入侵的风波，使大股东可以趁机调整格局，在博弈中实现利益均衡，投机的小股东也可以捞一把就走。但这种震荡，对企业的伤害最大，最终受损的是股东的长远利益。

3. 外部环境原因

随着前几年大气环境的逐步恶化，特别是2013年1月14日北京PM2.5爆表后，各个城市对节能减排的要求和呼声都越来越高，所以电动汽车市场前景广阔。城市中的"墨斗鱼"公交也引起关注。随着电动公交出现和推广，许多城市找到了节能减排、保护环境的新方法。在这样的社会背景下，一些厂商加大了研发制造电动公交车的力度，包括比亚迪、福田、宇通等多家公司的产品已经正式得到应用，比亚迪的产品还出口英国。公交车作为人们出行的不二选择，也是城市中使用最为频繁的公共交通。2015年的数据显示，全国城市公交总量超过50万辆，承担了城市60%的客运。中汽协数据显示，2015年新能源汽车生产34.05万辆，销售33.11万辆，公交车占17%。因此，电动公交车有很大的市场。除此之外，政府的大力扶持也推动了电动汽车产业的发展，新能源汽车作为我国"十三五"规划的重点产业，发布的由国家发改委联合中宣部等十部门制定的《关于促进绿色消费的指导意见》中就明确指出，要加大新能源汽车的推广力度，加快电动汽车充电基础设施建设，支持发展共享经济。新能源汽车由此获得了政策的强力推动。

（二）收购失败的主要因素

1. 中小股东股权被稀释

议案中提出的定增计划，使除了参与100亿定增的格力集团和董明珠，所有股东持股比例都被摊薄20%，若以15.57元的价格向珠海银隆股东发行8.34亿股份收购珠海银隆，相当于稀释了格力电器当前60亿股股本的13.9%。此外，拟向格力集团、员工持股计划、银隆相关方、中信资产管理计划定向增发64亿股，进一步稀释了60亿股本的10.6%。

2. 增发价低

2015年股灾使格力电器受影响，股票价值被严重低估。而且，格力电器停牌时间达半年之久，以15.57元作为定增价，并不合理。用优质资产（低估值高增长的格力电器的股票）去置换劣质资产，不划算。同时，定增对象将直接获得账面浮盈6.83元，而作为中小股东只能在二级市场高价买入。

3. 格力多元化效果差

格力多元化实行的是"单一品牌战略"，用一个品牌涵盖所有品类，例如格力地产、格力手机、格力洗衣机、格力热水器等。多元化效果并不好，没有给企业带来很大盈利。

三、启示

（一）公司应保护中小股东权益

1. 完善上市公司定向融资的相关制度安排

（1）完善上市公司独立董事制度，增加股东大会表决权限，在定向增发时可以在股东大会中增加对方案的讨论环节，约定董事会对定向增发的股份定价权。适当提高独立董事的待遇，激励独立董事更好地发挥专业技能，真正为上市公司股东服务。

（2）强化对上市公司董事的约束机制，增强他们的法律责任意识，对没有履行尽职义务而损害股东利益的董事，情节严重的要追究民事赔偿。

（3）完善定向增发注入资产的质量评估制度，明确评估机构对资产评估过程必须详细披露，运用的评估方法要侧重于资产的未来盈利能力。

（4）完善定向增发股份的定价制度，减少内幕交易现象。

2. 加强对上市公司定向增发事项的监管

（1）加强定向增发融资的审核力度。

（2）规范上市公司信息披露制度，提高上市公司的信息透明度。

（3）监管机构可以通过从定向增发预案公告日之前个股异常交易数据和异常换手率等行为进行监控，减少内幕交易发生的次数，维护证券市场的稳定。

（4）对于上市公司定向增发募集资金后资金流向的监管，监管机构可以发布规范性文件，约束上市公司的投资项目范围，要求上市公司提交详细披露募集资金的使用情况说明加强对募集资金使用的监管。

（5）对上市公司利用募集资金投资的项目进行严格审查，防止投资过度现象。

3. 提高中小投资者自我保护意识

加强中小投资者风险教育，引导投资者理性认识定向增发。中小投资者要树立理性投资观念，对证券市场上存在的题材炒作要有所警惕，提高甄别有效信息的能力，减少跟随投机的盲目性。

（二）充分了解公司内部发展状况和外部市场情况

不论是投资者还是公司管理层，都需要对公司的外部环境以及公司的发展方向进行全面的了解和分析。上市公司应该加强对国家出台的各类调控政策的注意，各类政策都是国家在未来一段时间内的政治或经济走向，同时也关系着投资者的投资意向。上市公司还应当结合自身所处的行业环境、宏观经济环境等来进行发展路线的制定以及调整。最后，作为公司管理层，应在不违背契约理论的基础上，合理规划公司发展战略，并及时对公司股东进行报告。根据不同时机选择不同的融资类型及对象。

参考文献

［1］许晟. 格力电器终止收购珠海银隆［N］. 经济日报，2016 – 11 – 17.

［2］王维波. 格力电器收购珠海银隆终止［N］. 中国证券报，2016 – 11 – 17.

［3］胡铁辉. 上市公司定向增发的定价问题研究——基于格力电器定向增发收购珠海银隆的案例分析［D］. 华东理工大学硕士学位论文，2018.

案例三十八 华为的扩张

一、华为公司

华为技术有限公司是一家生产销售通信设备的民营通信科技公司，总部位于中国广东省深圳市龙岗区坂田华为基地。华为的产品主要涉及通信网络中的交换网络、传输网络、无线及有线固定接入网络和数据通信网络及无线终端产品，为世界各地通信运营商及专业网络拥有者提供硬件设备、软件、服务和解决方案。

华为技术有限公司成立于 1988 年，是由员工持股的高科技民营企业。华为从事通信网络技术与产品的研究、开发、生产与销售，专门为电信运营商提供光网络、固定网、移动网和增值业务领域的网络解决方案，是中国电信市场的主要供应商之一，并已成功进入全球电信市场。2002 年，华为的销售额为 220 亿元人民币。华为在全球设立了包括印度、美国、瑞典、俄罗斯以及中国的北京、上海、南京等多个研究所，35000 名员工中的 48% 从事研发工作。2010 年发明专利授权量居前十位的我国内地企业名单，华为技术有限公司位居榜首，目前已累计申请专利超过 11000 件，已连续数年成为中国申请专利最多的单位。

华为在全球建立了 100 多个分支机构，营销及服务网络遍及全球，为客户提供快速、优质的服务。截至目前，华为的产品和解决方案已经应用于全球 170 多个国家，服务全球运营商 50 强中的 45 家及全球 1/3 的人口。2014 年《财富》世界 500 强中华为排行全球第 285 位，与上年相比上升 30 位。2015 年，华为被评为新浪科技 2014 年度风云榜杰出企业。

华为是全球通信业具有领导地位的供应商之一，从事通信设备的研发、生产、营销和服务，在电信领域为世界各地的客户提供创新的、客户化的网络设备、服务和解决方案，实现客户的潜在增长，持续为客户创造长期价值。

二、任正非个人

说到华为就不得不提其创始人任正非，要想了解华为，就必须了解任正非个人。

任正非，是华为技术有限公司主要创始人、总裁；1944 年 10 月 25 日出生于贵州省镇宁县，祖籍浙江省浦江县；1963 年就读于重庆建筑工程学院（现已并入重庆大学），毕业后就业于建筑工程单位；1974 年为建设从法国引进的辽阳化纤总厂，应征入伍成为承担这项工程建设任务的基建工程兵，历任技术员、工程师、副所长（技术副团级），无军衔。任正非也因工程建设中的贡献出席了 1978 年的全国科学大会和 1982 年的中共第十二次全国代表大会。1987 年，任正非集资 21000 元人民币创立华为技术有限公司，1988 年任华为公司总裁。2003 年，任正非荣膺网民评选的"2003 年中国 IT 十大上升人物"；2005 年入选美国《时代》杂志全球一百位最具影响力人物；2011 年，任正非以 11 亿美元首次进入福布斯富豪榜，排名全球第 1153 位，中国第 92 位；2015 年福布斯华人富豪榜排名第 350 位，全球富豪榜排名第 1741 位；2016 年胡润 IT 富豪榜，任正非以 105 亿元排名第 35 位；2018 年 3 月，任正非不再担任副董事长，变为董事会成员。

以上是网络百科对任正非的介绍。实际上，光鲜亮丽的背后包含着心酸与苦楚，很少人知道任正非在 44 岁创建华为之前到底经历了什么。

任正非的父母是乡村中学教师，家中还有兄妹 6 人。大学毕业后，任正非当上了建筑兵。1983 年随国家调整建制，撤销基建工程兵，任正非从部队以团副的身份转业，来到成为改革试验田的深圳，在当时深圳最好的企业之一南油集团下属的一家电子公司任副总经理。

在这里，任正非遭遇了人生的第一个"陡坡"：任正非在一笔生意中被人坑了，导致公司 200 多万元货款收不回来。那时，内地城市月工资平均不到 100 元。在这种情况下，任正非在大国企南油集团的铁饭碗端不住了。

而在这一年，任正非的家庭和事业都出了状况。他的夫人转业后进入南油集团领导层，而他在南油下属企业时由于连续亏损，再加上父母与弟妹和他们同住产生的生活压力，最终导致家庭解体。任正非在这一波又一波的滑坡中，直达人生低谷。那时的任正非，下有一儿一女要抚养，上有退休的老父老母要赡养，还要兼顾 6 个弟弟妹妹的生活，正值上有老下有小、青春不在、未来尚长的中年之际的任正非，前行之路陷入无际的迷茫与昏暗。处于中年危机之中的任正非没有时间去感伤，家庭的责任、事业的急迫，令任正非迫不得已，走上了一条下海干实事的道路。

"我们这种人在社会上，既不懂技术，又不懂商业交易，生存很困难，很边缘化的。"任正非回忆当时的窘境说。1987 年，任正非 44 岁，以 21000 元资金创立华为。起初公司主要代销香港产品，风险极小，靠差价获利。创业初始，任正非的所思所想并没有太多的理想主义，仅仅只是为了糊口、为提高家人的生活品质。可以说，任正非的创业初期带着些许悲情色彩。

一个偶然的机会，一个做程控交换机产品的朋友让任正非帮他卖些设备，这让任正非获得了人生的第一桶金。在卖设备的过程中，他看到了中国电信行业对程控交换机的渴望，同时他也看到整个市场被跨国公司所把持。当时国内使用的几乎所有的通信设备都依赖进口，民族企业在其中完全没有立足之地，43 岁的任正非，在这个时候突然表现出了他的商业天才，决定自己做研发。

1991 年 9 月，华为租下了深圳宝安县蚝业村工业大厦三楼，开始研制程控交换机。最初公司员工仅 50 余人。当时的华为公司既是生产车间、库房，又是厨房和卧室，这后来在华为成为了传统，被称为"床垫文化"。

1991 年 12 月，首批 3 台 BH－03 交换机包装发货。1992 年，华为的交换机批量进入市场，当年产值即达到 1.2 亿元，利润则过千万元，而当时华为的员工，还只有 100 人而已。1993 年末，C&C08 交换机终于研发成功。其价格比国外同类产品低 2/3，为华为占领了市场，直至今日。

孤注一掷之后的成功，很容易被解读成胆识造英雄。年届古稀，任正非比其他晚辈企业家更有资格回忆自己的商业轨迹。在他眼里，自己并不是英雄，只是一个被生活赶着担心明天就会失败的商人。就像他说的，自己在改革开放的整个历程中仅仅是个过客。与其说他过分地谦卑，不如说，任正非怀揣着一颗经历过沧桑的平常心。

三、华为的"狼性"和"工匠精神"

很多研究人员总结了华为的成功之道，到最后都归结于两条：华为团队的

"狼性"和华为企业的"工匠精神"。

（一）华为团队的"狼性"

华为团队一向以"狼性"著称于世，那么任正非是如何打造狼性团队的呢？任正非借由对人性的深刻洞察，通过让基层有"饥饿感"、中层有"危机感"、高层有"使命感"的简单规则，感化出了一支敢打仗、能打仗、打胜仗的"狼性"团队。

（1）让基层有"饥饿感"就是要让员工有企图心，就是让基层员工有对奖金的渴望、对股票的渴望、对晋级的渴望、对成功的渴望（任正非语）。华为公司在招聘新员工的时候，特别关注员工的成长背景，尤其钟爱出生寒门的学生。任正非曾明确要求人力资源部门多招聘经济不发达省份的学生，他认为家庭困难的学生对改善自己的生存现状有强烈的渴望，这种渴望将会激发基层员工艰苦奋斗的精神。

华为从不掩饰、毫不讳言"饥饿感"的氛围导向，任正非本人就曾在华为员工大会上问大家"2000 年后华为最大的问题是什么？"大家回答："不知道。"任正非告诉大家"是钱多得不知道如何花，你们家买房子的时候，客厅可以小一点、卧室可以小一点，但是阳台一定要大一点，还要买一个大耙子，天气好的时候，别忘了经常在阳台上晒钱，否则你的钱就全发霉了"。深谙人性的任正非认为，对于组织的金字塔底部大量基层员工来说，"按劳取酬，多劳多得"是最现实的工作动机。"存天理，顺人欲"，华为的价值设计充分遵循了这一规律。"饥饿感"构成了基层员工中每个个体的"狼性"精神，舍此，任何的高调宣传都是虚妄的。

（2）让中层有"危机感"就是要让中层有责任心，就是以实现公司目标为中心、为导向，对工作高度投入，追求不懈改进，去向周边提供更多更好的服务（任正非语）。任正非从历史发展规律中深刻认识到，一个组织太平时间越长，危机意识越弱，生存能力就越差，最后一定走向寂灭、死亡。因此，华为对管理者实行严格的强制比例淘汰机制，每年至少有 10% 的管理者要下课，转为普通员工。掉队的管理者将进入公司干部后备队学习营，脱产进行再学习和改造。三个月后，如果考试不合格，或者没有部门录用，工资将降低 20%，并继续脱产学习，如果仍然不合格，工资将再次降低。华为管理干部的平均年龄每年必须下降，大批优秀的年轻人得到提拔，本以为可以躺在功劳簿上睡大觉的管理干部丝毫不敢懈怠，否则，就会被后浪打到沙滩上，淘汰出局。

华为公司还通过述职、业绩排名、岗位轮换、荣誉奖励、关键黑事件就地免职等机制传递压力给中层管理者。始终让小富即安的中间层觉得危机四伏，诚惶诚恐，唯有如此，才能克服人的惰性，驱动中间层持续奋斗。

（3）让高层有"使命感"就是要让高层干部有事业心，任正非用非常朴素的语言将其描述为："有钱也干，没钱也干，我就是爱干这活。"在华为公司，高层干部薪水相对要高，每年分红也要多一些，财富对他们来说仅具有符号意义。这批人是少数，他们不能以物质利益为驱动力，而必须有强烈的事业心、使命感，这是一群已经完成了物质"原始积累"的精英团队，推动他们每日奋斗的是一种精神，一种源自本能的对事业的热爱和激情，非此别无其他。

管理学大师德鲁克基于企业特有的人、组织、分工的原理，预见未来企业规模持续扩大的趋势，提出有别于传统管理学的三大任务之一——"确保工作富有生产力，并且使员工有所成就，产生效益"，将是未来企业组织运作时面临的最大挑战。华为管理如此庞大的商业组织，面对复杂的市场环境，通过轮值 CEO 制度来强化高层的使命感。通过评定公司"蓝血十杰"来追认有历史贡献、有使命感的干部，通过评定"明日之星"来牵引未来涌现更多有使命感的干部。华为这种基于人性的、现实的、简单的管理实践，无疑为众多中国企业树立了可借鉴的成功典范。

（二）华为的"工匠精神"

很多人会问，说起"工匠精神"为什么是华为？我们有充分的理由来说明这个问题。例如，为解决一个在跌落环境下致损概率为三千分之一的手机摄像头的质量缺陷，华为会投入数百万元人民币测试，最终找出问题并解决；为解决某款热销手机生产中的一个非常小的缺陷，华为荣耀曾经关停生产线重新整改，影响了数十万部手机。

华为不仅提倡以工匠精神来衡量产品，真正追求"零缺陷"，多年来更构建了一套坚实的大质量体系，用制度支撑"质量优先"战略在各个环节的落地。在成为业界标杆之后，每年依然要以 20% 的改进率去改进质量，培养员工追求极致体验的精神，致力于在企业上下形成共同的价值观，在制度和文化两方面"将质量进行到底"。

参考文献

[1] 44 岁的任正非被骗200 万离婚后重新创业成通信教父 [EB/OL]. 青年

创业网, 2016 - 06 - 02.

［2］为什么大家学不会华为的狼性企业文化？［EB/OL］. 搜狐财经, 2017 - 06 - 05.

［3］代言中国制造华为的工匠精神是如何炼成的？［EB/OL］. 搜狐财经, 2016 - 05 - 12.

案例三十九 "老干妈"的成功

一、公司介绍

　　贵阳南明老干妈风味食品有限责任公司是国内最大的生产及销售辣椒制品的生产企业，主要生产风味豆豉、风味鸡油辣椒、香辣菜、风味腐乳等20余个系列产品。其位于贵阳市南明区，成立于1996年，注册资本为1000万元人民币，企业现拥有员工2000余人，在经营管理与技术人员方面共有246人。1984年，陶华碧凭借自己独特的炒制手艺，创造出了别具风格的佐餐调料，令广大消费者大饱口福、津津乐道。1996年陶华碧招聘了40名工人，办起了食品加工厂，专门生产麻辣酱，在麻辣酱批量生产后销售至全国迅速成为消费热点。1997年"贵阳南明老干妈风味食品有限责任公司"正式挂牌，从小工厂到公司，老干妈一步一步走上正轨。在企业创始人陶华碧的带领下，全体员工都秉承着一种"诚信为本，务实进取"的企业精神，通过九年的艰苦创业，已经发展成为全国知名

企业、国家级农业产业化经营重点龙头企业。公司所生产的产品早已畅销海内外，并在 2014 年入选中国最有价值品牌 500 强榜单，以 160.59 亿元的品牌价值名列第 151 位。

二、案例分析

从建立之初的路边小摊到如今的全球知名企业，老干妈是怎样取得成功的呢？在老干妈的成功之路上有什么是值得我们借鉴的呢？

（一）专注产品的口味与质量

老干妈卖了这么多年，无论我们在哪里买，什么时候买，其生产的产品无论是在口味上还是在质量上都始终如一。这种高度稳定的品质形成了一般企业难以达到的竞争力。在食品这个快速消费行业中，专注于产品的质量与口味，是食品生产企业取得成功的根本原因。

（二）专注的匠人精神

黔商的特点是稳健，同时低调、专注、注重产品的质量与品质。陶华碧就是十分典型的黔商。她常说的一句话就是："我们要踏踏实实做企业，一分税钱也不偷、一分税钱也不漏！"陶华碧用钢铁般的产品质量，活生生地创造出辣椒酱行业的门槛。陶华碧承诺道："我的辣椒调料都是选用 100% 的真料，每一个辣椒，每一块牛肉都是指定供货商提供的，绝对没有一丝杂质。"陶华碧要求员工不能偷工减料、以次充好，用料、配料、工艺必须精确拿捏，一定要保持产品的口味，保证产品的质量。陶华碧的一言一行，无不体现了她专注的匠人精神。

在 2001 年，有一家玻璃制品厂给老干妈提供了 800 件（每件 32 瓶）辣椒酱包装瓶。不料刚销售到市场，就有消费者反映："有的瓶子封口不严，有往外漏油的现象。"陶华碧知道后非常重视，要求马上派人到全国各地追回这批货，全部当众销毁，一瓶不留！这样的做法，就像当时的海尔，尽管给公司带来了巨大损失，却让人们看到了"老干妈"对信守质量的决心，广大消费者也更加相信老干妈，将坏事变成了好事。

（三）诚信经营

自老干妈建立几十年来，陶华碧除了一直在坚持以诚信为本，严格把控原材料质量，将品质做到极致的原则外，还始终坚持一手交钱、一手交货。用供货方的话来说："只有我们欠过陶华碧女士的钱，她从未欠过我们的钱。当地给她的辣椒，全部都要剪蒂，一只一只剪，谁也不敢粗心大意，只要出过一次错，以后再想跟她做生意就难了。"

了解陶华碧的都明白，老干妈的产品质量简直无可挑剔，这都要归功于老干妈品牌创始人陶华碧在产品的生产过程中亲力亲为，老干妈所生产的每一种产品系列、每一道口味都需经过陶华碧的精心调制，层层筛选，十分讲究。与此同时，陶华碧要求公司全体员工不能偷工减料、以次充好，以确保老干妈生产出来的东西，做到最大程度的完美，达到无人能比的高度。

有一次，老干妈公司急需豆豉原料，让重庆的一家豆豉酿造厂赶紧运来10多吨豆豉。因为时间紧迫，检验员在收货时也没特别仔细检查。谁知货下车后，才发现外面摆放的豆豉质量是好的，里面的豆豉全是坏的！如果为了紧急生产，这批豆豉经过特殊处理后也能使用，但陶华碧知道了这件事以后，坚持退货，而老干妈公司也因原料短缺不得不停工两天，给公司造成了巨大的损失。但这件事传开后，陶华碧对顾客诚信负责的精神也感动了广大消费者，老干妈在市场上的信誉越来越好。

陶华碧在大会上对员工说："都说无商不奸，我就偏偏不信，我偏偏要宁可人人负我，我也决不辜负客户！请大家一定要牢记这一点，在市场竞争中以诚信经营立足、取胜！"陶华碧自信地说："我不懂得什么时髦的管理方法，我就靠诚信，我要诚信得别人都不忍心骗我！谁要是骗了我，谁就在同行中臭名远扬，难以立足！"在陶华碧的带领下，老干妈坚持以诚信经营，做到不坑人、不骗人，久而久之愿意与老干妈合作的人越来越多，销售业绩也自然而然地提升了。老干妈靠诚信经营赢得了广大消费者的信任，这也是老干妈取得成功的核心原因。

（四）品牌坚守

老干妈对品牌的坚守是老干妈成功的重要原因，那就是只做辣椒酱一个行业，不跨行、不跨界。老干妈既然选择做一个品牌，就要做到最好、做到最大、做到最精。用陶华碧的话来说，就是"自己就是个炒辣椒的，只是坚持用自己的钱，做会做的事儿，仅此而已"。纵观互联网行业，一些企业家总是抱着三心二意的态度,连品牌质量都还没做好,就开始跨界做这做那,畅想企业未来上市的远大前景,这种浮躁心态很容易将企业推向一个深不可测的悬崖。

(五)独特的亲情式管理

陶华碧对员工独特的亲情式管理,又被称为干妈式管理。陶华碧对员工的亲情化管理以及感情投资,使老干妈公司的凝聚力与日俱增。在员工心中,陶华碧就像是妈妈一样和蔼可亲,在公司里,大家也都以"老干妈"代替"董事长"来亲切地称呼她。陶华碧的干妈式管理主要体现在以下几个方面:

(1)从公司建立之初的200名员工,到现在的2000多人,所有员工一律由公司包吃包住,在工资福利方面,老干妈的员工在贵阳都是顶尖的。

(2)在细节上对员工关心。公司共有2000多名员工,陶华碧能叫出60%的人名,并记住了许多人的生日。每个员工的生日到了,都会收到陶华碧送的礼物,以及一碗带有两个荷包蛋的长寿面。每个员工的婚礼,陶华碧都会到场送上祝福并亲自为新人证婚。在员工出差时,陶华碧会像妈妈一样为员工煮上几个鸡蛋,亲自送到员工手中,目送员工坐上车离开工厂后才肯转身回去。在贵阳,人们逢年过节有吃狗肉的习俗,陶华碧专门建了一个养狗场,长年累月地养着几十条狗,每到冬至及春节时都会杀狗供所有员工会餐。

(3)对于公司离职员工,只要在外面受到委屈,都可以重新回到公司上班,与陶华碧一起携手并肩,共同为公司奋斗。

(六)注重人才的培养

只有不断学习,企业才会日益进步,逐渐做大做强,这个道理,陶华碧是深刻明白的。从1998年开始,陶华碧就开始把公司的管理人员轮流派往上海、广州、深圳等发达地区进行实地考察,学习知名企业的先进管理经验。陶华碧总说:"我是老土,但你们不要学我,公司更不能这样,你们这些娃娃出去后,给我带点文化回来。"陶华碧尽管没有受过教育,但她通过对人才的培养,对公司的"土式"管理,将老干妈管理得井井有条,公司发展也蒸蒸日上。

(七)最深层次的广告宣传

老干妈在表面上看似从未打过广告,但陶华碧用最原始、最深层次的方式将老干妈牢牢印刻在消费者心里,通过广大消费者的口碑宣传使老干妈的发展更上一层楼,这样的宣传理念至今仍然没有变。

老干妈起家于学校附近的米粉店，从最开始就抓住了广大学生的胃。同时，老干妈产品本身物美价廉，作为佐餐酱料又极其下饭，经济不足的学生群体是其主要消费者，乃至于很多学生留洋海外仍将老干妈称为中国的味道。另外，老干妈几十年来不变的包装及瓶贴，已经化为最深入消费者内心的品牌形象，甚至成为辣椒行业的代表符号。

（八）专注打假

在老干妈创立初期，陶华碧的儿子李贵山就曾申请注册商标，但被国家工商总局商标局以"干妈是常用称呼，不适合作为商标"的理由驳回。随着老干妈名气越来越大，很多仿冒者借着这一缺口对老干妈进行仿制。一时间，全国各地的市场上，每年竟然有50多种假冒的老干妈！陶华碧夜以继日，各处搜集证据，与仿制企业打官司，终于拿到了贵州老干妈的商标，获得了官方认可。时至今日，公司仍然坚持每年拿出2000万元用于打假，维护品牌形象和利益，还将一系列能打擦边球的商标抢先注册了下来，例如老干爹、老于妈等114个商标。陶华碧专注于打假这一事件，也让社会各界看到了老干妈打假的决心。

（九）稳健的市场扩张战略

老干妈最先爆发的区域市场是广州，而后再逐步扩张至全国、全球。老干妈和众多企业的市场策略区别在于，绝大部分企业是经过严格的市场分析之后再选择区域战略根据地，而老干妈是通过自然的选择，在最适宜的地方种苗、扎根、生长。以广州为显著代表，大批农民工进城打工，而老干妈物美价廉，正符合他们的口味与接受价格。于是老干妈的销售数量在广州呈喷井式爆发，继而一步一步走向全国市场。

三、案例总结

在老干妈发展过程中，我们能够发现，老干妈之所以能够成功绝大部分原因是陶华碧的个人魅力，在陶华碧领导下的老干妈用对产品质量的专注、对顾客的诚信、对品牌的坚守、对员工的巨细关怀与培养，创造出了辣椒酱行业的神话、中国的良心品牌。而老干妈的成功不仅是一家企业的成功，还是中国食品行业品质的保障，更是中国走向世界的国际品牌形象。

参考文献

［1］老干妈营销成功的原因［EB/OL］. http：//www. xuexila. com/yuanyin/1584119. html.

［2］老干妈的人力资源管理［EB/OL］. 搜狐财经，http：//www. sohu. com/a/238051524_ 100172028.

［3］浅析老干妈的营销策略和启示［EB/OL］. https：//wenku. baidu. com/view/96d02881700abb68a882fb55. html？sxts =1533461275995.

案例四十 "老干妈"泄密案

一、泄密事件过程

2016年5月，老干妈公司发现本地超市一款有水豆豉产品，虽然品牌、外包装均和老干妈不同，但两者口感却高度相似。经过调查，该生产水豆豉产品的企业从未涉足该领域，也绝无研发该产品的能力。并且老干妈公司也从未向任何一家企业或个人转让该类产品的制造技术。

警方立案调查，并将侦查重点放在老干妈公司离职员工贾某身上。据调查，贾某具有大学本科文化水平，在2003年至2015年4月任老干妈公司质量部技术员、工程师等职，因职务工作需要，他掌握了老干妈公司专有技术、生产工艺等核心的机密信息。此外，警方认定贾某有重大嫌疑还有一个原因，贾某在老干妈任职期间，曾因违反公司规定，被扣罚半年工资，月薪近万元的贾某离职前，薪水大幅度下降至2000~3000元，贾某心中不快，因此主动向公司提出辞职。在2017年春节期间，贾某在观山湖区一小区落网，警方在其携带的硬盘、电脑内，查获了大量涉及老干妈公司商业秘密的内部资料。贾某交代其离职后失去收入来源，由于谋生需要，他主动找到花溪一家食品加工厂应聘，使用假名毛遂自荐称能改良水豆豉的工艺，在控制成本的同时还能提升口感。据贾某供述，其入职后经3次改良实验终于取得成功，"问世"的水豆豉不仅口感上和老干妈高度相似，单价还便宜了约2块钱，据交代，约3个月的时间里，生产了1000件水豆豉。

在本次泄密案件中，无论是在业务、企业管理，还是在品牌效应上，都对老干妈造成了非常恶劣的影响。老干妈公司的直接经济损失高达千万元人民币，而因为机密配方的泄露，所造成的间接经济损失预估达到了数亿元之巨。

二、泄密原因

（一）员工入职管理不规范

对招聘的重视程度，也反映出一家企业的管理水平。许多企业在招聘员工时，面对数量的压力，着重看待应聘者的专业水平能力，未对员工进行适当的背景调查，忽略了对应聘者人品的考量。人品不好的员工在离职后极有可能泄露本公司的机密信息。如若老干妈在招聘企业员工时，没有招进如贾某这样道德有瑕疵的人，也就不会存在后续泄密的事情了。

（二）未规范员工离职管理，企业自身防护机制不够完善

在许多离职泄密案中，员工在离职前早已掌握关键核心技术信息，许多关键核心技术信息甚至并没有受到任何保护，更不用谈在员工离职后该信息是否被泄露。在老干妈泄密事件中，正是因为老干妈企业自身防护机制不够完善，才给贾某泄密提供了便利，最终使自身受到损失。

（三）企业员工等级划分不明，机密资料使用流程不清

可口可乐公司的配方核心技术分别由三个高级管理人员掌握，三人身份绝对保密，且这三人只知道自己负责的配料，并不知道其他两种配料，因此很好地杜绝了商业机密的泄露。在老干妈事件中，核心技术人员皆可接触到机密文件，而所有机密文件以电子文档的形式存在，警方在调查时搜查扣押了贾某随身携带的移动硬盘及内含的电子资料，并在其电脑中发现了大量老干妈公司的商业秘密内部文件，足以说明老干妈对核心资料的保护没有做到位。

（四）缺乏对企业内部文件的保密措施

在计算机与互联网高速发展的科技时代，我们的生活与工作也离不开计算机与互联网。在员工流动的过程中，企业未对专业配备的电脑给予相应的关注，未对其及时清理以防止相应的信息泄露。在互联网方面，大数据时代为了工作的便利，许多办公设备都具备上网功能，例如打印机、传真机都具有上网和记忆储存

功能，某个商业秘密资料通过一台带有记忆功能的打印机打印出来后，其他人也可以通过记忆功能把此商业秘密资料再次打印出来，这样就造成商业秘密的泄露。

（五）细节管理不规范

部分企业在员工工作期间十分不留情面，许多无情的做法极可能引起离职员工对企业的怨恨及报复，并且还会动摇其他员工的军心，一旦员工对企业怀揣敌意，则企业泄密的概率就会增加许多。在老干妈泄密事件中，贾某曾因违反公司规定，被扣罚半年工资，月薪近万元的贾某离职前，薪水大幅度下降至 2000～3000 元，因此贾某心中怨恨难平，提出辞职，离职后将老干妈公司的商业机密泄露给其他竞争企业，造成了老干妈近千万元人民币的损失。对于万元月薪的核心员工，突然工资降低到两三千元，也难怪员工心怀怨恨。虽然老干妈一直以人性化管理备受推崇，但对于贾某，这样的惩罚措施未免缺乏科学性。

（六）重要职位员工留任机制不合理

部分企业家创始人将企业视为个人财产，对高级管理人员及重要职位工作人员未给予高度的重视，无法让他们对企业产生强烈的责任感与高度的归属感，更不要说将自身前途的发展与企业的发展紧紧相连。高级管理人员及重要职位员工的经常性流动，不仅会使企业流失人才，更会造成商业机密的严重泄露。

三、启示及防护措施

（一）规范员工入职管理

防止泄露机密信息应该从员工入职的时候开始，并且要时刻贯穿于企业的运营及日常工作中。HR 在招聘新员工时应对新员工进行适当的知识产权背景调查以及个人人品调查，在入职当天与员工签署保密协议、行业禁止协议，以及知识产权声明文件等协议，并定期对员工进行防泄密的培训，提高员工的法律观念及保密意识。

（二）规范员工离职管理，完善企业自身防护机制

在员工离职时应对其进行相应的知识产权注意事项的提醒，在涉及核心机密的员工离职时，还应与其签署离职知识产权协议或执业竞业限制协议，约定在日后的工作期间不能从事业务类似或存在直接竞争关系的经营活动，并及时收回员工手里以电子或纸质形式存有的机密文件。

（三）建立规范的机密资料使用与保管机制

建立严格的内部保密机制以及机密资料的使用流程，并将此制度对员工进行定期培训，让员工清楚公司的保密制度，并与员工签署相应的保密协议，确保员工收到并知悉相关制度内容。同时确定保密等级和涉及人群，应让固定的人知道固定的机密，并且在不影响工作进程的前提下，知道的人越少越好。只有这样，一旦发生泄密，责任人才能够准确界定。

（四）加强电脑及互联网方面的保密措施

在员工流动的过程中，对于企业配备的电脑应由专业人员及时清理，避免商业信息的泄露。为了防范商业机密的泄露，企业可以采取加密措施。例如员工在使用网络传输会涉及商业秘密的文件时，应使用加密计算机程序，需取得解密钥匙。信息的接收人享有该钥匙，进行解密，从而取得信息。这种措施对于传送文件、信息的途中被窃取、窃听，以及员工因过失按错送达对象按钮，都可以有效地保守秘密。

（五）尊重员工，注重细节管理

在企业运营及日常工作期间，应给予员工充分的尊重。遇到分歧时采取商量、协议等人性化的方式，尽量避免以扣工资、解雇等与员工利益相关的方式对员工进行惩罚，任何涉及员工利益的制度，在执行时必须谨慎，减少员工的不满情绪，以免带来更大的商业损失。

（六）完善重要员工的留任机制

企业对于重要职位的员工需要签订长期劳动合同，对于高级管理人员也可以设置一系列的激励手段，将企业的发展和员工个人的发展紧密结合起来，使员工愿意留在企业工作，让员工对企业产生强烈的认同感、依赖感与责任感。这样更有利于建立长期稳定的劳动关系，而长期稳定的劳动关系同时能实现保护商业秘密的作用。另外，企业可以采取分配股权的激励方式，让人才成为企业股东。这一方法是通过让商业秘密的发明人，接触、掌握商业秘密的关键员工拥有企业部分股权，成为企业的股东，使之与企业形成荣辱与共、休戚相关的命运共同体。这些人才由于本身就是企业股东，从切身利益出发，一般不会泄露企业商业秘密。

参考文献

[1] 老干妈遭泄密 [EB/OL]. 新浪财经，http：//finance. sina. com. cn/roll/2017 - 05 - 11/doc - ifyfekhi7330360. shtml.

[2] 从老干妈泄密事件，谈应对员工泄密的方法 [EB/OL]. http：//www. xzhichang. com/Strategy/Article_ 117629. html.

[3] 老干妈泄密事件中看"竞业限制与保密协议" [EB/OL]. 搜狐财经，http：//www. sohu. com/a/139995030_ 119709.

案例四十一 赵薇夫妇收购万家文化

一、万家文化发展史

万家文化出身于房地产业和铁矿业，其前身为"庆丰股份"。庆丰股份于2003年上市，后两年连续亏损。2006年，庆丰股份的控股股东无锡国联纺织集团有限公司，将其持有的公司约1.145亿股全部转让给万好万家集团，"庆丰股份"更名为"万好万家"。2006年借壳上市以后，万家文化曾先后在2008年、2009年、2013年、2014年四次筹划"卖壳"，但都没有成功。随后，公司又进行了资产重组、买卖酒店、投资矿产等许多举动，股价呈现极其不稳定状态，在2014年，该公司整体亏损，净利润跌到 –1417万元，同比下降270%。

2015年，万家文化开始尝试主营业务转型战略，向动漫、游戏及电竞产业等泛二次元产业转型，收购兆讯传媒、翔通动漫、青雨影视三家公司100%股份，切入影视、动漫和媒体全产业链，但随后被证监会否决，只收购了翔通动漫。2015年12月，万家文化完成了浙江祥源房地产100%股权和浙江万好祥源矿业投资有限公司65%股权转让，正式剥离了房地产和矿业开采业务，专注互联网文化传媒。

2016年初，公司在北京组建了北京拾贰星座文化传媒有限公司，建立中国大陆首个以"星座消费娱乐文化"为核心的女子演艺团体Astro12，以及入局艺人经纪与演出业务。7月23日，公司公告分别作价4.14亿元和3.7亿元收购两家电竞公司隆麟网络与快屏网络100%股权。隆麟网络2015年全年的收入仅为16.4万元，但在2016年上半年就已达到了3975万元，增长289倍。而快屏网络2014年和2015年全年收入283万元、1878万元，2016年上半年的收入为4108万元。两家公司以飞速的业绩增长，招致做大交易价格、损害上市公司利益的嫌疑，引起了媒体和交易所、监管机构的广泛关注。

二、案件的过程

2016 年 11 月 2 日，西藏龙薇传媒有限公司成立，注册资本 200 万元。资金尚未实缴到位。

2016 年 12 月 23 日，万家文化的控股股东万好万家集团有限公司（以下简称万家集团）与龙薇传媒签订《万好万家集团有限公司与西藏龙薇文化传媒有限公司之股份转让协议》（以下简称《股份转让协议》），向龙薇传媒转让其持有的 18500 万股万家文化无限售条件流通股，占万家文化已发行股份的 29.135%。本次交易完成后，龙薇传媒将成为万家文化的控股股东。股份转让价款合计 305990 万元，龙薇传媒分四笔向万家集团支付，股份转让协议签署之日起 3 个工作日内支付第一笔 25000 万元；股份转让协议签署之日起 30 个工作日内支付第二笔 120000 万元；股份过户完成之日起 30 个工作日内支付第三笔 120000 万元；股份过户完成之日起 180 日内支付第四笔 40990 万元。收购资金全部来源于龙薇传媒自有或自筹资金。

2016 年 12 月 27 日，万家文化公告控股权转让事项。

2016 年 12 月 29 日，万家文化公告收到上海证券交易所（以下简称上交所）《关于对浙江万好万家文化股份有限公司权益变动信息披露相关事项的问询函》。

2017 年 1 月 12 日，龙薇传媒通过万家文化公告披露对上交所问询函的回复：关于资金来源，本次收购所需资金 305990 万元全部为自筹资金，其中股东自有资金 6000 万元，已于 2016 年 12 月 26 日支付。向西藏银必信资产管理有限公司（以下简称银必信）借款 150000 万元，借款额度有效期为该借款协议签订之日起三个月，借款年化利率 10%，担保措施为赵薇个人信用担保，银必信已于 2016 年 12 月 26 日发放 19000 万元。向金融机构质押融资剩余的 149990 万元，金融机构股票质押融资目前正在金融机构审批流程中，融资年利率 6% 左右，担保措施为质押本次收购的上市公司股份，金融机构股票质押融资审批流程预计于 2017 年 1 月 31 日前完成。若龙薇传媒未能及时足额取得金融机构股票质押融资，龙薇传媒将积极与万家集团进行沟通以使本次交易顺利完成，同时继续寻求其他金融机构股票质押融资。

2017年2月13日，万家集团与龙薇传媒签署《关于股份转让协议之补充协议》，将转让给龙薇传媒的股份总数由原先的18500万股调整为3200万股，转让总价款调整为52928万元，股份转让比例降至5.0396%，调整后的股份转让方案将不会造成上市公司的实际控制人变更。同日，万家文化公告收到上交所《关于浙江万好万家文化股份有限公司控股股东股权转让相关事项的问询函》。

2017年2月14日，万家文化公告上述补充协议签署情况。

2017年2月16日，万家文化、万家集团、龙薇传媒以及各中介对上交所问询函做出回复：《股份转让协议》签订之后，龙薇传媒立即就本项目融资事宜开始与中信银行某支行展开谈判协商，双方于2016年12月29日达成初步融资方案。因本项目融资金额较大，故需上报中信银行总行进行审批。2017年1月20日，龙薇传媒接到中信银行电话通知，本项目融资方案最终未获批准。此后，龙薇传媒立即与其他银行进行多次沟通，希望就本项目开展融资合作，但陆续收到其他银行口头反馈，均明确答复无法完成审批。因此，龙薇传媒判断无法按期完成融资计划。

2017年3月28日，万家文化公告《浙江万好万家文化股份有限公司关于控股股东股份转让进展公告》，称"截至目前，龙薇传媒未提供股份过户所需文件，也未派人前来配合办理股份过户手续，故尚未完成相关股份过户手续"。

2017年3月29日，万家文化公告收到上交所《关于浙江万好万家文化股份有限公司控股股东股权转让进展事项的问询函》。

2017年4月1日，万家文化对问询函做出回复：龙薇传媒表示在补充协议有效期内，万家文化收到了中国证监会《调查通知书》，由于标的公司（万家文化）正被立案调查，结果无法预知，交易存在无法预测的法律风险，龙薇传媒认为交易的客观情况已经发生变化，就补充协议是否继续履行需要与万家集团协商处理，因此未能按照协议约定办理相关股份过户手续。

2017年3月29日，龙薇传媒与万家集团协商一致，双方同意终止本次交易，并于2017年3月31日签署《关于股份转让协议和补充协议之解除协议》（以下简称《解除协议》）。根据《解除协议》约定，原龙薇传媒与万家集团签署的《股份转让协议》和《股份转让协议之补充协议》解除，即万家集团不再向龙薇传媒转让任何标的股份，并将前期已收取的部分股份转让款返还给龙薇传媒，龙薇传媒不再向万家集团支付任何股份转让协议款，双方互不追究违约责任。

三、事件影响

万家文化2016年11月28日停牌，停牌时万家文化股价为18.83元。2017年1月12日复牌后，万家文化连续两个交易日涨停，第三、第四个交易日继续收涨，最高涨至25.00元，涨幅高达32.77%。2017年2月8日，万家文化再次停牌，停牌时股价为20.13元，停牌期间公告股东股份转让比例由29.135%变更为5%。2017年2月16日复牌，当日下跌8.49%，第二个交易日下跌6.89%。2017年4月1日（休市），万家文化公告《解除协议》，次一交易日下跌2.39%，后续该股持续下跌。2017年6月2日，万家文化股价跌至最低点8.85元。截至2017年7月21日，万家文化收盘价为9.03元，较2017年1月17日股价最高点25元下跌63.88%，较2016年11月28日首次停牌前下跌45.20%。

龙薇传媒注册资金200万元，于成立后一个多月即拟收购境内市值达100亿元上市公司（控股权转让谈判时）29.135%的股份，收购方案中自有资金6000万元，其余均为借入资金，杠杆比例高达51倍。在本次控股权转让过程中，龙薇传媒未进行资金的充分筹备，在境内可支付资金有限的情况下，运用高杠杆收购境内上市公司，在股权转让协议签署后才着手寻求金融机构融资。2016年12月23日至2017年4月1日，短时间内，控股权转让事项不断变更，由控股权转让变更为5%股权转让，后又完全终止股权转让，且双方不追究任何违约责任。

上述行为造成万家文化股价大幅波动，引起市场和媒体高度关注，严重影响了市场秩序，损害了中小投资者的信心，影响了市场的公平、公正、公开。

根据《证券法》，证监会做出如下决定：

（一）对万家文化责令改正，给予警告，并处60万元罚款。

（二）对孔德永给予警告，并处30万元罚款。

（三）对龙薇传媒责令改正，给予警告，并处60万元罚款。

（四）对黄有龙、赵薇、赵政给予警告，并分别处以30万元罚款。

（五）根据《证券法》第二百三十三条和《证券市场禁入规定》第三条、第五条、第六条的规定，对孔德永、黄有龙、赵薇分别采取5年证券市场禁入措施。

四、事件分析

万家集团若将持有的 29.135% 的股权以 30.59 亿元的价格转让给著名影星赵薇所控股的西藏龙薇传媒，那么公司的第一大股东将变更为龙薇传媒，实际控制人也将变更为赵薇。

因为赵薇的特殊身份，此收购案一经披露便引来了群众的关注，以及股民大量买入万家股票，而后，证监会介入调查，引起了巨大的争议，对资金来源表示怀疑。

随后在证监会的进一步逼问下，赵薇道出了这次收购资金的来源，结果引起了更大的争议，因为整个收购案就是赤裸裸的资本套路。根据资金流向分析，总结为三种来源，分别是自有借款资金、第三方借款和股权质押融资：

第一部分，赵薇自有资金借款 6000 万元，不收取利息等资金成本；这笔钱已经在 2016 年 12 月 26 日到账。

第二部分，从第三方借款 15 亿元，筹资成本为年化利率 10%，还款期限为 3 年，为赵薇提供 15 亿元借款的是银必信公司，第一笔借款 1.9 亿元在 2016 年 12 月 26 日已经到账，第二笔 13.1 亿元将在 2017 年 2 月 7 日之前到账。

第三部分，14.99 亿元来自金融机构股票质押融资，融资年利率 6% 左右，还款期限为 3 年。

赵薇此次大胆利用 51 倍杠杆，6000 万元撬动 30 亿元。然不想，证监会最近几年加强整改力度，从而影响几家银行无法贷放资金给龙薇集团，阻止万家文化公司的收购，再加上万家文化公司多种令人眼花缭乱的举动已经引起了注意，赵薇收购万家文化，空手套白狼，严重扰乱资本市场。

2016 年证监会主席刘士余一句"资产管理人不当奢淫无度的土豪、不做兴风作浪的妖精、不做坑民害民的害人精"，中国资本市场受到了前所未有的整顿，大批大佬级的资本高手要么落网，要么销声匿迹。各界资本大鳄行动谨慎，纷纷自保其身。赵薇此次行动失败，证监会努力查其是否有与之相关的公司做支撑，彻底清理资本市场。

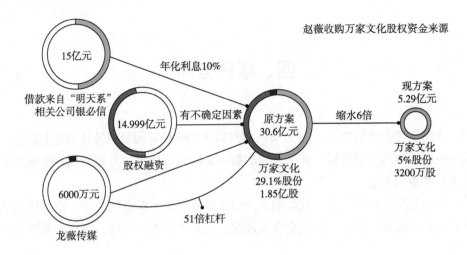

资料来源：公开资料整理。

　　明星投资事件并不新鲜，在投资界，娱乐明星到处可见，最成功的莫过于有"女巴菲特"称号的赵薇了。然此次赵薇铩羽而归，反映了明星投资背后的投资问题。明星投资相比普通人投资，莫过于其明星自身的影响力，在这个互联网新媒体时代，在这个粉丝经济时代，明星入驻资本界，本就能引起股市稍稍变动，从而市场给出了明星过度估价。

　　此次赵薇投资万家文化事件也给大众提了个醒：第一，金融市场杠杆风险不随意乱动。虽然金融杠杆带来的利益令人眼红，但搅动金融市场公平公正的秩序带来的风险更大。第二，明星效应需谨慎。明星本身也未必有深厚的专业素质和知识水平，加上资本市场变幻莫测，明星也未必能够抓住市场规律，大众跟投之前需谨慎。

参考文献

　　［1］赵薇夫妇空壳收购万家文化始末［EB/OL］．新浪财经，http：//finance. sina. com. cn/stock/s/2017 - 11 - 10/doc - ifynstfh4212993. shtml.

　　［2］借款30.6亿元控股万家文化，赵薇杠杆收购上演"空手套白狼"？［N］.证券日报，2017 - 01 - 12.

　　［3］万家文化解密赵薇资本运作路径［N］.华夏时报，2017 - 02 - 27.

案例四十二 趣店风波

一、案例简介

趣店集团成立于 2014 年 3 月，是一个集分期购物与小额现金贷为一体的移动平台，主营 3C、运动户外、美容美妆、服饰等业务，可无信用卡与担保享受分期购物服务，公司致力于为用户提供便捷安全的手机移动分期购物体验。公司定位于服务金融机构、连接消费场景的科技公司，并通过流量分发、场景连接、技术服务，帮助金融机构实现服务实体经济的终极使命。经过四年多的稳健运营，目前趣店集团用户突破 6000 万，2017 年 10 月 18 日，趣店集团成功在美国纽约证券交易所挂牌上市。覆盖白领、蓝领等年轻人群，是中国分期购物的领导者之一。

以校园贷起家的趣店成立于 2015 年 4 月，起先名字是"趣分期"，是校园贷市场头部创业公司之一，创办之初，它借激进的"地推"方式在校园市场中开展学生分期消费业务，主营业务是向在校大学生提供购物分期贷款。

2016 年 7 月，"趣分期"更名为"趣店"，并将服务对象从在校学生扩展至广大青年群体。据相关数据显示，2017 年上半年，趣店共向 700 万活跃借款人提供了高达 56 亿美元的信贷，净利润增长近八倍，达到 9.737 亿元人民币，而同期营业收入增长近五倍，达到 18.3 亿元人民币。与此同时，社会各界的质疑声也随之而来。趣店被公众认为将高利率的贷款借给低收入群体，将引发大量悲惨事件以及对社会造成严重的负面效应。趣店的后期监管风险与舆论压力接踵而至，校园贷业务被叫停，趣店将主营业务转向了现金贷。然而同样野蛮暴力的发展模式依旧受到各界质疑，政策监管也开始临近。

在此背景下，以现金贷为主业的趣店为了摆脱政策监管危机，选择登陆纳斯达克——2017 年 10 月 18 日，趣店在纽交所上市，开盘价为 34.35 美元，收盘价为 29.18 美元，收盘价较之 24 美元的 IPO 价格上涨 21.58%，市值达到 92.26 亿美元。2017 年 9 月 5 日，趣店集团宣布，此后将专注于非信用卡人群的消费金融业务，退出校园分期市场。

二、原因分析

坐拥百亿美元市值的趣店，为何如此招黑？其发展模式又存在哪些问题？

（一）业务结构过于单一

趣店的业务结构太过单一，其中现金贷的业务收入占据总收入 80% 以上的份额。据相关人士分析，趣店 2017 年 2 月的利息水平，最高年利率达到 60%，这是一个相当高的利率水平。2017 年 4 月银监会为了规范现金贷市场，规定现金贷年利率不得超过 36%。与此同时，趣店对现金贷分期的利率进行了调整，刚好踩在"红线"边缘，即 36% 年利率。对于现金贷而言，现金贷针对的贷款需求是短期的、小额的，其产品风险系数较高，运营成本较高。而 36% 的"红线"，对于现金贷而言即是生命线。一旦越过这条生命线，趣店的经营风险将大大提高。

（二）政策管制风险较高

2017 年 8 月 24 日，银监会、工业和信息化部、公安部、国家互联网信息办公室等部门研究起草了《网络借贷信息中介机构业务活动管理暂行办法》，在新闻发布会上银监会明确提出，目前对校园网贷会采取"停、移、整、教、引"五字方针，全面封杀校园贷市场。而趣店作为以校园贷业务起家的公司，不得不将其主要业务从校园贷转型到现金贷。同样对于资本市场而言，其并不担心公司自身的市场风险，更惧怕政策的不确定性。从校园贷到如今的现金贷，趣店一直从事的是业内比较有争议的业务，因此其面临的政策监管风险必然随之发展而增强。

（三）道德风险较高

趣店作为一家校园贷起家的公司，更应该设置严格的风险规避措施。违法经营会导致严厉的监管惩罚以及引发严重的道德风险、公众舆论，极有可能给利润丰厚的趣店带来灭顶之灾。而道德风险与舆论压力主要来源于两个方面：

一方面，学生没有稳定、独立的收入来源，花销基本全靠父母给予，对于学生而言，几乎所有分期消费都会瞒着父母。学生如果想靠自己还钱，要么省吃俭用，用父母给的生活费来还钱，要么兼职工作，使其学习生活受到很大影响。面对"跳楼自杀""裸条借贷"，悲剧一而再再而三发生，校园信贷市场面临较高的道德风险。

另一方面，现金贷被普遍攻击的点源于暴力催收。近几年，不少现金贷平台雇佣或者外包的催收人员采取频繁给逾期者家人、同学、朋友打电话，甚至在大学同班社交网络发布"大字报"，上门恐吓等方式进行催收，造成了严重的社会负面影响。有些平台还为逾期者设置了高额罚息，可谓是"雪上加霜"。这一系列的暴力催收方式，为广大群众所诟病。

（四）过度追求用户数量增长，风险控制失效

趣店为了压倒竞争对手，追求用户数量增长，曾在校园里疯狂地开展"地推"。大学生贷款的广告大量散布在校园、寝室、厕所以及公众的广告牌上。在校园贷业务蓬勃发展的时期，趣店发展迅速。不过，随着校园裸贷等事件频繁发生，2016年监管部门开始整改校园贷，趣店高调退出了该市场。趣店虽然退出了校园贷市场，但是关于趣店一直在继续给学生放贷的传闻从未消停。其实，趣店在发展前期的审核流程相当严格，有不少用户会抱怨别家产品只需在网上填写资料即可，而趣店则需要在线下进行一整套复杂的流程。在面签审核现场，趣店工作人员还会查学生的通话记录，并让学生当场拨打父母的电话，聊一些其他话题，证明是真实联系人。另外，总部也会有工作人员给学生家长打电话，冒充教育机构去核实情况。除了面签审核之外，趣店还有一整套风控体系，由催收部门构成。早期催收的方式很简单，主要是每天给学生打电话，吓唬威胁说如果不还就去银行起诉。后来，趣分期还成立了专门的律师团队，真正去起诉学生。

但这一切在2015年下半年已经全然改变。趣分期负面消息频繁曝出，其中以冒名注册的行为居多。据新浪科技、北京商报等多家媒体报道，自2014年9月起，浙江、山东、四川等地高校发生了多起集体性"被注册"事件。不少没

有使用，甚至没有听说过趣店的同学，曾收到过趣分期的催款短信。据短信显示，其在趣店的账单逾期未还，将对芝麻信用分产生不良影响。有知情人士称，背后的原因是趣分期一味追求用户数量，导致风控团队形同虚设。自 2015 年下半年开始，坏账频增，曾经比同行低的逾期率也已不复存在。

（五）过度依赖支付宝

蚂蚁金服子公司为趣店的股东之一，占股比例为 12.8%，是趣店唯一的战略投资者。趣店官网显示，2015 年 9 月趣店与蚂蚁金服旗下支付宝、独立第三方征信机构芝麻信用达成战略合作，完成支付体系和征信。也就是说，趣店在用户获取、资金托管、风险控制等方面几乎全部依靠支付宝，等于把性命交给了大哥，放弃了独立自主的主权。支付宝完全掌握着趣店资产端（即借款人的债务）的数量与质量，甚至能够控制趣店的财务数据，进而操纵股价。这种在用户获取、资金托管、风险控制等方面几乎完全依赖支付宝的单一性战略合作关系，对于趣店这样一家上市公司而言，显然是不牢靠的。

（六）风险控制系统不完善

趣店招股书显示，趣店的重要高级管理人员除 CEO 罗敏和 CFO 杨家康之外，只有首席用户体验官吕连柱一人的名字，并没有与风险控制相关的高级管理人员。实际上，在递交招股书之前，趣店的风险控制能力几乎接近于零。其实，以校园贷起家的趣店，应该早就预测到其发布招股书后必将会面临各方面的曝光和质疑，公司理应早早做好准备，小心谨慎。一方面由于公司自身业务本就存在一定的天然缺陷，另一方面趣店没有做好潜在风险管理，也没有对潜在风险拟定好应对措施，在危机到来时，也没有和媒体、专业公关公司进行有效沟通解决问题，并且过于高调、急于辩白、针对性有误等，无论是罗敏，还是趣店的投资人、趣店的公关层都成了这场舆论灾难的助攻力量。

从趣店惨痛的经历里我们看到，上市企业如何与公众、投资者以及媒体打交道是一门非常高深的学问，无论是对危机及时预防还是对公关与风控系统的建设，都应该引起高度的重视。

（七）现金贷本身存在的问题

趣店承受舆论压力的问题大部分来源于现金贷业务，现金贷由于自身存在的问题以及被媒体的大量报道，已经被妖魔化，甚至很多开展现金贷业务的公司都很忌讳公众将自己定义为现金贷公司。而趣店作为从校园贷起家，以现金贷业务赚取大量利润，并已经在纽交所上市的公司，舆论自然会将很多行业性问题归结于趣店一身，例如暴力催收、高利息利滚利，导致许多人倾家荡产甚至是跳楼自杀等问题。现金贷这个行业如今已是泥沙俱下，各种问题不断浮现。但趣店既然选择了经营现金贷这样一个充满争议的业务，并通过该业务获取了大量利润，那么趣店就应该承受现金贷所带来的舆论压力，以及随时会到来的政策监管。更不论趣店利息水平较高、骗贷行为严重猖獗等问题都是真实存在的。

三、案例总结

综上所述，趣店目前无论是在日常业务经营，还是企业发展上都面临较多的问题。因此，趣店对自身问题的不断发现与纠正变得尤为重要。应及时调整主营业务，时刻关注监管动态，完善企业的风控系统，提高自身的风控能力，使其符合各监管部门的风险防控要求，合规合法将是趣店集团可持续经营与发展的唯一出路。

参考文献

［1］趣店到底冤不冤？做现金贷赚了钱就该承受舆论压力［EB/OL］. 网易科技，http：//tech. 163. com/17/1024/07/D1GET4I400097U7R. html.

［2］揭开趣店上市前的惊人内幕！［EB/OL］. 搜狐财经，https：//www. sohu. com/a/197524655_ 813813.

［3］趣店上市的背后：现金贷换汤不换药　监管危机临近［EB/OL］. 中国经济网，http：//finance. ce. cn/rolling/201710/19/t20171019_ 26585256. shtml.

［4］疑窦丛生的招股书，解密趣店数据真相［EB/OL］. 亿欧，https：//www. iyiou. com/p/57237.

案例四十三 比特币

一、什么是比特币？

比特币（BitCoin）是一种去中心化、非普遍全球可支付的电子加密货币。比特币的概念是由中本聪（化名）在 2009 年提出的，它不依靠特定的货币机构发行，仅依据特定算法，通过大量计算产生，是整个 P2P 网络中众多节点构成的分布式数据库来确认和记录所有的交易行为，并使用密码学设计来确保货币流通各个环节的安全性，是一种实现了"用户自治、全球通用"的加密电子货币，也是一种对等网络支付系统和虚拟计价工具，被一些人称为"货币之王"，其本质上就是一种虚拟货币。

2011 年 6 月比特币中国网开始运行，2013 年 4 月 16 日，中国比特币的价格首次超越国外价格，随后四川雅安地震中，壹基金宣布接受比特币捐赠，使许多中国民众开始认识和了解比特币。随后比特币在中国迅速走红，由刚开始极客们

所玩的游戏迅速被许多民众所认知和接受，成为一个新兴的投资行业。比特币的价格也随交易量的放大而一路走高，一枚比特币价格最高时接近8000元人民币。相关行业也得到了迅速发展，许多民众开始挖矿，国内也出现了一些其他的虚拟货币，如莱特币、咸丰币等。

二、比特币成功的原因

比特币实质上就是一个电子信号，它如今成了全球热烈追捧的电子货币，其价格大幅度超越了其价值本身。比特币之所以成功，是因为它很好地满足了人们的各种需求。具体体现在以下几方面：

（1）比特币的稀缺性很好地满足了人们在通胀背景下资产保值增值的需求。2008年全球经济危机爆发，世界上各主要经济体为了走出危机采取了各种各样的货币量化宽松政策来刺激经济，货币贬值、物价上涨成为主要经济现象，通胀成为主要的经济预期。比特币生成的技术手段注定了其数量上的稀缺性，且总数量被永久地限制在2100万个。另外，比特币的发行不依赖于特定的中央发行机构，因此比特币不存在超发的问题。这与陷入通货膨胀的国家货币形成了鲜明的对比，人们看到了其保值增值的潜力，于是大量的投资者涌入比特币市场。

（2）比特币的去中心化特征很好地满足了人们的"叛逆"心理。比特币本质上就是一种分布式的虚拟货币，整个网络由用户构成，没有中央银行等中央发行机构，具有典型的去中心化特征。中本聪正是以"去中心化"为核心思想创造了比特币，并致力于建立一套新的金融体系，从而消除现行国际金融货币体系的种种弊端。这样的思想也在一定程度上吸引了大量具有"叛逆"心理的投资者，给了人们类似"屌丝逆袭"的诱惑。

（3）比特币的可流通性有效降低了投资者的持币风险。中本聪将密码学原理与互联网技术相结合，开发出了能自我完善并且免费的比特币应用体系，经过比特币追随者的不懈努力，其应用系统也在不断地完善，从而使比特币得到越来越多的社会个人、组织和机构的认可。比特币不仅可以购买网络中的虚拟商品，而且可以购买生活当中的现实物品，许多社会机构，比如Overstock等已经开始接受比特币。只要有人接受，就可以兑现，其流通性大大降低了投资者的风险。

（4）比特币较高的知名度以及投资交易的简便性很好地满足了人们的投资

需求。随着经济的不断发展，人们的投资需求日益增长。但是市场上的投资渠道比较单一，可靠的投资产品也比较少，并且大多数都是一些十分复杂的金融衍生产品，而普通民众金融知识有限，他们看不懂这些复杂的金融衍生品。他们需要的是知名度高（一定程度上代表了可靠）、交易简单易懂、操作方面的理财产品。而比特币很好地契合了普通民众的投资需求。

三、发展中存在的问题

比特币虽然发展迅速，但在发展中也存在着一些问题。

（1）价格波动性大。比特币适合投机的特性为其吸引了大量的投资者，正是由于大量炒家的进入，又进一步促进了比特币的流通，导致比特币的市场价格容易发生剧烈起伏。其币值的不稳定，也注定了比特币无法成为真正的结算货币。

（2）比特币交易平台的安全性脆弱。2014 年 2 月 28 日，世界最大的比特币交易所运营商 Mt. Gox 宣布，交易平台的 85 万个比特币被盗一空。这再次提醒了人们注意，比特币交易平台本身的安全性存在很大问题。

（3）交易的确认时间太长。比特币的产生宣称应用了区块链技术，首次安装比特币钱包时会耗费大量时间来下载历史交易数据块。交易的时候为了确认数据的准确性，也会消耗一些时间，需要得到全网的确认之后交易才算完成。这个交易确认的效率问题势必会影响比特币的全球应用。

（4）比特币受到了世界主要国家的严格管制，甚至是封杀。比特币过于虚拟，在传统金融从业者看来，它破坏了国家的货币体系，将对国家的现行金融体系造成损害，并威胁到了国家的宏观经济发展。

四、未来的风险

比特币在发展中面临的风险如下：

（1）流动性风险。比特币本质上是一种虚拟货币，没有任何的实体资产作为保值的基础，整个交易过程完全是依靠人们的投资信心。从经济学的角度来说，所有的投资者都是在"博傻"，在这一点上完全不同于国家货币或者股票债券等有价证券，因为国家货币是以国家信用和黄金储备为保值基础的，股票和债券也是以一定的实体资产为保值基础的。因此，从比特币出现之后到现在，市场上不乏价格暴涨暴跌的现象出现。2013 年 11 月 19 日，比特币当日最高价曾涨至接近 7000 元，9 小时过后，市场价格又从 6980 元一路跌至 4701 元。这种暴涨暴跌的情况让人们不禁联想到了历史上著名的"荷兰郁金香泡沫事件"，由此很多人也指出比特币根本不是货币，投资者投资的不过是一种泡沫化的投资品而已。照这样发展下去，难保市场上不会出现第一个醒悟的做空者，到时比特币的流动性风险将被无限放大，由此带来的只能是泡沫破裂、财富的梦想破灭。

（2）政治风险。比特币从诞生伊始，争议的声音就不断，有的国家表示赞同，比如阿根廷和德国；有的国家明确表示反对，比如巴西和泰国。但各国对比特币的管制都在不断加强，比如中国人民银行在《关于防范比特币风险的通知》中就明确表示"比特币并不是真正意义上的货币"。可以说，各国政府的态度和监管力度直接关系到比特币的生死存亡。

（3）技术风险。比特币是将密码学原理、对等网络技术和开源软件相结合，依靠特定算法，经过大量计算产生的。也就是说，比特币完全是以互联网技术为载体的，因此极易受到黑客攻击，投资者的权益无法得到有效的保障。比如 2014 年 4 月 28 日 Mt. Gox 交易平台 85 万个比特币被盗，直接损失估计约 4.67 亿美元，这也为 Mt. Gox 交易平台的破产埋下了祸根。

（4）同业竞争。比特币的成功吸引了各方面的注意力，除比特币之外，众多同样与比特币类似、完全依靠投资者信心来维持收益的虚拟货币如雨后春笋般涌现，如 Ppcoin、Terracoin 等，这些替代产品将在一定程度上给比特币带来挑战，将会抢夺比特币的客户资源。再加上比特币交易平台本身的管理十分混乱，缺乏行业的统一管理标准，特别是业内的不良竞争和非法交易平台的出现，很可能使投资者对比特币产生不信任，这种信任危机在 Mt. Gox 破产之后变得尤其明显。这两个方面的问题，使比特币很有可能将来在资本市场上昙花一现。

参考文献

比特币商业案例分析［EB/OL］. https：//wenku. baidu. com/view/c55a197b4 431b90d6c85c7ae. html.

案例四十四 "一带一路"波兰 A2 高速项目

一、案例介绍

A2 高速公路连接波兰华沙和德国柏林，是为波兰 2012 年 6 月和乌克兰联合举办欧洲足球杯特别设计建造的，招标时要求必须在 2012 年 5 月 31 日前建成通车。同时，波兰 A2 高速公路项目是波兰政府公开招标项目，中海外联合体于 2009 年 9 月中标，中海外联合体由中国海外工程有限责任公司、中铁隧道集团有限公司、上海建工集团及波兰贝科玛有限公司组成，联合体中标了其中 A、C 两标段，总长 49 公里。该项目作为中国企业首次进入欧盟国家的大型基础设施项目，于 2009 年 9 月 28 日与业主签署了施工合同，合同总额 4.47 亿美元，总工期 32 个月，总报价 13 亿波兰兹罗提（约合 30.49 亿元人民币）。

中海外把波兰作为打入欧洲市场的第一站，因此迫切希望中标本工程。中海外在投标前对本工程的勘察设计、招标文件均没有非常细致地审查，凭借过往的经验认为中国公司有很多成本优势，因此 13 亿波兰兹罗提的价格应当能够完成工程，同时，意图通过低报价高索赔来获取工程收益。最终，中海外联合体的中标价格仅是波兰政府预算 28 亿兹罗提的 46%，为此，近 20 家竞争对手向欧盟指控中海外联合体"低价倾销"。

中海外与波兰公路管理局签订的合同是以国际通用的菲迪克文本为基础，但其中许多维护承包商权利的条款都被删除或修改。如菲迪克条款中，如果因原材料价格上涨造成工程成本上升，承包商有权要求业主提高工程款项。但关于变更程序，中海外合同规定：所有导致合同金额变动或者完成工程时间需要延长的，必须签订书面的合同附件。

实际上，中海外投标时全球经济不景气，当地的施工项目不多，因此原材料供应并不紧张，价格尚处于低谷。但在履约过程中，随着全球经济向好，且欧洲杯相关工程陆续上马建设，当地的沙子、钢材、沥青等原材料价格大幅上涨。中海外向波兰公路管理局提出对中标价格进行调整，但公路管理局依据合同以及波兰《公共采购法》等相关法律规定明确拒绝了中海外的调价申请，为此中海外不得不垫付资金以满足施工需求。

语言问题也是履约过程中的一个大问题，双方签署的是波兰语合同，英文和中文版本只是简单摘要，而中海外只请人翻译了部分波兰语合同，而且由于合同涉及大量法律和工程术语，因此翻译的准确性不够。为了节约成本，中海外聘请的翻译人员能力和经验不足，导致双方工作人员沟通不畅，引起一些不必要的麻烦，导致翻译过程效率极低。

中海外对于工程的环保要求也没有充分的认识。招标文件明确 C 标段一共有 6 座桥梁设计需建设大型或中型动物的通道，而中海外对此没有引起足够的重视，并且在中海外的报价中对桥梁的动物通道成本没有做出预算。而环保成本在波兰筑路工程项目总投资中的占比一般是 10% 左右，距离中海外工地大约 300 公里的 A2 高速公路西段环保成本占 25%。同时，工程沿途一共生存七种珍稀两栖动物，包括一种雨蛙、两种蟾蜍、三种青蛙以及一种叫"普通欧螈"的动物。咨询公司还派专人前往中海外办公室给员工上培训课，要求中海外必须在入冬前将珍稀蛙类搬到安全地带，因为这些蛙马上就要冬眠，必须避免施工中对这些珍稀蛙类造成伤害。中海外为此停工两周，员工全力以赴用手搬运珍稀蛙类。

资金压力导致中海外不断拖欠分包商款项，当地分包商游行示威抗议中海外拖欠劳工费用，当地劳工冲进中海外在华沙的办公场所，并在办公楼外焚烧轮胎，项目被迫停工。此时，32 个月的合同工期已过去 1/3，而中海外 A 标段才完成合同工程量的 15%，C 标段仅完成 18%，工程进度严重滞后。最终，中海外决定放弃该工程。若要按期完成工程，A、C 两标段总共需投入资金 7.86 亿美元，预计收回合同款 3.91 亿美元，整个项目预计亏损 3.95 亿美元（约合 25.45 亿元人民币）。波兰公路管理局向中海外联合体提出了 7.41 亿兹罗提（约合 2.71 亿美元）的索赔，禁止中海外建筑企业成员在未来 3 年内在波兰参加任何道路工程的建设，而贝科玛公司也可能在业主方的强硬追索下破产，而合同的争议解决部分约定所有纠纷由波兰法院审理。

二、原因分析

这是中国企业国际化经营中的一个典型案例，此案例显示中国企业在波兰A2工程中出现了以下失误，最终导致项目失败：

（1）弱化前期工作，盲目低价竞标。中国企业急于进入国际市场，在国际化竞争中通常会采用低价竞标的策略。中国企业认为自身具有成本优势，而忽略项目潜在的风险，比如，想要利用廉价的中国劳动力的优势降低成本，然后通过工程变更提高价格获得利润；甚至有些中国企业以国内的类似项目的成本直接用汇率换算成当地货币进行报价，忽视汇率的变动，最后因为各种风险导致项目亏损。外国公司之所以报出高价，就是用价格来覆盖未来各种不可控的风险，这是中国企业没有考虑的。

（2）合同意识缺乏，合同管理欠缺。中国企业对合同和法律的严肃性缺乏认识，在国内，政治因素在中国建筑企业承包工程时起了很大的作用，政治关系有时能发挥作用，往往掩盖了合同约束双方、规避风险的真正作用，把签订合同视作一个形式。但是，在国际工程中，项目的所有过程都是一个系统性的法律工程，法律约束了项目的所有内容。中海外在签订合同时忽视条款的严重性，没有意识到合同的重要性，将重点放在与波兰的关系上，最终导致履约中的大量问题无法通过合同弥补，失去了利用合同保护自身利益的机会。同时，合同的语言也在履约过程中造成了困扰，中海外在中标后与波兰方签订的是波兰语合同，只有内容摘要部分有中英文，对合同中专业术语的翻译也不完整和详细，对合同细节的处理不够完善，所以在后面关键性条款谈判时处于被动地位，无法通过合同保护自身的利益。

（3）缺乏风险管理，风险意识淡薄。风险贯穿于项目的各个阶段，对风险的管理、分析、控制意识要随时保持。汇率价格风险在项目的成败中起着关键作用，在项目开始时，全球经济尚未复苏，施工的路段有限，原材料供过于求，价格处于低迷阶段。但是随着波兰经济复苏和2012年欧洲杯的建筑热潮，波兰国内原材料的价格大幅上升，施工设备的租赁价格也持续上涨，而且，中海外在波兰国内并没有固定的原料供应商，无法享受优惠的价格和提前锁定供应商的价格。中海外忽视原料价格上涨，并且没有意识到价格上涨的风险，也没有将风险反映到合同报价中。国际市场容易受到各种因素的影响，而中国企业在当地掌握的市场资源有限，风险意识淡薄，风险的管理不足，是导致项目最终失败的原因之一。

（4）项目管理不当。中海外为了控制成本，对一些必要的费用开支没有给予充分考虑，特别是前期调查费用、合同文件翻译费用、法律服务费用、税务咨询费用等，导致前期工作准备不充分，忽视投标细节，在后期无法使用合同来维护权益，造成了巨大的经济损失。而且，这些服务的缺失将导致中国企业如同盲人摸象，在国际竞争中陷入极端被动的状态。

（5）忽视环保问题，缺乏环保意识。中海外在施工前没有意识到环保要求，而且没有将环保部分的预算考虑到合同的报价中，在施工过程中也没有予以重视。虽然波兰大量基础设施项目建设资金都有欧盟机构的补贴，但是中海外在施工过程中违反欧盟环境保护法律，就可能拿不到补贴，并且耗费了大量的人力、物力和时间去处理有关的珍稀动物，最终造成了不可挽回的后果。

（6）政府机构管辖不利。本项目中有关争议的解决约定在项目所在国法院，而合同对方是所在国政府机构，在这种情况下司法机构很容易产生倾向性，从而导致争议处理结果不利于中方。因此，在国际项目中，有关争议的解决应尽可能在合同中约定由第三国仲裁机构解决，从而保证中国企业能够得到公正的对待。

三、案例启示

工程项目的承包不仅需要企业有技术层面的能力，而且还要求企业具有项目管理方面的能力。另外，中国企业的建筑思想与国际项目承包的要求不一致，中国企业深受传统思想的影响，不了解国际要求和国际惯例。所以，中国企业在"走出去"之前要先对自己的企业有一个充分的认识，了解其优点和不足，积极学习相关的知识和经验，尽快与国际接轨。

（1）做好前期准备，充分认识投标工作。中国企业在进入国际市场之前要树立"高质量"的观念，不要一味地强调速度。国际市场变幻莫测，国际环境更加复杂，这需要中国企业具备更多的耐心，做好花费大量时间去了解国际市场的准备，做好前期的准备工作，为后面更加纷繁的工作奠定一个良好的基础，形成稳定运作的投标体系。在投标之前，首先要阅读相关的招标文件，文件的翻译工作必须要引起重视，对专业术语更要做到完整详细。其次要对施工路段做一个细致的勘察，包括地形、气候、资源等，还包括人文方面的，比如民俗、宗教信仰、文化程度等。市场调研也是必不可少的部分，例如，当地的经济发展水平、原材料价格、施工工具的租赁价格等。最后是标书的编制，根据前期的调研，合理规划预算，充分考虑市场风险，并协调各方面的内容。

（2）培养合同意识，加强合同管理。中国企业不管是在国内承包工程还是国外承包工程，首先要重视合同的重要性，明白合同是履约的基础和日后权益的保障。同时，在合同的订立阶段，要全面地了解相关的资料，考虑未来可能会发生的各种风险，清晰明确地将各项要求表达在合同中。特别是合同中的关键信息，例如双方的权责问题、赔偿问题、合同内容变更等，都需要在双方的谈判过程中规定清楚，主要是因为外方业主希望通过合同的签订来规避大部分风险，而这大部分风险则由中方企业来承担，所以中国企业在了解合同各方面之后，在双方谈判时尽量争取更多有利的条款，特别是增大工程变更可能性的条款，比如针对材料设备价格波动的物价调整条款。还有就是，在国际工程承包市场中，业主居于主要地位，建筑企业通常会面临双方签署的合约更倾向于保护业主利益的问题，所以，在合同中要特别注意业主提出的其他容易被忽略的要求，就像本项目中的环保要求，这在国内工程承包项目中并不多见，所以中海外并没有引起重视，是将自身逐步推向被动地位的原因之一。

（3）培养风险意识，加强风险管理。国际市场不同于国内市场的很重要的一点就是国际市场具有更多的不确定性。任何因素的变化都会带来意想不到的结果。这就要求中国企业随时保持对风险的分析和防范。再加上国际市场上完备的市场机制和法律制度，中国企业在国内的传统做法和一些投机取巧的行为在国际上根本行不通，必须用正确的商业思维来对待任何一个项目，而不是靠政治关系来解决问题。而且，国际市场内的项目管理的难度高于国内市场，不管是项目本身所包含的内容，还是国际市场内其他的因素，都使国际项目的风险显著提高，这就给项目最终的成功提出了更高的要求。所以，对风险的管理显得尤为重要，对风险管理的成功与否直接影响了工程的成败，在一定程度上，也给中国其他企业"走出去"提供了经验。所以，在国际项目中，风险意识要始终贯穿于整个过程中，在任何环节都有可能出现意外，提醒项目管理层要重视对风险的管理，根据项目的性质，做出风险分析报告，想出对应的对策，并不断地对项目的各个阶段的风险对策的实施情况做出反馈，及时掌握未来可能会出现的风险，提前做好应对准备，不要等到风险出现并造成影响后再做出反应，这依然会造成损失。

同时，项目管理层要积极组织，加强对风险管理的相关知识的学习，并结合实际，总结过去，积累经验。所以，培养风险意识，加强风险管理是建筑企业在国际市场项目中成功的重要因素。

（4）了解国际市场要求，提高项目管理水平。中国建筑企业"走出去"，通常会采用低价竞标的方式，所以为了控制成本，会减少一些必要费用的开支，比如前期调查费用、合同翻译费用、法律服务费用等，这些将会导致中国企业的前期准备工作不充分，从而带来一些麻烦。此外，中国建筑企业想要靠较低的生产要素价格的优势抢占国际工程承包市场的竞争力逐渐下降。因此，中国企业应该拓展视野，更多地了解国际市场需求，针对国际市场发展出具有企业特点的竞争优势，由劳动力密集型转向技术、资金密集型，提高国际竞争力。同时，企业管理层应该引进先进的管理方法和理念，科学地管理企业，调整企业结构，并积极组织企业员工学习先进的科学技术和知识，转变传统观念，从而提高企业的整体能力，加快与国际接轨的步伐。波兰项目中的环保要求就是中国企业向国际靠拢需要学习的部分，国际上对环保的要求比国内严苛，提醒中国企业在施工过程中不仅要保证项目的完整性，还要对生态系统造成尽可能小的影响，这就需要企业树立环保观念。满足国际市场需要的管理原则才是适合国际市场的，这不仅有利于有效项目的管理，还有利于公司的创新、发展。只有适应市场的管理才是有效的管理，才能带动项目顺利实施并取得成功。中国建筑企业要不断地向国际优秀企业学习成功经验，尽快与国际接轨，更好地在国际市场上取得竞争优势。

参考文献

［1］A2 高速公路［EB/OL］. 百度百科，https：//baike. baidu. com/item/A2 高速公路/12678414.

［2］向鹏成，牛晓晔. 国际工程总承包项目失败成因及启示——以波兰 A2 高速公路项目为例［J］. 国际经济合作，2012（5）.

［3］邬海君. 波兰 A2 高速公路项目失败的启示［J］. 养护与管理，2015（1）.

案例四十五　英吉利海峡隧道建设 BOT 融资案例

一、案情背景

英吉利海峡隧道（The Channel Tunnel）又称英法海底隧道或欧洲隧道（Eurotunnel），是一条把英国英伦三岛连接到欧洲法国的铁路隧道，于 1994 年 5 月 6 日开通。它由三条长 51 千米的平行隧洞组成，总长度 153 千米，其中海底段的隧洞长度为 3×38 千米，是世界第二长的海底隧道及海底段世界最长的铁路隧道。从 1986 年 2 月 12 日法、英两国签订关于隧道连接的坎特布利条约（Treaty of Canterbury）到 1994 年 5 月 7 日正式通车，历时 8 年多，耗资约 100 亿英镑（约 150 亿美元），是世界上规模最大的利用私人资本建造的工程项目。隧道横跨英吉利海峡，使由欧洲其他地区往返英国的时间大大缩短。隧道长度 50 千米，仅次于日本青函隧道，它把孤悬在大西洋中的英伦三岛与欧洲大陆紧密地连接起来，为欧洲交通史写下了重要的一笔。

二、项目 BOT 融资过程简介

1985 年 3 月 2 日，法、英两国政府发出对海峡通道工程出资、建设和经营的招标邀请。

1986 年 1 月 20 日，两国政府宣布选中 CTG – FM 集团公司提出的双洞铁路隧道方案。接受政府委托后，CTG – FM 集团公司正式改名为欧洲隧道集团公司。

之后，欧洲隧道集团公司将隧道工程的施工任务承包给了 TML 集团公司。TML 集团公司由 5 家英国公司和 5 家法国公司组成，共有职工 1.4 万余人。在施工过程中，欧洲隧道集团公司主要负责融资工作。

1986 年 2 月 12 日，英国首相撒切尔夫人和法国总统密特朗代表两国政府正式签署了建设英吉利海峡海底隧道条约——"坎特布利条约"（Treaty of Canterbury）。条约明确了两国政府对隧道所负的责任，阐明了隧道由私人承包的性质，赋予特许权获得者在政府政治干预下给隧道建设带来损失时向政府索赔损失的权力，说明建立两国政府联合工作委员会及安全监督机构在处理隧道施工、经营中有关安全、环境保护等事务时行使政府职权的必要性，规定了管辖权权限以及在条约的解释上发生争执时的仲裁方法，等等。

1986 年 3 月 14 日，两国政府与欧洲隧道集团公司正式签署了特许权协议。协议明确地规定了政府与欧洲隧道集团公司的合同条件以及隧道施工、经营的安全、治安、边境管理等方面的要求。协议规定，特许经营期限为 55 年，后来延长到 65 年，从 1987 年算起。到期后，该隧道归还两国政府的联合业主。协议还规定两国政府将为欧洲隧道公司提供必要的基础设施，并且该公司有权执行自己的商业政策，包括收费定价。

1987 年 7 月 23 日，经过英国议会上下两院辩论和两院特别委员会听证，英国政府议案获得通过。

1987 年 7 月 29 日，条约也被通过，特许权协议也由此生效。从此，隧道施工、经营等方面得到了两国政府在政治和法律等方面的全面保证。

1987 年，经过各方努力，隧道建设所需资金已全部到位。

三、项目参与方

发起人——英法两国政府：英法两国政府发出对海峡隧道工程出资、建设和经营的招标邀请，作为项目的发起人。

投资者——CTG - FM：是一个由两国建筑公司、金融机构、运输企业、工程公司和其他专业机构联合成立的商业集团。

项目公司——欧洲隧道公司：是一个合伙制组织，负责运行和经营。

总承包商——TML 联合体：负责施工、安装、测试和移交运行，作为总承包商。

贷款方：牵头银行组织了一个由 40 家二级银行组成的价值 50 亿英镑的联合贷款承销集团。

四、项目的承发包方式与风险

（一）项目采用固定总价和目标造价合同的方式

欧洲隧道公司承担了海峡隧道的全部建设风险，并为造价超支准备了一笔巨额备用贷款。

49 亿美元的陆上建筑工程的一半按照固定价格承包，而隧道自身则按目标造价承包，欧洲隧道公司将把实际费用加固定费用支付给承包商。如果隧道以低于目标造价完成，承包商将得到全部节约额的一半，如果实际造价和预定目标超支，承包商必须支付规定的违约赔偿金。

另外，由于受到水底状况、设计及技术规格变更、通货膨胀等不可控因素的影响，其合同会受到价格调整的影响。

（二）计划总投资费用及建设工期的风险

总投资为 92 亿美元（在施工过程中已增加到 120 亿美元），计划 1988 年开工，1995 年竣工。建设工期的风险就在于，拖延施工工期会使经营期相对缩短，并会直接影响到该项目的收益和债务的偿还。这就有可能将欧洲隧道公司置于风险当中，因为该公司到期若不偿还银行规定的额度，银行可以行使自己的权利对该公司进行监理并出售其资产。

五、项目融资的情况

项目融资的情况如下：

（1）政府对贷款进行担保。

（2）该项目将按优先的追偿权，100% 由私营团体筹资，交付发起人使用，债务由完成的项目收益来偿还。

（3）该团体必须筹集 20% 的股票投资，即 17.2 亿美元的现金。除此之外，74 亿美元贷款将从 209 家国际银行筹措。筹款之初，14 家初期项目承包商和银行首先赞助 8000 万美元。同时，在 4 个发行地点成功筹集到大批以英镑和法郎计算的股票投资。

六、项目的政府担保

欧洲隧道公司从英、法两国政府得到的担保很少。英国政府要求建设、筹款和经营的一切风险均由私营部门承担。除特许经营期较长外，政府没有向该公司提供支持贷款、最低经营收入担保、经营现有设施特许权。外汇及利率担保，也仅仅提供了商务自主权、"无二次设施"的担保。政府唯一为欧洲隧道公司提供的是充分的商务自主权担保，包括自主确定其税率。

欧洲隧道公司的一半收入来自它的铁路协议，即利用隧道的国家铁路将伦敦同目前尚未充分开发的欧洲高速铁路网联结起来。其他收入将来自对过往隧道铁路商业车辆的收费。且政府许可 38 年内不设横跨海峡的二次联结设施。

七、项目失败的教训

（一）项目建设成功，经营失败

项目成功解决了海底隧道建设的问题，但是，不仅建设公司亏损了 10 亿美元，通车后的运营也连年亏损，通车 3 年多营业亏损累计已达 32 亿美元。当英、法两国各自向中间掘进并成功会合时，为了安排海底握手场面拍电视的需要，就增加了 500 万美元的支出。西方媒体称英吉利海底隧道成了资金的无底洞，是建筑的杰作、经营的败笔。主要原因是大部分横渡海峡的来往旅客都愿意在跨海轮渡中欣赏海面建筑物和大自然风光，除非有紧急工作任务，为了赶时间才走海底隧道。

（二）政府只提供"无替代设施担保"

英、法两国政府与项目公司签订的特许经营权协议中明确特许权期限为 55 年。政府承诺在 38 年内不再建设第二个海底隧道。政府不对贷款融资做任何担保，也不做任何直接或间接资助，只依靠项目收入来还贷和支出。

（三）银行贷款的先决条件：D/E 比为 4:1

该项目融资数量大，融资参与单位多，提供贷款的银行约 200 家。银行贷款的前提条件是欧洲隧道公司必须投入股本金约 18 亿美元（即总投资的 1/5），在特许权协议中就明确要求 D/E 比为 4:1，即必须投入约 1/5 总投资的股本金，银行贷款额则达到 87.5 亿美元。

（四）项目管理——以合作和协调克服分歧和对抗

该项目涉及众多的当事人，包括英、法两国和当地政府有关部门，欧、美、日等 220 家贷款银行，70 多万个股东，许多建筑公司和供货厂商，管理的复杂性给合作和协调带来了困难。

合同是合作的基础。掘进工程采用的目标费用合同是比较合理的，因而掘进工程基本上按计划完成。隧道列车的采购采用成本加酬金的合同，由于无激励因素带来了较多的延误和超支。固定设备工程采用总价合同并不是一个好办法，由于欧洲隧道是以设计、施工总包的方式和快速推进的方法建设的，在签订合同时还没有详细的设计，这在合同执行过程中潜藏了分歧和争议。

（五）项目孵化是项目成败的关键

项目孵化是指从提出项目设想到论证、立项和组建主办机构的过程。欧洲隧道经历和面临的危机，其原因可追溯到它的孵化期。

项目在论证阶段曾聘请多方面的独立咨询的交通专家进行预测，普遍认为 1992 年之后的 15～20 年内跨海峡的交通需求可能会翻一番。1991 年英国、法国、比利时之间的跨海峡旅客市场已经达到 3130 万人次，2003 年会达到 5830 万人次。但实际情况表明当初对效益的预测过于乐观。

另外，欧洲隧道公司在组织结构上也有明显的缺陷。一般认为，不能让发起人（指英法隧道集团 CTG – FM）又作为建设方，允许自己的合作伙伴（指总承包商 TML 和牵头银行）与他们自己签订合同。TML 是一个庞大的集团，一家总包就削弱了投标的竞争性，也是导致造价高昂的一个因素。

参考文献

项目融资案例分析——英吉利海峡隧道 ［EB/OL］. https：//wenku. baidu. com/view/f07262527e21af45b307a86a. html.

案例四十六 法西铁路 PPP 项目

一、项目概述

1995 年，欧洲各国在数轮谈判后最终达成协议，决定在欧洲铁路网建设中引入 PPP 模式。在该协议下，法国政府和西班牙政府依据国际铁路联盟标准，建设了一条从法国佩皮尼昂至西班牙菲格拉斯的跨国铁路。

法国佩皮尼昂至西班牙菲格拉斯跨国铁路全长 50 公里，经过 5 座大桥和一条 8 公里长的隧道。项目总投资 10 亿欧元，其中 32% 用于隧道的修建。这条铁路在法国和西班牙乃至欧洲铁路系统中都起到重要的连接作用，使法国至西班牙的货运时间缩短 10~12 小时，客运时间缩短 2 小时。

该项目从 2003 年 5 月开始招标，2003 年 10 月收到报价，2003 年 11 月开始同两家承包联合体谈判，2004 年 2 月 17 日签订特许经营合同。该合同由两国招标后共同确定，并依照欧洲经济共同体指令顺利完成。项目的特许经营期为 50 年，经营期结束后项目移交给两国政府。此外，项目建设过程中还得到法国、西班牙和欧盟共 5.4 亿欧元的补贴，这些补贴分 10 次支付，每半年支付一次。

二、政府间合作

该 PPP 项目在实施过程中充分体现出两国政府间合作的重要性。在合作中，两国政府共同制定了统一、有效、可执行的招标程序。在招标过程中，法国、西班牙两国政府共同成立了跨政府工作委员会对招标过程进行监管。项目采用的 PPP 模式和特许经营权合同虽然借鉴于公路部门，但在结合项目特点后稍加调整，在跨国铁路项目中同样得到很好的应用。此外，法国、西班牙两国政府在政策、审批等方面都对项目提供了强力支持，从而保证了招标的顺利进行。

三、责任分工

该项目中政府部门主要负责项目设计，社会资本方负责项目的建设和融资。且在特许经营期内，铁路由社会资本方负责运营。项目合同对社会资本方的维护及绩效进行严格规定，如不合格，将面临政府罚款；项目必须在合同签订后的 5 年内完成建设，融资方案则要在合同签订后的 12 个月内到位。

四、风险分担

在该 PPP 项目中，运营风险主要由社会资本方承担，政府和社会资本方双方均采取了一系列措施努力降低项目风险。这些措施包括：从融资角度来看，政府给予大量补贴，占到建设成本的 57%；社会资本方也为项目提供银行担保等资金支持。此外，在预测铁路客运量时，虽然社会资本方有意愿来最大限度地增加铁路客运量，但法国、西班牙两国政府基于客观因素给出了比较准确的预测结果，为风险合理分担奠定了基础。

跨国铁路是影响到国计民生的重大项目，因此在项目合同中规定，如果社会资本方运营不合格，政府将对社会资本方予以处罚，而且可以随时终止合同。事实上，项目的成功实施离不开社会资本方和政府部门之间的良好配合，也需要两国政府在项目实施中进行有效协作，这种理念正内含于政府与社会资本方的风险共担之中。

五、经验启示

法西跨国铁路建设的经验，对于我国在丝绸之路经济带建设跨国铁路具有一定的借鉴意义：

一是在保证各参与方利益的情况下，PPP 模式可以适用于不同行业，不同行业的经验也可以相互借鉴，如该项目在实施中就借鉴了法国在公路建设中运用 PPP 模式的经验。我国之前并没有运用 PPP 模式建设跨国铁路的相关经验，但在相关领域已有大量实践，其中不乏成功典型案例，如北京地铁 4 号线 PPP 项目，注重保证参与方利益，整个项目运作较为顺利。

二是在 PPP 项目中要做好政府与社会资本方的责任划分。在跨国铁路项目中，科学分担风险尤其重要，政府在影响国计民生的重大项目上应当承担更多风险，社会资本方的责任明确界定为建设、运营和维护。

三是必须重视在项目中制订详细计划的作用，这不但体现在本文介绍的招标过程中，更影响到项目能否准时完工。有效的监督和良好的管理结构对项目顺利完成也具有重要意义。法国、西班牙两国政府成立了跨政府工作委员会来专门负责对该项目的监管，在我国参与丝绸之路经济带跨国铁路建设中值得借鉴。

四是在跨国合作 PPP 项目中，国家支持和政治承诺在推进招标和进行谈判时都具有重要作用。该项目中，法国、西班牙政府始终保持密切合作，在政策、审批、技术指导等环节都提供了支持，成立了跨政府工作委员会负责项目等。在跨国合作 PPP 项目中，如何在两国甚至多国政府间进行协调，建立长效管理机制，是值得进一步思考研究的问题。

参考文献

孟春，郭上. 法西铁路 PPP 项目对跨国铁路建设的启示 [N]. 中国经济时报，2014 - 07 - 10.